中国住房金融发展报告（2022）

顾问/李 扬
蔡 真 崔 玉 等/著

社会科学文献出版社
SOCIAL SCIENCES ACADEMIC PRESS (CHINA)

应对房地产市场下行应有大思路（代序）

李　扬

由国家金融与发展实验室房地产金融研究中心编写的《中国住房金融发展报告（2022）》（以下简称“报告”）又同读者见面了。这是房地产金融研究中心编写的第四份年度报告。

按照惯例，每一年度的报告都会围绕一个主题展开。鉴于 2021 年我国房地产市场的形势出现了前所未有的大转折，本年度的主题便聚焦中国房地产市场的趋势性变化。

一　房地产市场与宏观经济运行

在世界上的大多数国家，房地产都是国民经济的支柱产业，与此对应，房地产金融也是多数国家金融体系的重要组成部分。正因为占据如此重要的地位，房地产市场和房地产金融的剧烈波动都强烈影响一国宏观经济的运行。20 世纪末以来，房地产市场的扭曲、房地产金融的波动，甚至成为导致多数国家（地区）宏观经济波动和经济长期衰退的主要因素。

日本堪称这方面的典型。20 世纪 80 年代末的日本房地产泡沫破灭引致大量企业破产，破产数量由 1992 年的 5000 余家上升至 1998 年的近 20000 家。由于日本的企业大多以土地为抵押品向银行借贷，企业的倒闭自然让银行遭受池鱼之殃：1992～2004 年，日本银行业累计利润为

86.4万亿日元，坏账处理损失累计为96.4万亿日元，净损失10万亿日元。据估计，日本企业和银行为处理泡沫经济付出的成本占GDP的比重年均高达3.5%。[①] 房地产市场的狂泻使企业的资产大规模缩水，通过“资产负债表冲击”，大量企业在技术上陷入破产境地。企业在技术上破产进而导致其经营目标扭曲——由利润最大化转变为负债最小化。这样，全社会合格借款者大规模减少，以至于即便央行愿意大规模“放水”，也很少有商业银行和企业愿意借款，“宽货币、紧信用”局面由此形成。企业经营目标的集体扭曲性转型，形成“合成谬误”，在宏观上引发“资产负债表衰退”，日本经济陷入“失去的二十年”甚至“失去的三十年”。

1998年香港的危机尽管由国际热钱的投机引起，其主体仍然是一场房地产危机。自1991年开始，出于改善香港居民住宅状况的目的，香港政府先是实施了较为宽松的批地政策，转而又实施紧缩政策并施以低利率刺激，导致房价泡沫加快累积。国际投机势力发现有利可图，迅速进入香港市场，并从股市、房市和汇市展开立体攻击，很快引发房地产市场危机。这场危机导致香港的社会财富大量萎缩，1997~2002年的五年间，香港房地产和股市总市值共损失8万亿港元，规模超过同期香港的GDP。据统计，香港平均每位业主损失267万港元，数十万人一夜之间由“富翁”变为“负翁”。泡沫破裂后，香港财政收入减少25%左右，银行积累了天量的不良贷款。[②] 所幸香港特区政府在中央政府的支持下果断入市，迅速平息投机并遏制危机蔓延。即便如此，香港的这场起至1997年的房地产危机直到2007年才算平息，前后拖了十年之久。

美国20世纪80年代的储贷危机以及21世纪的次贷危机更是房地产危机导致经济危机的经典案例。储贷危机尽管与美国利率市场化以及监管放松过度有关，但房价下跌以及储贷机构资产结构单一肯定难辞其咎。据估计，

---

① 贾祖国：《日本房地产泡沫经验及借鉴》，招商证券行业研究专题报告，2008年7月21日，第30页。

② 郭昕好：《深度丨香港地产与经济的“荣辱与共”》，华尔街见闻，2019年3月2日，https://wallstreetcn.com/articles/3486413。

储贷危机造成的总经济损失约为3185亿美元，占当年美国GDP的4.2%。[①]次贷危机显然归因于美国货币当局对房地产市场采取了过度刺激政策，其危害更达历史之最。据美国联邦存款保险公司（FDIC）统计，2007~2016年，美国银行破产数量达到523家，远超20世纪30年代“大萧条”时期。由于美元的国际主导地位以及美元定值产品被广泛跨境持有，次贷危机“连带”造成了全球范围的巨大损失。据国际货币基金组织（IMF）在2008年4月的估算，由次贷危机造成的全球金融机构当年的净损失为5660亿美元，如考虑不动产损失，总损失高达9450亿美元。可以说，从20世纪80年代末至今，房地产市场一直是美国经济危机的主要根源，同时是推动美国历次监管变革的动力，也成为美国货币政策调整的主宰因素。

以上我们极为概略地描述了日本、中国香港、美国房地产市场的波动及其对国民经济的影响。可以看到，虽然都是“祸起房地产”，危机的演化路径及其对国民经济的最终影响却迥然不同。这显然与各国（地区）的经济体制甚至历史传统的差异密切相关。

更重要的差别在于处理危机的方略不同。可以说，干预危机的方略决定危机的影响程度和最终走向。

日本基本采取了自由放任的方式应对危机，即通过市场出清让泡沫破灭，然后主要通过市场自身的力量进行恢复。应当认为，这种基本“不干预”的方略产生了比较严重的负面后果，在随后的20~30年，日本经济陷入长期停滞、货币政策操作空间丧失殆尽、政府财政债台高筑等便是其主要弊端。

美国当局显然深知房地产市场危机的杀伤力，因而采取了比较积极的干预措施。这些措施主要集中于事中和事后阶段。事中阶段的干预旨在提供流动性和防止风险传染，主要救助措施包括降低利率、创新流动性注入工具、对“两房”进行国有化、向美国国际集团（AIG）提供财务支持等。事后阶段的干预旨在处置资产和推进监管改革，如在储贷危机中成立美国资产重

① 张帅帅、严佳卉等：《美国80~90年代储贷危机的回顾和经验教训》，中金公司报告，2020年12月3日。

组托管公司（RTC）和金融重组公司（RFC）处置资产和强化存款保险制度，在次贷危机之后更是推动了《多德-弗兰克法案》的通过。可见，美国的干预措施主要是防止危机扩散，为达此目的，美国当局不惜采取国有化手段。然而，一旦形势得到控制，反向过程就会立即启动，总的方向是将市场交还市场。从最终结果看，由于美国当局果断运用政府的资财，采取市场化的手段来干预市场，最终的财务效果相当可观：美国财政和美联储都从对房地产市场的干预中赚取了大量利润。

香港的干预措施似乎比美国更为积极。危机刚刚显示出苗头，香港特区政府便立刻放弃“积极不干预”立场，果断入市。其干预目标是维护房价和住房融资市场稳定，防止居民出现大面积“负资产”的情形。具体措施上，在供给方，采取严格控制土地供给的方式为房地产市场托市；在需求方，向广大居民提供一定额度的免息按揭贷款和按揭还款补助金，并鼓励银行续贷。这些措施都产生了积极的效果。

综合以上三国（地区）的情况看，如果确认房地产市场已经出现危机，最有效率的应对之策就是政府果断入市，采取一切手段稳定市场。我们认为，这一经验值得借鉴。

二　德国的经验

然而，如果有少数国家可以自外于房地产市场危机同经济危机相互传染、相互强化的趋势的话，那就是德国。德国可能是唯一没有受到房地产市场和房地产金融波动影响的一个重要的发达经济体，在那里，房地产市场基本上没有成为引发经济波动的主要因素，其国民经济的波动亦未对房地产市场产生重要影响，更没有出现国民经济和房地产市场相互影响、彼此“绑架”的情况。

德国之所以能在发达经济体乃至全球各国中独树一帜，原因可以从房地产市场和房地产金融两个侧面寻找。

在房地产市场方面，德国长期坚持以租房为主、购房为辅的政策。截至

2020年，德国居民自有住房率仅为43%，租赁住房则占57%。[①] 众所周知，能够在市场上被炒作的只有自有住房，租赁住房的产权性质和物理性质决定了其基本进入不了市场炒作的范围，因此，确定以租赁住房为主的“国策”，从根本上弱化了房地产市场与金融体系的关系，杜绝了两者相互影响的恶性循环。不仅如此，在租赁住房市场，政府对租金也进行了严格且完善的管理，从而加强了对房地产市场的管理，保证了普通居民的居住权益。

比较来看，我国居民的自有住房率在2020年达到89.84%，远超69%的世界平均水平。[②] 实际上，基于这种房地产持有结构，要贯彻“房住不炒”的方针，需要付出艰辛的努力。

在房地产金融方面，德国也极具特色。根据张晓朴博士等在其新著《金融的谜题：德国金融体系比较研究》一书中的研究，德国住房金融体系的要点有三个：以审慎的住房金融制度对住房金融市场进行有效控制；由固定利率主导，使房地产市场获得较为稳定的金融环境，从而有效隔离货币政策变动对房地产市场的扰动；基于抵押贷款价值（MLV）方法进行抵押物价值评估、审慎的再融资制度设计、以低贷款价值比以及MLV为基准计算贷款价值比，从金融层面避免金融与房地产市场顺周期性叠加，阻断房价上涨与房贷扩张的螺旋式循环影响关系。

德国对资产增值抵押贷款的管理尤其值得关注。所谓资产增值抵押贷款，指的是在房产升值的情况下，可以基于房产升值部分增加抵押贷款额度或进一步安排新的贷款。加抵押、转抵押、房屋净值贷款等是其主要形式。在实践中，由于此类贷款存在杠杆，因而它是在金融体系和房地产市场之间传递信息、放大政策效应的重要渠道。对此类贷款施以管理可以有效地防止房地产市场和金融市场共振。在德国，虽然法律和监管并未禁止此类贷款，但金融系统在提供此类贷款时一向持谨慎态度。另外，任何机构如果要发行潘德布雷夫抵押债券，必须具有充足的担保，而且，在发行潘德布雷夫抵押

---

① 张晓朴、朱鸿鸣等：《金融的谜题：德国金融体系比较研究》，中信出版集团，2021。

② 张晓朴、朱鸿鸣等：《金融的谜题：德国金融体系比较研究》，中信出版集团，2021。

债券时，抵押贷款用作担保物时不得超过房产 MLV 的 60%。这一比例远低于西班牙（80%）、葡萄牙（80%）、爱尔兰（75%）等国的水平。[①] 这种安排事实上发挥了抑制高贷款价值比的贷款发放的作用。同时，德国的贷款价值比通常为 70%，也比美国、日本、英国、法国等国低。另外，德国住房贷款市场在计算贷款价值比时，所适用的房屋评估价低于即时市场价值的 MLV。这意味着，与使用房地产市场价值计算贷款价值比的其他国家相比，德国的实际贷款价值比更低。显然，在住房金融领域，德国采用的是金融业通行的审慎原则，旨在严格约束房地产市场中普遍存在的杠杆操作问题。

总之，正是因为重重设防，房地产市场中天然存在的投机因素的影响被降至最低，德国成为所有发达国家中唯一没有受到房地产市场干扰的国家，进而，在房地产市场中不可避免的不公平因素也被大大消弭了。

论及德国的房地产金融时，其房地产金融市场的结构也值得关注。截至 2019 年，德国住房资金的来源为：储蓄银行占 32. 1%，商业银行占 24. 7%，信用社占 23. 8%，建房互助协会则占 10%。[②] 这种结构大大弱化了房地产金融的商业化色彩，也对抑制德国房地产市场和房地产金融的泡沫产生了积极的作用。

总之，在房地产制度上坚持以租赁住房为主，在房地产金融市场中坚持审慎原则，同时，在金融产品设计上尽可能阻断房地产市场与金融体系的正反馈效应，是德国住房制度和住房金融制度的成功之处。在笔者看来，在今后进一步整饬中国住房制度和住房金融制度的过程中，德国的很多经验值得借鉴。

三　中国房地产市场困境：冰冻三尺，非一日之寒

如果说过去 20 余年中国房地产市场的发展趋势是在波动中上升，那么，未来的中国房地产市场可能开启波动中下行之旅，也就是说，中国的房地产

① 张晓朴、朱鸿鸣等：《金融的谜题：德国金融体系比较研究》，中信出版集团，2021。
② 张晓朴、朱鸿鸣等：《金融的谜题：德国金融体系比较研究》，中信出版集团，2021。

市场进入了一个长期下行的通道。

标示房地产市场下行的现象俯拾即是。从 2021 年下半年开始，以恒大爆雷为标志，大量房地产头部企业“一顶顶皇冠落地”，接着，房地产信托违约，银行开发贷不良贷款余额和不良贷款率大幅“双升”，乃至债券市场的违约也在相当程度上可归因于房企的经营困境。房地产市场的颓势，不久便传染到土地市场：自 2021 年以来，土地按底价出售乃至流拍成为市场的经常性现象。

如此大的趋势性转变当然不是短时间内完成的，它是多重因素多年积累的结果，其中既有实体经济的因素，也有金融制度层面的因素。当然，作为长期问题，实体经济的问题是主导性的。

其一，经济增速放缓显然是导致房地产市场长期下行最主要的实体经济因素。

从 2014 年开始，我国经济增长率越过年均 10%以上的高峰，进入中高速增长的“新常态”。2022 年我国预定的经济增长率为 5%左右，但是疫情的意外延续和俄乌冲突的胶着，显然增添了向下的新压力。经济增长率放缓加之居民收入在 GDP 中的份额没有明显上升，使居民部门缺乏足够的收入来支撑房地产市场。不仅如此，21 世纪以来中国居民部门的债务增长迅速，这种大规模预支未来的财务安排很快就耗尽了其未来收入。资料显示，从存量上看，2020 年底，我国居民的债务余额占可支配收入的比重高达 137.9%，远高于同期美国的 95%和日本的 108.5%；同时，从流量上看，我国居民的债务还本付息占可支配收入的比重已达 15%，而同期美国仅有 7.8%，日本更是仅为 7.6%。[①] 应当说，购房主体债台高筑是导致住房市场长期下行的主导因素。

其二，人口结构变化是更深层次的实体经济因素。

住房最终是要由人来消费的，因此，人口总量及其结构的变化，会从需求面对住房市场产生重大乃至决定性影响。众所周知，人口结构的变化有三

① 根据 Wind 计算。

个重要节点。一是老龄化。根据国际惯例，一个国家或地区 60 岁以上老年人口占人口总数的 10%，或 65 岁以上老年人口占人口总数的 7%，即意味着这个国家或地区的人口开始进入老龄化。在我国，这个节点早在 1999 年便已越过。二是劳动参与率。劳动参与率指的是包括就业者和失业者在内的劳动年龄人口占总人口的比重，这是用来衡量人口参与经济活动状况的指标。《中国人力资源发展报告（2013）》指出，我国劳动年龄人口比重持续下降，2012 年劳动年龄人口进入负增长的历史拐点。[①] 三是总人口。根据 2021 年第七次全国人口普查数据，我国总人口在未来两年将达到峰值，进入净减少时期。显然，老龄化加剧、劳动参与率下降和总人口减少都会对房地产市场产生下行压力，而这三大压力在我国均已出现。

这些现象表明，我国人口红利逐步消失。发达经济体近百年的历史经验表明，房价与人口红利存在显著的正相关关系，其逻辑关系如下。当经济处于人口红利期时，社会的总抚养比较低，整个社会的储蓄水平较高。较高的储蓄率不仅能够支持较高的投资率，进而支撑较高的经济增长率，而且，由于年轻人口占总人口的比重较高，对住房需求较大，可拉动房地产市场的上升行情。反之，当人口红利逐步消失时，一方面需求萎缩；另一方面，经济增长逻辑的转变以及债务负担的加重，导致房地产市场的下行压力不断增大。

其三，城市化进程明显放缓。

城市化无疑是支撑房价上涨的基础性动因。一方面，城市化使人口由乡村向城市聚集，城市住房需求增加；另一方面，城市化过程同时意味着大规模的城市基础设施建设，这些建设的投资最终都会融入城市化浪潮之中并内化到住房价格中。因此，城市化的发展必然伴随着城市房地产市场的长期繁荣。然而，城市化终有尽头。国际经验表明，当城市化率为 65%～70%时，城市化进程将明显放缓，此时，人口的流动不再表现为由乡村向城市中心集

---

① 张璐：《中国劳动力供给出现拐点　劳动参与率逐年下降》，中国新闻网，2013 年 10 月 11 日，https://www.chinanews.com.cn/sh/2013/10-11/5362926.shtml。

聚，而是表现为由城市中心向郊区乃至乡村分散。这时，城市基础设施建设的步调将放缓，土地价格上升的势头自然受到抑制。资料显示，2020 年底，我国城市化率已达 63.9%[1]，已经比较接近发达经济体城市化发展的转折点。城市化的动力趋降，自然使房价上涨失去动力。

其四，房地产业的金融化。

房地产从来就是耗用金融资源最多的行业，这使规模较大的房地产公司大多插手金融业甚至直接经营金融业，或者从事影子银行业务。正因如此，在很多经济分析模型中，房地产业和大宗商品产业都被作为金融业来对待。

房地产业金融化首先表现为高杠杆经营。我们可以通过分析房地产开发资金来源的构成明显看出这一点。2021 年，来自下游购房者的负债为 10.6 万亿元，占房地产开发资金来源的 52.9%；同年，来自上游供应商的负债为 5.2 万亿元，占比为 25.7%；两者合计占比为 78.6%。[2] 如果将国内贷款考虑进来，那么房地产开发资金中的负债占比高达 90.2%。另外，在“自筹资金”中，几乎一半来自信托机构提供的土地前融资金。如此计算，房地产开发资金中真正的自有资金只占 5%左右。借用杠杆率的计算方法，5%的自有资金，意味着 20 倍的杠杆率，这已经超过当下我国金融机构的杠杆率水平了。问题的严重性在于，如果说金融机构因其经营活动的高杠杆而受到全面且严密的监管，那么，房地产业一直没有形成像样的监管约束，它蕴含极高的风险便是理所当然的。

其五，房地产公司特有的内部资金配置机制加剧资金紧张。

由于金融科技的快速发展，金融机构呈现分支机构设置逐渐减少的趋势。房地产业金融化程度加深，在组织架构上也表现出类似趋势：房企通常采取集团公司、区域公司、项目公司的三层架构。项目公司具备暂定资质，项目开发完成后，公司可以注销，组织架构的最底层实际上是空置的，住房质量保障体系难以落实。区域公司主要负责取得土地，许多房企在取得土地

---

① 数据来源于 Wind。

② 朴娟、蔡真：《房地产市场风险：根源、影响及对策》，《金融市场研究》2022 年第 6 期。

的过程中还设计了跟投机制，但跟投只有激励机制，跟投项目失败后缺乏惩罚机制，这种激励约束不相容的治理机制成为房企规模过度扩张的原因之一。集团公司则是整个金融化链条中的核心，它负责融资并将所融资金分配给区域公司以取得土地，同时还负责在各个层面配置资金。在实践中，集团公司的这种“资金配置”，只是随意从项目公司抽取预收款的代名词而已。

四　应对房地产困局应有大思路

第一部分在概述了日本、中国香港、美国三个国家（地区）应对房地产市场危机的经验之后，我们得出了这样的结论：如果确认房地产市场已经出现困境，最有效率的应对之策就是政府果断入市，采取一切手段稳定市场。

1. 救市思路探讨：设立房地产平准基金

概括而言，应对房地产困局的思路就是设立房地产平准基金，并依托它统一处置我国房地产市场上的不良资产和陷入财务困境的房企。其要点有四。

其一，设立房地产平准基金的目的，就是借鉴美国动用财政和联储的资财处理“两房”的经验，将民间信用转化为国家信用，从源头上遏制房企财务恶性循环和房地产市场下行势头，对房地产市场进行逆周期调控。

其二，房地产平准基金的资金来源于中央政府的特别债务融资，其使用方式是按照市场价格收购“问题”房地产公司，其标的或是目标房企的权益，或是这些房企持有的仍然具有价值的抵押资产。

其三，房地产平准基金的运作完全遵循市场机制。

其四，市场平稳之后，经过缜密研究，对整个房地产市场进行全面改革，房地产平准基金逐渐退出市场，房地产市场恢复市场化运行。

2. 救市思路分析

面对经济长期下行趋势，政府一般都会出手救助，各国皆然。然而，怎样救助很有讲究。做得好，政府会赚钱；做得不好，则可能亏损，甚至发生财政危机。

2008 年美国次贷危机发生不久，美国有关当局（主要是美联储和美国财政部）便开始实施救助。

从理论上说，对于“问题机构”实施救助的主要路径有三，一是购买这些机构的无抵押、无担保的信用证券，即所谓“有毒资产”；二是购买这些机构持有的抵押债券（MBS）；三是购买问题机构的权益。这三个路径都是“出钱”，但救助效果和最终结果大相径庭。

起初，为了尽快平抑市场波动，美国当局较多直接在市场上购买出问题的债券（所谓“有毒资产”）。但是，这种救助思路很快就暴露出缺陷——随着危机的深入，此类债券不断违约，致使救市资金“打水漂”，当局的救市活动很快就出现了净损失。

面对日益严峻的局面，美国当局迅速改弦易辙，其购买对象全面转移到抵押债和权益上。我们可以在美联储资产结构的变化上清楚地看到这一思路的变化。2008 年，美联储资产负债表中 93%的“资产”是政府债券；2016 年末，政府债券所占比重降至 50%以下，住房抵押债和企业权益占比从无到有，骤升至 40%左右。[①] 从最终结果来看，这种救市模式使美国当局的救助活动产生了丰厚的财务收益，因为其遵循了两个原则，一是资产保全原则，即确保购买的金融产品不会因危机而消失——如果是抵押债，则即便债券违约，抵押资产（特别是土地）依然存在，虽然这些资产当时没有任何价值，但未来它们会随经济的恢复而实现价值回归；如果是权益，则其标的是企业自身，只要企业不破产清算，企业的价值就会随经济的恢复而恢复。二是低价买、高价卖的原则。也就是说，无论是购买抵押债还是购买权益，当局都是在市场价格最低的时候入市，因此，只要经济复苏，其价格就会重新上涨。这就可以保证美国当局的救市活动不至亏损。事实正是这样，2009 年，美国经济缓慢复苏，美联储开始“缩

① 根据美联储网站公布的数据计算。

表”，也就是开始向市场出售它在危机深重那几年从市场上购买的私人机构的权益和资产，在这个过程中，它获得了丰厚的收益。统计显示，2009年，仅美联储一家净收入便达到521亿美元，它因此向美国财政部上缴了461亿美元的利润，创下了美联储自1914年成立以来的历史最高盈利纪录。①

其实，政府因救市而获得丰厚收入的例证，在历史上俯拾即是。20世纪80年代，英国的撒切尔政府对其国有部门进行了大规模私有化操作。短短几年，英国政府便获得了丰厚的收入，使1987~1988财年盈余为35亿英镑，1988~1989财年盈余为140亿英镑，1989~1990财年受世界经济衰退影响，盈余有所减少，但也达到70亿英镑。

20世纪末亚洲金融危机时期的香港，正是摆脱了“积极不干预政策”的束缚，香港特区政府在危机最紧急时期果断入市，购买若干关键股票，不仅击退了国际游资对联系汇率的冲击，而且“顺便”大大改善了政府的财政状况，更有以“盈富基金”为名的巨大财富积累。

我们过去的救市活动存在弊端，从而造成相当部分救市资金不知所踪：日益增多的企业不良资产，或由商业银行承担，变成后者的资产损失；或由央行发行再贷款抵补，转变为央行不良资产；或通过证券金融公司去操盘，成为至今仍处在亏损状态的资产。显然，这种救助模式必须改变。

其实，这里还涉及一个绕不过去的重要问题，即国有资产运营模式。发达国家的危机救助模式可以看作一个国有化（危机时买入）-私有化（复苏时售出）的产权调整运作过程。而且，政府在危机时进入，在复苏时退出，很好地体现了宏观调控的逆周期原则。反观我们的情况，在市场状况较好时，大量国有资本进入；在市场状况不好时，则大力吸收民营资本，以期改造国有企业。在这个过程中，国有资本不免蒙受账面损失。而且，在市场下行时引进民间资本，由于折价势所必然，我们事实上根本避免不了“国有资产流失”的魔咒。而且，这样运作的宏观效果呈现典型的顺周期特征。

---

① 姜再勇：《危机救助中美联储资产负债和盈利分析》，《中国金融》2010年第10期。

党的十八届三中全会提出完善国有资产管理体制，以管资本为主加强国有资产监管，是极为高瞻远瞩的战略决策。如果我们遵循市场低迷时入市、市场高涨时退出的模式来运营国有资本，不拘泥于保有特定的企业，专注于国有资本的价值变化，那么，国有资本保值增值就不会成为问题，我们的宏观调控有效性也会大大提高。

目录

综合篇

市场篇

专题篇

综合篇

General Report

第一章

中国住房市场及住房金融总报告（2022）

蔡　真*

- 2021年，房地产政策经历了一次大的转变。上半年，以“控房价”“控租金”为主基调；下半年，由于头部房企流动性危机以及大量房企违约事件爆发，监管层要求金融机构准确理解、把握和实施房地产金融管理制度，满足房企合理的资金需求，并采取注入流动性方式支持房地产项目复工，鼓励银行稳妥有序开展并购贷款业务。地方政府层面，上半年，热点城市仍在发布二手房指导价以约束信贷额度、打击炒作学区房的行为；下半年，不少城市出台“限跌令”和“救市”政策。
- 2021年，房地产市场的运行情况可以用“急转直下”概括。上半年，市场还在延续2020年的暴涨行情；下半年，各类销售指标由正转负，从销售额增速来看，2021年四个季度的增速分别为95.46%、18.89%、-14.91%和-20.16%。与销售数据形成镜像的是库存情况，2021年，房地产行业去库存压力明显上升。2021年底，三线城市库存去化周期相对2020年末增加了18个月。由于住宅销售市场趋冷，开发商拿地投资行为减少进而影响到土地市场：2021年，100个大中城市住宅类土地成交金额为4.11万亿元，相对2020年下降9.63%；土地流拍数量大幅增加，其中仅12月单月的土

* 蔡真，中国社会科学院金融研究所副研究员，国家金融与发展实验室房地产金融研究中心主任、高级研究员。

地流拍数量就达到2607宗，这是2008年以来的最大单月流拍数量。

- 房地产金融形势方面，个人住房抵押贷款余额增速持续放缓，2021年第四季度的增速为11.3%，为2012年以来各季度中的最低增速。个人按揭增速放缓的主要原因是一些银行的按揭指标达到“贷款两集中”的上限。从其产生的影响看，贷款价值比（LTV）指标明显好转，这意味着银行的个人按揭业务的风险更加可控，由此带来的负面影响是，房企销售疲软、房企资金回流困难，这反而加剧了房企的违约风险。房企融资方面，开发贷增速持续下降，2021年第三季度达到历史最低点，即0.02%，这主要是因为受到“三道红线”政策的影响；此后，央行多次表态金融机构对“三道红线”政策的理解有误并试图扭转预期，但效果并不明显，2021年第四季度，开发贷增速仅为0.09%。
- 2021年，恒大风险事件持续发酵，给房地产市场和金融市场造成较大负面影响，恒大风险事件出现的原因是主业大肆加杠杆并盲目进行多元化经营，这是资本无序扩张的重要表现。除恒大风险事件外，房企的各种债权类产品都出现了大量违约的情况，这意味着实际的行业风险远比市场感受到的还要严重；究其原因，房地产市场的长期基本面发生了变化，并且我国目前实施的融资制度与这种变化并不匹配。尽管监管当局采取了稳预期和信贷托底的措施，但市场依然存在下行压力，房企爆雷违约的情况还会发生。
- 展望2022年，我们有以下几点看法。①政策环境方面，政策会在“三重压力”和“房住不炒”两个总基调方面进行平衡，我们认为，其主要会在以下三个方面发力：第一，更多三、四线城市会出台“限跌令”和购房支持性政策；第二，一线及二线热点城市将出台更多政策支持住房租赁市场发展，尤其是支持保障性租赁住房建设；第三，针对问题房企会出台更多处置措施。②住房市场运行方面，我们认为，2022年第一季度末第二季度初是把握整个市场走势的关键时期，如果三、四线城市的支持性政策发挥作用以及问题房企的处置措施妥当，则整个市场会有较大程度的恢复。③住房金融方面，我们认为，个人购房贷款余额增速将一改2021年的颓势，甚至部分银行会越过“贷款两集中”的上限发放按揭贷款，个人按揭贷款利率将进一步下行，但房企融资的形势并不乐观。

一　2021年全国住房市场运行情况

（一）政策环境

1. 中央政府层面

2021年，对于住房购买市场，中央政府层面继续保持“房住不炒”的调控总基调不变；围绕稳地价、稳房价、稳预期的房地产调控目标，坚持租购并举，在加快发展住房租赁市场的同时，满足住房购买市场的合理需求，要求通过因城施策促进房地产业健康发展。

央行、银保监会、住建部、自然资源部、财政部等贯彻落实中央政府的要求，一方面，以严格实施房地产金融审慎管理制度、实施重点城市住宅用地供给“两集中”新政、优化土地竞拍规则、规范房地产市场秩序、约谈和问责城市主体等方式，控制房价泡沫和化解房地产“灰犀牛”风险；另一方面，通过增加租赁住房土地供给、加大对住房租赁市场的金融支持力度、降低租赁住房税费负担、整顿住房租赁市场秩序和规范市场主体行为等方式，支持和规范住房租赁市场发展，并首次提出城市住房租金年度涨幅不超过5%的“控租金”要求。

从第三季度开始，多家高杠杆大型房企陆续爆发流动性风险，市场预期发生较大转变，房地产销售额和房企融资均大幅下滑。为促进房地产市场健康发展和维护住房消费者的合法权益，中央政府要求金融机构准确理解、把握和执行房地产金融管理制度，满足房企合理的资金需求；对于已爆发流动性危机的房企，在协调金融机构注入流动性以支持项目复工的同时，鼓励银行稳妥有序地开展并购贷款业务，重点支持优质房地产企业兼并、收购出险

房企及有困难的大型房企的优质项目，按照法治化、市场化原则开展房企信用风险处置化解工作。

2. 地方政府层面

地方政府层面，2021 年上半年，房地产调控政策的核心目标仍是稳地价、稳房价、稳预期。对于房价上涨压力较大的上海、广州、杭州、武汉、合肥、西安等 20 多个热点城市，地方政府采取限购、限贷、限售等“补漏洞”措施，增加交易税费成本，建立二手房成交参考价格发布机制，严打学区房炒作行为，优化住宅用地供给机制，调整土拍规则，加强对土地购买资金的审核，加强对房企预售资金的监管，严查经营贷、消费贷等资金违规流入房地产市场等方式，升级房地产调控政策。

从下半年开始，随着房地产市场形势转变，为稳定房地产市场和维持土地财政的可持续性，部分房价下行压力较大的城市出台“限跌令”或“救市”政策，比如，沈阳、长春、江阴、岳阳等多个城市出台了严禁房企恶意降价销售的政策，对于房企以低于备案价格一定幅度（10%或 15%）销售的行为，采取重新备案、停止网签及禁止预售等处罚措施；哈尔滨则出台了降低预售证发放要求、分期缴纳土地出让金、发放人才购房补贴、放宽公积金贷款发放要求等支持性政策。

（二）住房买卖市场形势

2021 年，中国房地产市场走出一波探底行情。2021 年四个季度的商品住宅销售面积的增速分别为 68. 09%、11. 62%、-14. 46%和-19. 83%，商品住宅销售额增速更不理想，四个季度的增速分别为 95. 46%、18. 89%、-14. 91%和-20. 16%（见图 1-1）。商品住宅销售面积、销售额增速从第三季度由正值转为负值的原因是，受部分大型房企流动性风险爆发的影响，部分购房者因预期房价下行和担心购买期房可能会陷入烂尾楼纠纷，暂缓了购房计划。从累计数据看，2021 年，商品住宅销售面积达到 15. 65 亿平方米，同比增长 1. 1%；商品住宅销售额为 16. 27 万亿元，同比增长 5. 3%。总体来讲，累计数据并不能反映 2021 年房地产业的发展形势，这主要是由 2020 年的低基数效应造成的。结合住宅竣工数据可以看出，面对房价下行压力，2021 年，全国商品住宅竣工面积同比增长 10.8%，远超销售面积增速。一方面，这是因为受到大型房企流动性危机影响，销售额下滑；另一方面，这是因为受到“三道红线”规则影响，开发商加快销售回款速度以达到监管目标。

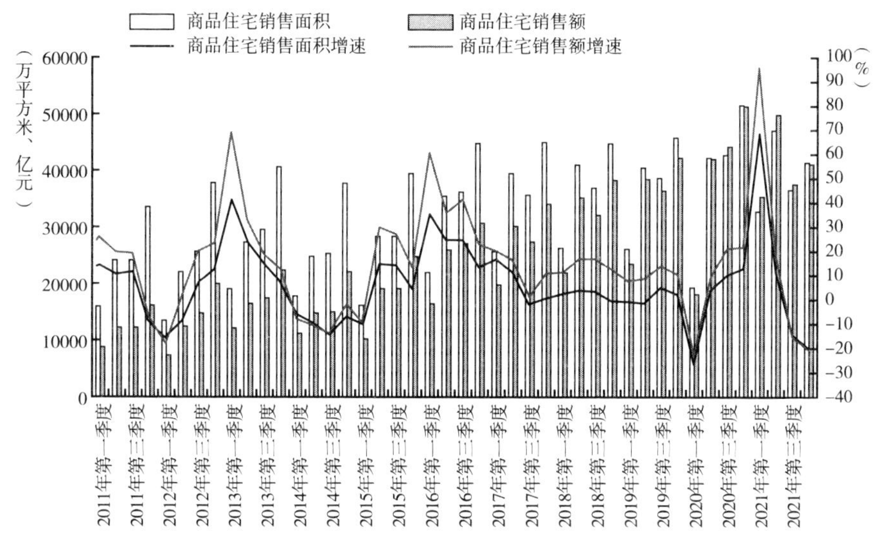

图 1-1　2011 年第一季度至 2021 年第四季度商品住宅销售情况

资料来源：根据 Wind 数据计算得到。

国家统计局公布的 70 个大中城市商品住宅销售价格变动数据更加直观地反映了房价面临的下行压力，尽管 2021 年新建住宅和二手住宅销售价格分别累计上涨 2.0%和 1.0%，但第三季度以来月度环比涨幅持续下行（见图 1-2 中的第一张图）。分城市层级看，一线城市在上半年的新建住宅和二手住宅的价格涨幅越大，在第三季度，涨幅的下跌速度越快，以二手住宅为例，环比涨幅最大值为 0.70%，最小值为-0.40%（见图 1-2 中的第二张图）；二线城市的环比涨幅最早达到峰值，新建住宅和二手住宅的价格涨幅在 4 月分别达到 0.6%和 0.4%，随后开始下降（见图 1-2 中的第三张图）；三线城市新建住宅和二手住宅的价格的上涨动力不大，从 8 月开始加速下跌

（见图 1-2 中的第四张图）。整体来看，房地产市场从第二季度末第三季度初开始回调，并在 9 月出现本轮房地产市场调控以来住房销售价格环比涨幅首次转负的情况，在 70 个大中城市中，36 个城市的新建住宅销售价格和 52 个城市的二手住宅销售价格环比出现下降。

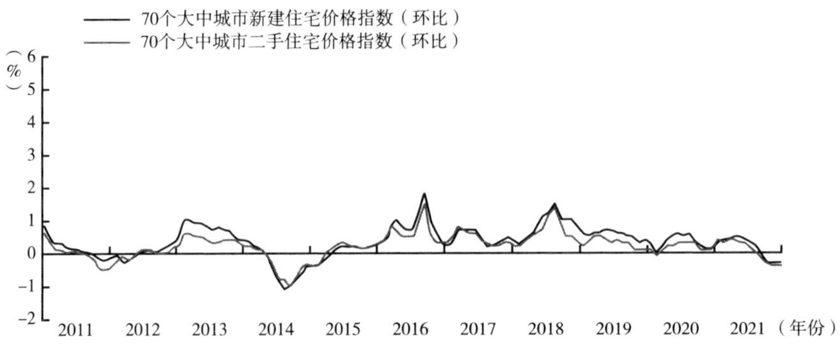

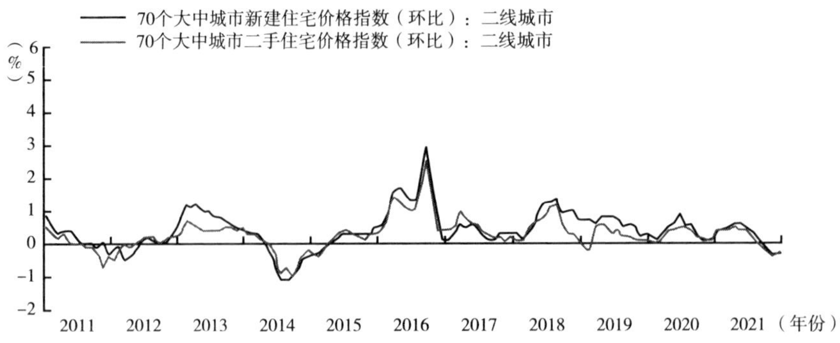

图 1-2　2011~2021 年 70 个大中城市房价走势（环比）

资料来源：国家统计局、Wind。

从住宅库存去化情况来看，18 个城市的平均住宅库存去化月数由 2020 年 12 月末的 11.7 个月上升至 2021 年底的 18.9 个月，整体上表现出滞销的现象。三类城市住宅库存去化情况（3 周移动平均）见图 1-3。分城市层级来看，2021 年，一线城市住宅库存去化周期基本保持稳定，12 月底，一线城市平均住宅库存去化周期为 6.5 个月，表明一线城市的抗风险能力较强；二线城市住宅库存去化周期从年初以来持续下降，6 月底降至年内最低点，即 8.4 个月，从第三季度开始快速回升，12 月底上升至 15.3 个月，二线城市下半年库存快速回升与按揭贷款发放不足、市场观望情绪较浓有关；三线城市方面，住房交易市场降温速度较快，住宅库存去化压力大幅增加，12 月底，三线城市平均住宅库存去化周期为 34.9 个月，较 2020 年末增加了 18 个月。从库存数据来看，三线城市的市场面临较大风险，一些城市（如唐山、昆明、岳阳等）出台房价“限跌令”，这从另一个侧面说明市场面临风险，我们应注意市场难以通过价格出清带来的问题。

（三）土地市场形势

由于住宅销售市场趋冷，开发商拿地投资行为减少进而影响到土地市场。2021 年，100 个大中城市住宅类土地供应面积为 4.48 亿平方米，同比下降 19.18%；成交面积为 3.16 亿平方米，同比下降 27.23%；成交金额为

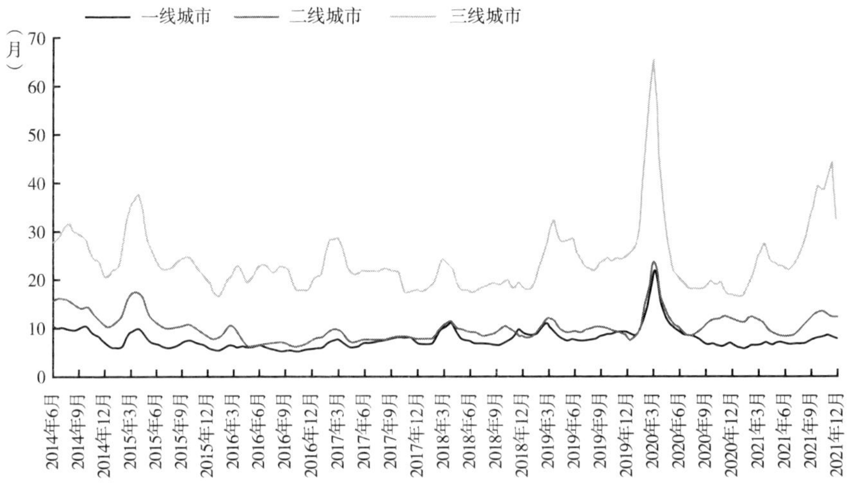

图 1-3 三类城市住宅库存去化情况（3 周移动平均）

注：本图中的一线城市包括北京、上海、广州、深圳，二线城市包括杭州、南京、苏州、厦门、南昌、福州、南宁、青岛，三线城市包括泉州、莆田、东营、东莞、舟山、宝鸡。

资料来源：根据 Wind 数据计算得到。

4.11 万亿元，同比下降 9.63%（见图 1-4 上图），成交土地单位面积均价同比上涨 24.18%。土地成交单价的上涨并不能说明土地市场是过热的，主要是受第一轮“土拍两集中”政策的影响。当市场主体不清楚土拍新规则造成地价上升还是下降时，房企首先面临的问题是生存问题，即手中必须有地才能进行生产经营，因而，房企在第一轮土拍中具有“志在必得”的气势，使上半年的成交土地溢价率略有上升，相应地，土地流拍数量较 2020 年同期有所下降。然而，从第三季度开始，房企在销售端受需求低迷影响，在资金端受“三道红线”、“贷款两集中”政策以及流动性风险传播的影响，很快意识到在第一轮“土拍两集中”拿到的土地很难获得销售端和资金端的支撑，于是，房企拿地规模大幅下降，土地市场整体迅速降温（即使一线城市也不例外），土地流拍数量大幅增加，其中仅 12 月单月的土地流拍数量就达到 2607 宗，这是 2008 年以来的最大单月流拍数量，成交土地溢价率也快速从 4 月最高时的 26.20%下降至 12 月的 2.49%（见图 1-4 下图），土地拍卖市场陷入颓势。

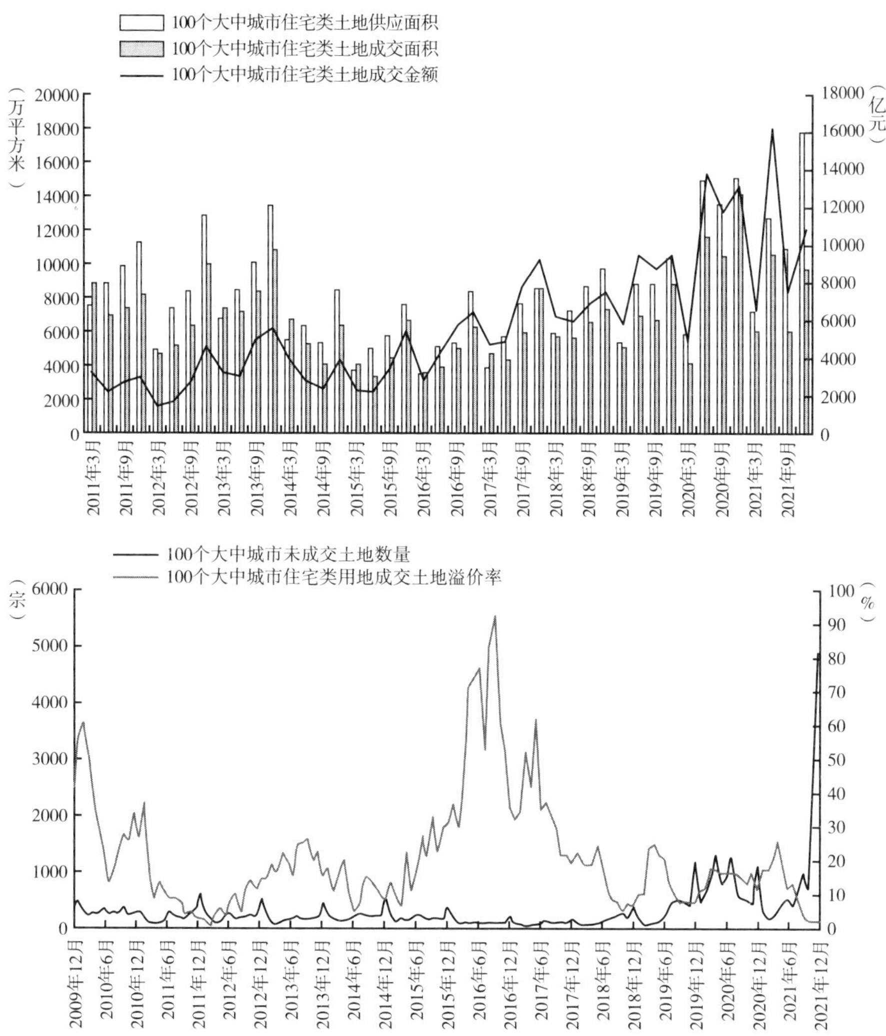

图 1-4　100 个大中城市的土地交易情况

资料来源：Wind。

（四）住房租赁市场形势

住房租赁市场与住房销售市场和土地市场的走势完全不同，一线城市（尤其是强一线城市）走出了一波上涨行情。根据中原地产统计的四个一线城市、两个二线城市的租金数据，截至 2021 年末，北京的租金水平同比上涨了 13.41%，深圳的租金水平同比下降了 4.59%，上海的租金水平同比上涨了 9.84%，广州的租金水平上涨了 3.73%，天津的租金水平与 2020 年同期持平，成都的租金水平同比上涨了 2.01%。中原地产二手住宅租金指数（定基）见图 1-5。总体来看，受疫情影响较大的住房租赁市场在 2021 第一季度开始逐渐复苏；第二、三季度，伴随着毕业季的到来，旺盛的住房租赁需求带动租金价格季节性上升，样本城市的住房租金价格水平普遍上涨（深圳除外），而且，北京、上海这两个机构化住房租赁占比较高的城市的租金的累计涨幅较大；从第四季度开始，随着住房租赁传统淡季到来，租金有所回调。

从样本城市的情况来看，北京、上海这两个机构化住房租赁占比较高的城市的租金的累计涨幅较大的原因可能如下：一是国内疫情控制得相对较好，住房租赁市场全面回暖，叠加毕业季的到来，对住房租赁市场的需求较为旺盛；二是受疫情影响，2020 年，对住房租赁市场需求下降，住房租赁企业普遍亏损，在市场回暖后，2021 年，长租公寓的租金普遍上涨，以弥补前期亏损；三是在机构化租赁占比较高的城市，长租公寓的租金已经成为业主直租住房时对租金定价的参考，长租公寓的租金的上涨可能推动普租房的租金出现同步甚至更大幅度的上涨。发展住房租赁市场（尤其是加快发展长租房市场）来解决新市民、青年人等群体的住房困难问题，已经成为政府部门重点支持的方向。部分城市住房租金的大幅上涨，可能会促使地方政府出台“控租金”政策或发布租金政府指导价格。

在 2020 年成为全国住房均价最高的城市之后，2021 年，深圳的住房租金水平反而持续下跌，究其原因：一方面是前期住房市场投资、投机氛围较为浓厚，在房价下行时，投资者将持有的部分空置住房投放至住房租赁市场，寻求利用“以租养贷”的方式减少资金压力，并继续等待房价再次回升，这使市场供给增加；另一方面从一个侧面反映了高房价对人才的流入产生负面影响，住房租赁市场的需求减少。人力资本是实现经济长期增长的重要影响因素，作为经济最有活力的城市之一，深圳对人才吸引力下降的问题应引起地方政府的足够重视。

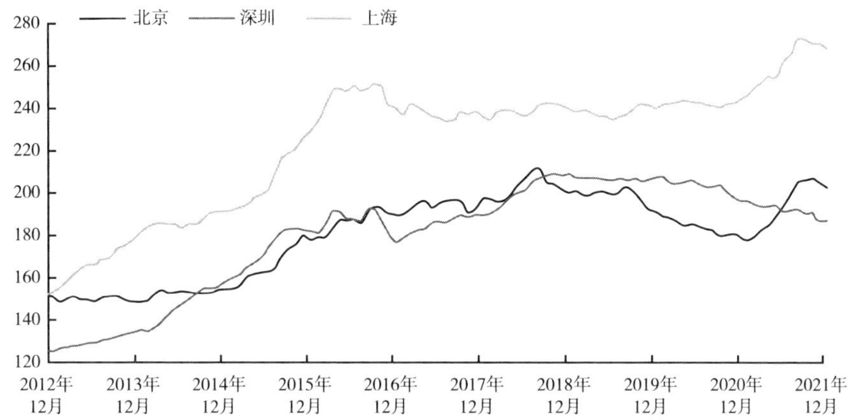

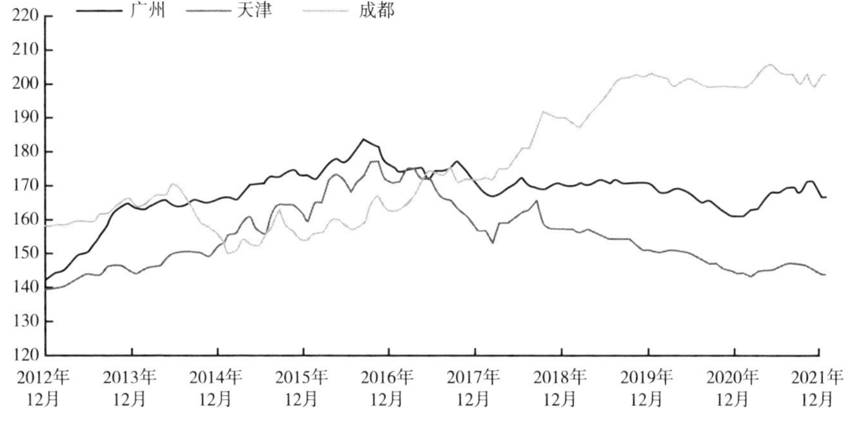

图 1-5　中原地产二手住宅租金指数（定基）

注：以 2004 年 5 月为基准，基准值为 100。

资料来源：中原地产、Wind。

除考察住房价格的绝对水平外，还可以利用相对指标衡量住房价格水平，这样的话，下文采用租金资本化率进行分析。租金资本化率是由每平方米住宅的价格除以每平方米住宅的年租金得到的，可以用于衡量一套住宅完全靠租金收回成本要经过多少年，能够较好地刻画房价泡沫的程度。与租售比类似，但它更加直观。2021 年，四个一线城市的租金资本化率总体呈下降态势，平均租金资本化率从年初的 69.70 年下降至年末的 57.78 年。主要原因是：2020 年下半年，一线城市住房市场出现明显过热的迹象，北京、上海、广州、深圳四个城市的相关部门均出台了调控收紧政策。在深圳、广州、上海二手房指导价政策出台后，由于指导价低于市场实际成交价且银行按照指导价发放贷款，这在一定程度上降低了居民购房可用杠杆，上述三个城市住房市场的交易规模大幅下滑，房价快速上涨势头得到有效遏制（见图 1-6 中的第一张图）。同期，二线城市的租金资本化率也呈现下降趋势，且二线热点城市的租金资本化率的下降幅度大于二线非热点城市：二线热点城市的平均租金资本化率由年初的 57.44 年下降至年末的 53.02 年；二线非热点城市的平均租金资本化率略有下降，由年初的 48.50 年下降至 2021 年 9 月末的 47.04 年（见图 1-6 中的第二张图）。三线城市方面，平均租金资本化率基本保持不变，2021 年末为 42.13 年，略低于年初的 42.53 年（见图 1-6 中的第三张图）。

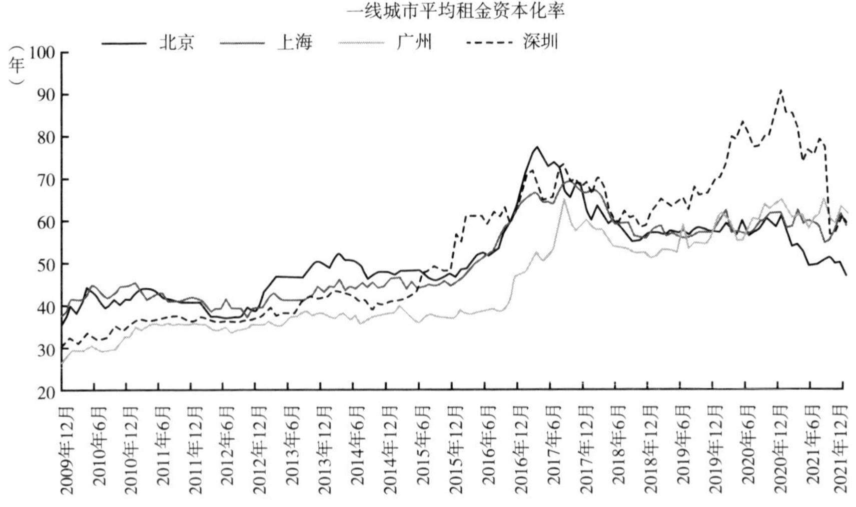

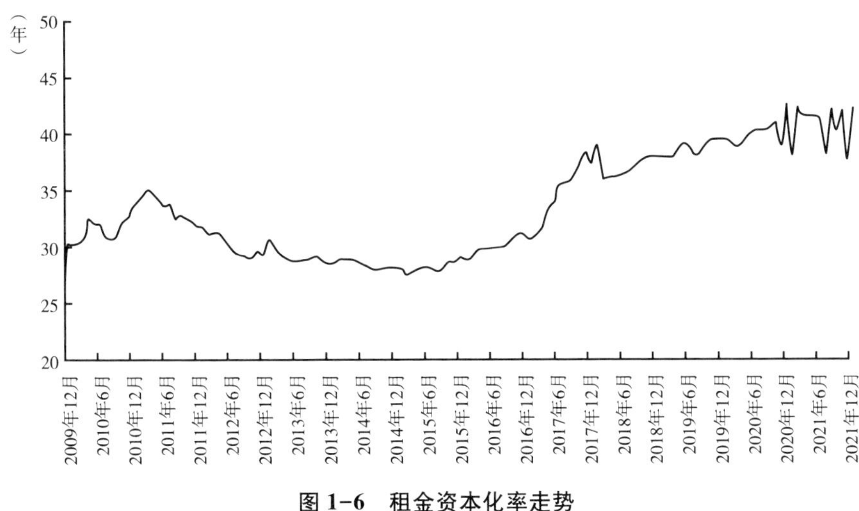

图 1-6　租金资本化率走势

注：本报告监测的二线热点城市包括杭州、南京、苏州、武汉、成都、厦门、福州、西安、合肥，二线非热点城市包括天津、重庆、郑州、长沙、南宁、南昌、青岛、宁波，三线城市包括昆明、太原、兰州、乌鲁木齐、呼和浩特、湖州、泉州、常德、蚌埠。

资料来源：国家金融与发展实验室监测数据。

整体来看，进一步收紧的房地产调控政策在一线城市和部分二线热点城市逐渐显现效果，房价泡沫得到一定程度的遏制。然而，对于房价泡沫的遏制也须辩证地考察，尤其是对于租金资本化率急速下降的情况（比如深圳出现的情况）。通常而言，繁荣时期的房价上涨与危机时期的房价下跌往往是非对称的，房价的快速下跌可能是危机的前兆。进一步考察深圳房价下跌的原因发现，住房按揭供给不足导致与房地产开发相关的资金流循环不畅，因此，缓解流动性不足是应对危机的首要措施。

二　全国住房金融形势

（一）个人住房金融形势

1. 个人按揭贷款总量情况

房价的上升和泡沫的形成与信贷投放情况密切相关。从余额数据看，截至2021年末，我国个人住房贷款余额为38.32万亿元，占全部贷款余额的比例为19.89%（见图1-7上图）。从余额增速来看，个人住房贷款余额同比增速从2017年第二季度开始呈持续下降态势。2021年，个人住房贷款余额同比增速延续了这一走势，第一季度增速为14.5%，第二季度增速为13.0%，第三、四季度的增速均为11.3%。从个人住房贷款余额增量来看，2021年，个人住房贷款余额净增加了3.88万亿元，较2020年下降11.21%，个人住房贷款发放的净增量规模下降幅度较大。其中，第一季度净增量为1.23万亿元；第二季度净增量为9100亿元；第三季度净增量为7900亿元；第四季度净增量为9500亿元。

从居民部门月度新增中长期贷款数据来看，2021年，居民部门新增中长期贷款月度平均增量为5066.67亿元（见图1-7下图），较2020年的月度平均增量4958.33亿元上升了2.18%，低于个人住房贷款余额增速。

2. 个人按揭贷款风险情况

我们估算了一线城市和部分二线城市的新增个人住房贷款价值比（Loan to Value，LTV），这一指标可以衡量住房价值对新增个人住房贷款的保障程度，也可以用于反映银行个人住房贷款违约风险的大小。相关研究表

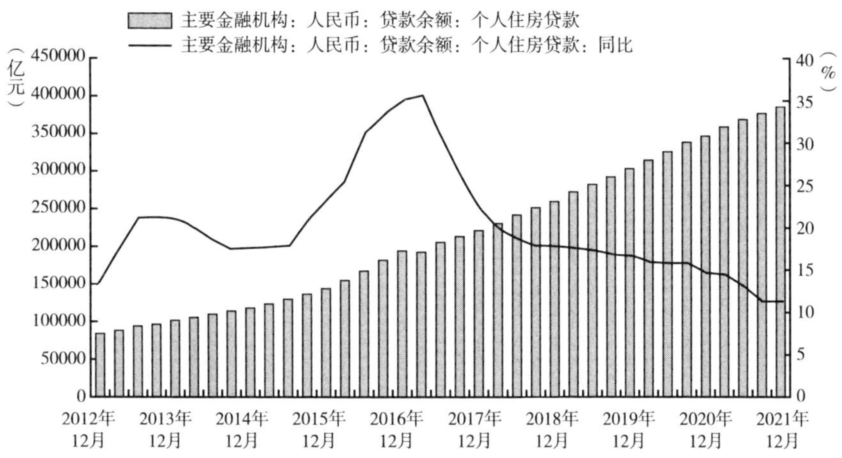

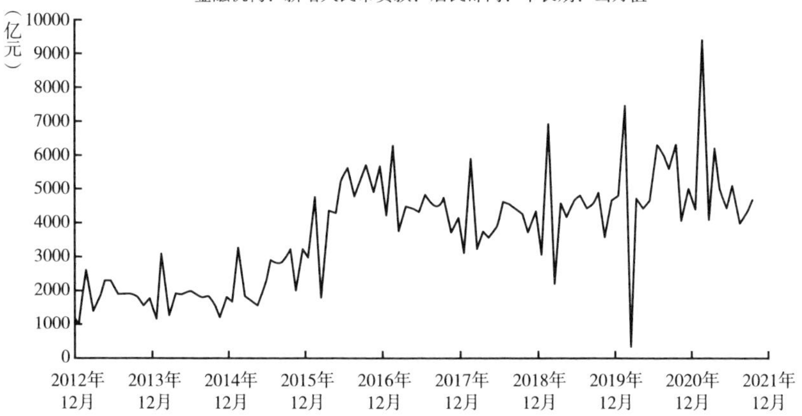

图 1-7　个人住房贷款余额及居民部门新增中长期贷款情况

资料来源：中国人民银行、Wind。

明，LTV 与个人住房贷款违约率显著正相关，如果这一指标的数值较低，说明购房者中使用自有资金的比例较高，则银行等金融机构面临的风险不大。

2021 年，在一线城市中，北京的平均新增住房贷款价值比为 13.74%，处于较低水平；深圳的平均新增住房贷款价值比为 38.01%（见图 1-8 中的第一张图），较 2020 年大幅下降；上海的风险相对较低，平均新增住房贷款价值比为 20.05%；广州的平均新增住房贷款价值比为 28.82%，处于合理水平（见

图 1-8 中的第二张图）。二线城市方面，2021 年，重庆的平均新增住房贷款价值比为 64. 57%，处于较高水平；南京的平均新增住房贷款价值比为 29. 61%；厦门的平均新增住房贷款价值比为 26. 78%（见图 1-8 中的第三张图）；郑州的平均新增住房贷款价值比为 33. 20%；武汉和天津的平均新增住房贷款价值比分别为 19. 31%和 19. 06%，风险较小（见图 1-8 中的第四张图）。整体来看，受益于较高的首付比例、较低的 LTV，我国新增个人住房贷款抵押物的保障程度较高，个人住房贷款风险整体可控；但我们仍需警惕，在房地产市场形势大分化的背景下，由于区域性房价大幅下跌（例如，目前，燕郊房价较 2017 年高位已经腰斩，对于部分低首付比例的借款人来说，住房已经成为“负资产”），房贷资产质量迅速恶化导致区域商业银行不良率大幅上升，进而使部分区域性中小银行面临偿付能力严重不足的风险。

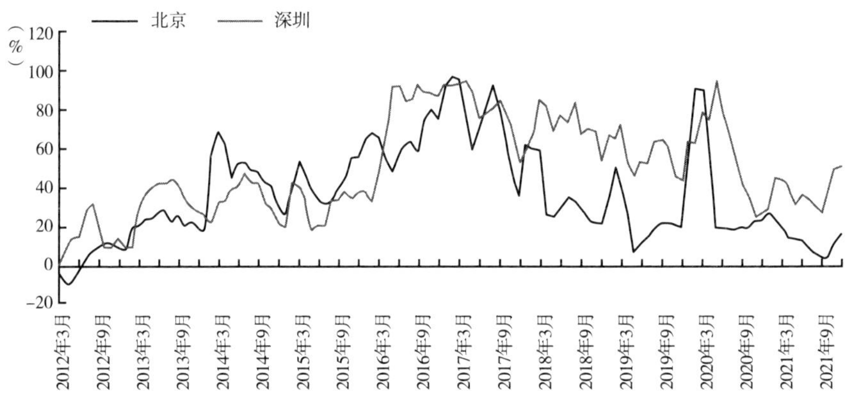

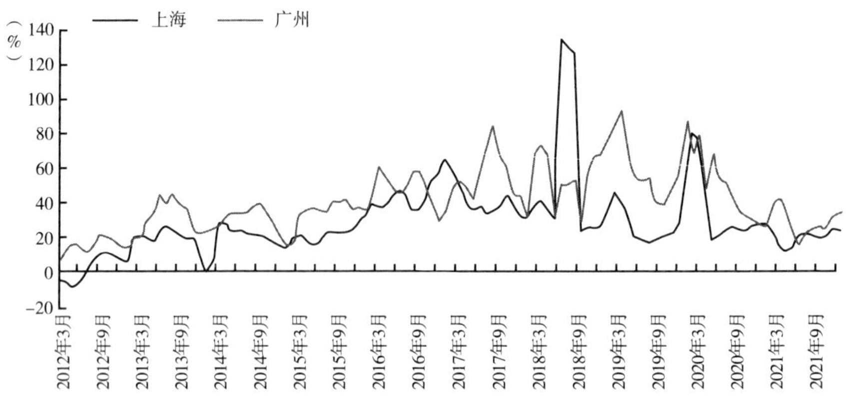

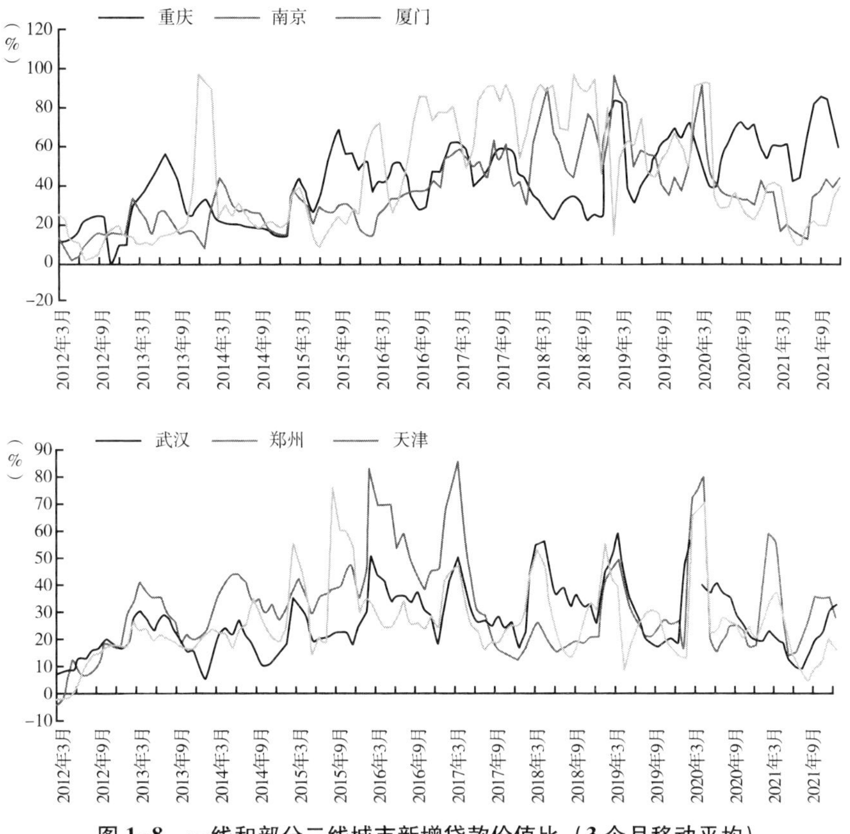

图 1-8　一线和部分二线城市新增贷款价值比（3 个月移动平均）

注：理论上讲，贷款价值比不应该超过 70%。计算结果存在差异的原因是：第一，我们使用月度余额之差表示新增量，两者之间存在差异；第二，由于不能直接得到个人住房贷款数据，我们使用总贷款数据或居民中长期贷款数据乘以某一系数得到个人住房贷款数据。我们保持单个城市在时间上的系数一致、不同城市在方法上的一致，因此数据依然具有参考意义。另外，图中该指标出现负值的原因来自第一条。

资料来源：国家金融与发展实验室估算得到。

（二）房企融资形势

1. 房企开发贷款融资情况

从央行公布的金融机构贷款投向统计数据来看，截至 2021 年末，房地产开发贷款余额为 12.01 万亿元，同比增速仅为 0.09%（见图 1-9），开发贷款存量余额连续三个季度负增长。由于大型房企信用风险持续暴露，商业银

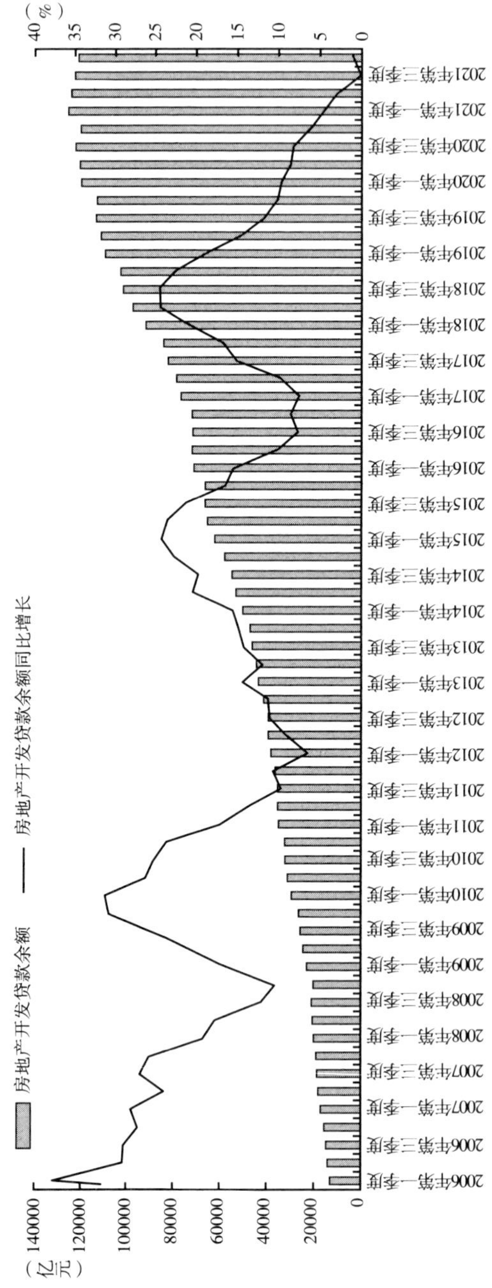

图 1-9 房地产开发贷款余额情况（季度）

资料来源：中国人民银行、Wind。

行出于风控方面的考虑，对新增房地产开发贷款的发放极为审慎；虽然央行等部门要求商业银行保障房企的合理融资需求，但开发贷款持续收紧的状态并未出现明显的改善。

2. 房地产信托融资情况①

从投向房地产行业的信托资金数据来看，从 2019 年第三季度开始，房地产信托余额连续九个季度下降。截至 2021 年第三季度末，房地产信托余额为 1.95 万亿元，与 2020 年末相比，余额压降了 3315.87 亿元；房地产信托余额同比下降 18.13%；房地产信托余额占信托业资金余额的比例下滑至 12.42%，与 2020 年同期相比下降了 1.38 个百分点（见图 1-10 上图）。在强监管背景下，信托投资公司严格遵循在风险可控的前提下开展业务的监管要求，并按监管要求持续压降房地产信托规模。从房地产信托余额规模、增速和占比来看，"控地产"的监管要求在信托业得到了较好的贯彻。

从融资成本来看，2021 年第一季度，房地产信托发行平均收益率在 7.31%左右；第二季度，房地产信托发行平均收益率在 7.26%左右；第三季度，房地产信托发行平均收益率在 7.33%左右（见图 1-10 下图）；加上比例为 2%~3%的信托公司报酬和信托计划发行费用，房地产企业的信托融资的平均成本率为 9.26%~10.33%，较 2020 年末略有上升。

3. 房企信用债发行情况

从境内信用债（不包括资产证券化产品）发行情况来看，2021 年的发行总额是 5481.79 亿元，同比下降 8.66%；其中，第一季度的发行金额是 1719.02 亿元，同比上升 1.25%，平均票面利率约为 4.49%；第二季度的发行金额是 1561.91 亿元，同比上升 4.39%，平均票面利率约为 4.35%；第三季度的发行金额是 1319.46 亿元，同比下降 26.68%，平均票面利率为 3.95%；第四季度的发行金额是 881.40 亿元，同比下降 12.53%，平均票面利率为 3.78%（见图 1-11 上图）。从存量情况来看，截至 2021 年末，房企

① 由于信托数据的发布滞后一个季度，最新更新至 2020 年第三季度末的数据，本部分的分析基于 2020 年第三季度末及之前的数据。

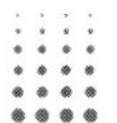

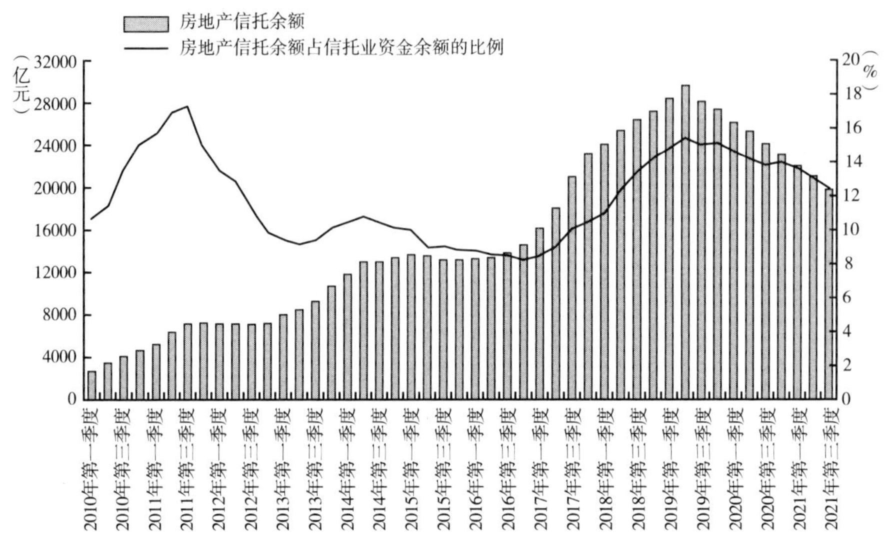

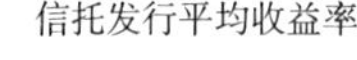

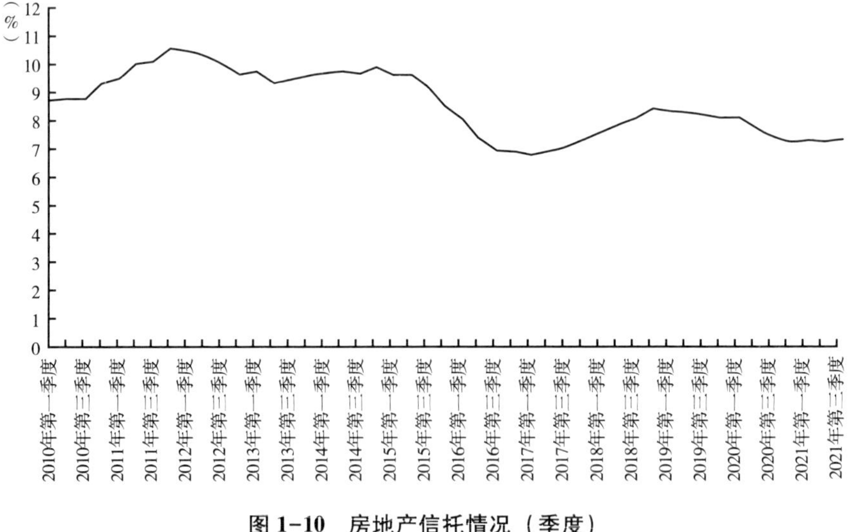

图 1-10　房地产信托情况（季度）

资料来源：中国信托业协会、Wind。

境内信用债待还余额为 1.90 万亿元，同比下降 8.25%；其中，3 年内到期债券余额为 1.35 万亿元。目前，境内信用债募集的资金主要用于借新还旧，受市场形势影响，房企境内信用债存量规模开始压缩，用其借新还旧的态势难以为继。对于部分杠杆率较高的房企，新增境内信用债的规模并不足以覆盖到期债券的偿付规模，发生债券违约的风险大幅增加。

从境外信用债发行情况来看，2021 年的发行规模为 431.09 亿美元（约为 2781.02 亿元），同比下降 34.01%，下降幅度较大。其中，第一季度的发行规模为 188.58 亿美元，同比下降 30.73%，平均票面利率为 6.63%；第二季度的发行规模为 111.51 亿美元，同比增长 46.58%，平均票面利率为 7.54%；第三季度的发行规模为 101.69 亿美元，同比下降 45.02%，平均票面利率为 6.68%；第四季度的发行规模为 30.31 亿美元，同比下降 74.87%，平均票面利率为 9.94%（见图 1-11 下图）。截至 2021 年末，境内房企发行的境外信用债存量余额为 1966.93 亿美元（约为 1.27 万亿元）。

三　恒大风险事件及房企违约形势

（一）恒大风险事件

2021 年，中国房地产市场最大的风险点莫过于恒大风险事件。2021 年 6 月，恒大被爆出部分商票逾期未兑付的消息，7 月出现广发银行宜兴支行冻结恒大相关公司存款的新闻，此后事件进一步发酵。作为一家资产规模在 2 万亿元以上的房企，恒大违约产生的影响引起市场人士和监管层的高度关注，一些市场人士将“恒大风险事件”类比成“雷曼时刻”，中国人民银行和银保监会在 8 月 19 日约谈了恒大高管。中央银行和金融监管机构直接约谈一家实体企业（非金融机构）在历史上是极为罕见的。下文首先分析恒大风险事件的性质，其次讨论其产生的影响，最后分析恒大风险事件的原因。

1. 恒大风险事件的性质——流动性危机还是资不抵债?

（1）流动性风险分析

恒大 2021 年半年报显示，现金及现金等价物金额为 867.72 亿元（已扣除受限现金），短期借贷及长期借贷当期到期金额为 2499.49 亿元，现金短债比为 0.34，这意味着：一年内有 100 元债务到期，而恒大目前手头只有

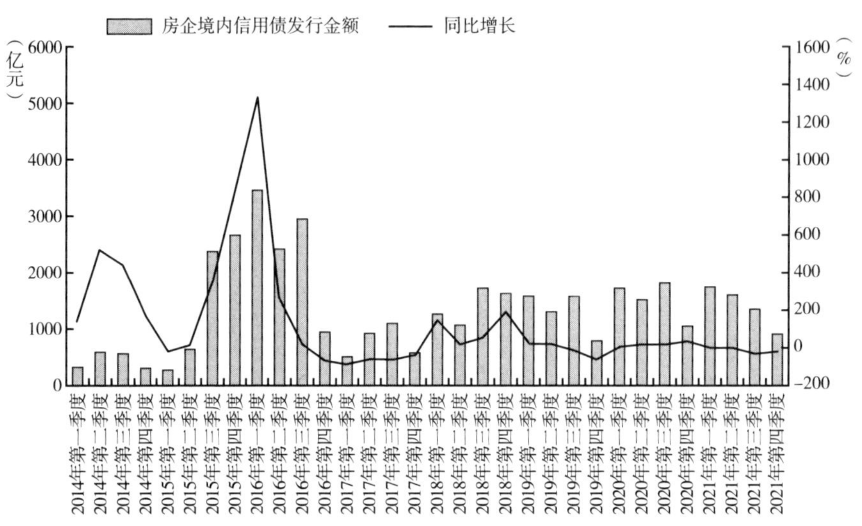

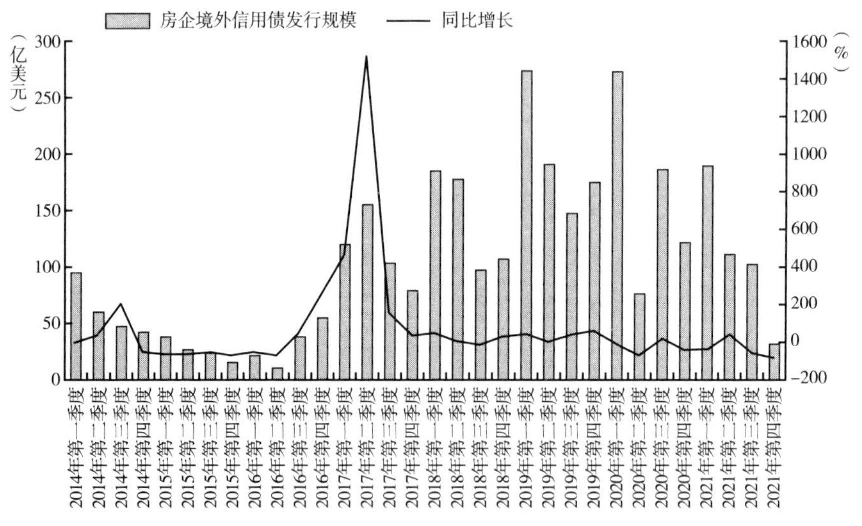

图 1-11　房地产开发企业境内、境外信用债发行情况（季度）

资料来源：Wind。

34 元可用于还债。

实际的流动性风险比上述数值反映出来的还要大。由于监管部门对短期偿债能力提出要求，恒大采取了用其他应付款借入现金的方法规避监管。由于其他应付款不计为短期有息负债（但实际上依然是负债），恒大一年到期的应付贸易款及其他应付款为 5824.31 亿元，如果扣除一年到期的应收贸易款 416.45 亿元，一年到期其他应付款净值为 5407.86 亿元，在考虑这部分短期负债后，修正的现金短债比为 0.11，这实际上意味着恒大 9/10 的短期债务还不上，短期流动性缺口规模达到 7039.63 亿元。恒大的流动性问题相当严重。

（2）资产负债分析

针对负债，首先分析表内负债：合约负债为 1857.46 亿元，指恒大销售住房但还没交付形成的负债，相对应地，资产中的持作出售竣工物业和受限制现金两个科目的规模为 1704.65 亿元，这一项的净负债为 152.81 亿元，相对于 2 万亿元规模的风险不大；应付贸易款及其他应付款共计 8384.52 亿元，相对应地，预付款和应收贸易款及其他应收款共计 2999.81 亿元，这一项的净负债为 5384.71 亿元，规模较大，其中，一年期到期应付款占比高，是主要债务风险，应引起高度重视；借款，包括银行贷款、交易所和银行间市场的债券，共计 7165.32 亿元，其中一年期到期占比达到 46.8%，且违约会影响到金融市场和银行体系稳定，也应引起高度重视。以上三项负债规模达到 1.26 万亿元，考虑现金及现金等价物 1587.52 亿元，表内的还款缺口为 1.10 万亿元。其次分析表外负债：恒大的表外负债主要包括两项，即对合作方、合营、联营公司担保 294.84 亿元，已订约但没有拨备的承诺 4396.15 亿元。表内表外两项合计的还款缺口为 1.57 万亿元。

负债对企业而言是硬约束，资产会随公允价值的变化而变化，因此重估资产价值是进行资产分析的重点，这是判断恒大是否具有能力偿债的关键。①开发中物业账面价值为 1.26 万亿元，占总资产的 54.7%，是重点分析对象。这一科目包括在建工程以及土地储备，在建工程已经按市价估值；土地储备按原值计价，需重估。恒大年报显示，2020 年底，恒大土地储备原值为 4901 亿元，同时年报还给出一、二、三线城市土地储备占比和各自的楼面地价，我们计算出当前楼面地价相对于购地时楼面地价的增速，并按各级城市权重求得土地储备的估值，结果为 7296.75 亿元。开发中物业的估值为

（1.26-0.49[①]）+0.73=1.5万亿元。②厂房、设备、使用权资产、投资性物业合计2601.42亿元，已按市价计量，但存在高估的可能性，按八折计值，则为2081.14亿元。③对于以权益法入账的投资，其中恒大持有的盛京银行股份以及恒大人寿股份具有变现价值。恒大持有盛京银行36.4%的股份，盛京银行股东净资产为821.54亿元，则恒大持有的盛京银行股份的市值为299.04亿元。恒大持有恒大人寿50%股份，恒大人寿股东净资产为218.78亿元，则恒大持有的恒大人寿股份的市值为109.39亿元。两者合计市值为408.43亿元。④对于体现在商誉和无形资产中以非控股权益进行的投资，主要涉及三家公司，即恒大物业、恒大汽车以及恒腾网络，三者的市值分别为631亿元、591亿元和328亿元，恒大间接持有的股份比例分别为60.84%、74.95%和55.64%，三者合计市值为1009.35亿元。其他资产因变现较为困难暂不考虑，以上资产合计为1.85万亿元，总体上可以应对表内表外负债。

专栏：恒大流动性危机爆发始末

2021年6月初，恒大集团被爆出部分商票逾期未兑付。

2021年6月7日，恒大发布辟谣公告，承认个别项目公司存在极少量商票未及时兑付的情况，集团高度重视并安排兑付。

2021年6月22日，惠誉国际将恒大集团的长期外币发行人评级由“B+”下调至“B”，评级展望为“负面”。

2021年7月13日，江苏省无锡市中级人民法院批准广发银行宜兴支行诉讼前财产保全的申请，裁定冻结中国恒大旗下子公司宜兴市恒誉置业、恒大地产集团共1.32亿元的银行存款。7月19日，消息广泛流传后，多家与中国恒大有关的上市公司的股票大幅下跌。中国恒大于同日下午3时发表声明，指广发银行宜兴支行滥用诉讼前保全。7月22日，恒大集团发表声明指广发银行申请财产保全一事已妥善解决。

2021年7月26日，《明报》报道“锄Dee会”成员持有的上市公司在6月

① 计算时使用四舍五入后的数据，下同。

和7月分别买入中国恒大发行的债券和票据，其中包括中誉集团和泛海国际。

2021年7月27日，中国恒大宣布取消此前公布的特别分红方案。同日，标准普尔将中国恒大的信贷评级由“B+”下调两级至“B-”，评级展望为“负面”，中国恒大旗下的恒大地产、天基控股的评级展望亦同样为“负面”。

2021年7月28日，惠誉国际再次调低中国恒大的评级，即由“B”下调至“CCC+”。

2021年8月2日，中国恒大向腾讯出售恒腾网络7%的股份，总价为20.685亿元。同时，其向独立第三方出售4%股份，总价为11.82亿元。中国恒大同时向恒腾网络提供一笔共20.7亿元的五年期无抵押无息股东贷款。

2021年8月6日，财新网报道，中华人民共和国最高人民法院要求所有涉及中国恒大的案件须移交广州市中级人民法院集中管辖。同日，标准普尔将中国恒大、恒大地产和天基控股的信用评级由“B-”下调两级至“CCC”，评级展望为负面，其发行的债券的评级属于标准普尔的“垃圾债券”评级，只比正式债务违约高四级。

2021年8月11日，香港01独家报道中国恒大计划将恒大物业出售给由万科牵头的企业。翌日，财联社报道万科、碧桂园曾与中国恒大洽谈，因价格不合而退出收购事宜。

2021年8月17日，恒大地产董事长由集团董事局主席许家印变为赵长龙，集团总经理及法人代表由柯鹏变为赵长龙。

2021年8月19日，中国人民银行、银保监会相关部门负责人约谈恒大集团高管，强调恒大集团必须认真落实中央关于房地产市场平稳健康发展的战略部署，努力保持经营稳定，积极化解债务风险，维持房地产市场和金融市场的稳定；依法依规做好重大事项信息真实披露，不传播并及时澄清不实信息。

2021年9月8日，有媒体报道中国恒大通知两家银行停止支付9月21日到期的贷款利息。多家评级机构调低对中国恒大的信用评级。穆迪将中国恒大的信用评级由“Caa1”下调至“Ca”，惠誉将中国恒大的信用评级由“CCC+”下调至“CC”。

2021年9月8日，《财新》报道，恒大集团旗下的投资理财公司“恒大财富”已暂停部分兑付。9月10日，恒大集团董事局主席许家印召开“恒大财富专题会”，来自中国各地的投资者到位于深圳的恒大总部及分公司抗议，要求赎回理财产品，并喊出“许家印，还我血汗钱!”等口号。会上，恒大财富执行董事兼总经理杜亮承认5月31日因家中有急事已提前赎回所投资的理财产品。

2021年9月13日，由于恒大财富爆发兑付危机，多名投资者在位于广东深圳的恒大总部大楼进行抗议。恒大晚间发布声明称：“公司目前确实遇到了前所未有的困难，但公司坚决履行企业主体责任，全力以赴复工复产，保交楼，想尽一切办法恢复正常经营，全力保障客户的合法权益。”此时有6名高管提前赎回在恒大财富的理财产品。恒大集团随后责令6名管理人员将提前赎回的款项限期返还。2021年9月13日，恒大集团提供现金分期兑付、实物资产兑付、冲抵购房尾款兑付三种方式供投资者选择。

2021年9月14日，恒大集团在向香港交易所提交的报告中承认，恒大物业合约销售金额在2021年6~8月呈下降趋势，并预测在9月将继续大幅下降。

2021年9月15日，标普再次下调恒大集团的信贷评级，即由“CCC”下调至“CC”，并指出恒大集团的流动性和融资渠道严重萎缩。同日，中诚信国际将恒大地产的信用等级由“AA”调降至“A”。

2021年9月16日，恒大集团所有存续的公司债券停牌1个交易日。

2021年9月29日，恒大宣布出售盛京银行19.93%股权给沈阳市一家国企，共作价99.93亿元，全部用作偿还对盛京银行的债务。

2021年10月4日，香港联交所披露，中国恒大的股票于10月4日9时起暂时停止交易。

2021年10月10日，恒大集团称，提前赎回恒大财富投资产品的6名高管已经在10月8日前将所有提前赎回的款项全数归还至恒大财富的指定账户，并已对6名高管进行问责惩处。

2021年10月15日，中国人民银行金融市场司司长邹澜在第三季度金融数据统计发布会上表示，恒大集团的问题是个别现象，其金融风险外溢性“可控”。

据知情人士透露，中国恒大为避免美债违约，在10月出售2架私人飞机，套现超过5000万美元，目前正准备为另一架大型飞机寻找买主。

2021年11月16日，据媒体报道，从7月1日开始，为了维持集团资金的流动性，许家印通过变卖个人资产或质押股权等方式筹集资金，累计已向集团注入超70亿元现金，以维持恒大的基本运营。

2. 恒大风险事件的影响

若恒大因流动性问题倒闭，则将产生广泛和深远的负面影响。第一，影响地方政府税收收入，截至2020年底，恒大应付土地增值税为749亿元，而广东省2019年的土地增值税收入只有1403亿元。第二，影响债券市场稳定，2021年上半年，恒大优先票据和债券存量余额为1778亿元，2020年，债券市场总体违约额为2315亿元，若恒大“倒闭”，则其对债券市场的影响接近2020年整个债券市场的违约规模。第三，形成大量银行不良贷款，恒大2021年半年报显示，恒大的银行贷款为3520亿元，主要涉及中国民生银行、中国农业银行、浙商银行、中国光大银行、中国工商银行等，其中，国有和股份制银行的占比较大，冲击银行体系稳定。第四，影响上下游企业正常经营，目前，恒大的上下游合作企业上万家，若恒大“倒闭”，则将对经济平稳健康运行造成冲击。第五，影响社会稳定，恒大存在大量已售未交付的商品房，若恒大“倒闭”，则将导致数百万个业主面临无法收楼的风险，这严重影响社会稳定。

由于市场并不能确定恒大风险的性质是流动性风险还是资不抵债风险，即使市场确定恒大面临的是流动性风险，也不能确定恒大会不会因为流动性问题而倒闭。基于倒闭可能产生广泛而深远的影响，金融市场出现了典型的负面情绪蔓延的现象，具体表现为如下三点。第一，针对房企出现典型的“投资安全转移”（Flight to Quality）现象，境内债券市场AA级房企的信用利差呈现高位剧烈波动的特征，最高点出现在7月1日，为377BP（见图1-12）；在境外债券市场，同一信用主体债券的折价率明显高于境内债券市场，平均差异在10%以上。第二，股票市场中的地产板块高度敏感，9月23日，“救恒大传闻”一出，许多困境地产股的价格大幅上涨，反映出二级市场的焦虑情绪。第三，信用评级机构近期下调了多家房企的评级，其中包括银城国际、新力控股、花样年、建业地产、华南城等，这与危机中评级机构“墙倒众人推”的操作手法极为类似。

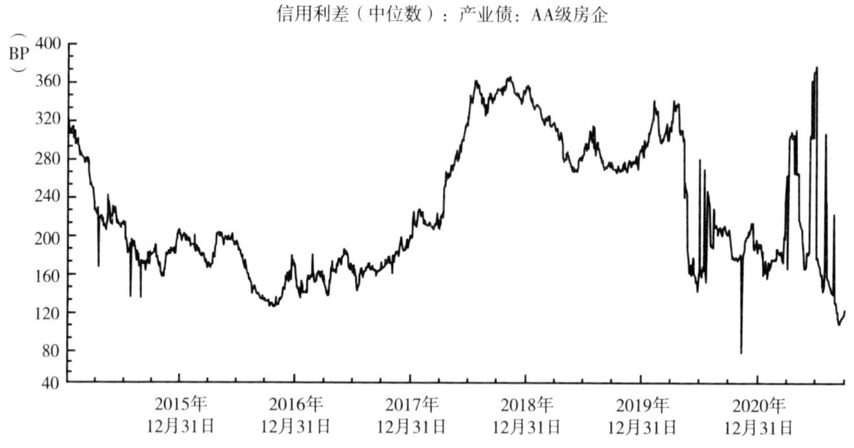

图 1-12　AA 级房企的信用利差波动情况

资料来源：Wind。

由于恒大面临的主要问题是流动性危机，央行在9月24日召开的货币政策委员会第三季度例会中表示，维护房地产市场的健康发展和维护住房消费者的合法权益[①]。10月15日，在中国人民银行2021年第三季度金融统计数据新闻发布会上，央行相关负责人表示，部分金融机构对于30家试点房企“三线四档”融资管理规则存在一些误解，如将要求“红档”企业有息负债余额不得新增误解为银行不得新发放开发贷款，这使企业销售回款偿还贷款后，原本应该合理支持的新开工项目得不到贷款，在一定程度上造成一些企业资金链紧绷[②]。随着监管层的相关表态，个人住房按揭投放速度明显

① 参见《中国人民银行货币政策委员会召开2021年第三季度例会》，中国人民银行网站，http://www.pbc.gov.cn/goutongjiaoliu/113456/113469/4350647/index.html。

② 参见《2021年第三季度金融统计数据新闻发布会文字实录》，中国人民银行网站，http://www.pbc.gov.cn/goutongjiaoliu/113456/113469/4361524/index.html。

加快，保利发展和招商蛇口等房企在银行间市场发债的申请获批，房企融资环境边际改善，流动性问题逐步得到解决。

3. 恒大风险事件原因分析

恒大风险事件出现的第一个原因是房地产主业大举加杠杆、盲目扩张。在房地产去库存和棚改货币化安置背景下，恒大在 2016 年和 2017 年大肆扩张，新增拿地金额分别达到 2044 亿元和 2380 亿元。扩张主要依靠加杠杆驱动，恒大的净负债率由 2015 年的 136% 上升至 2016 年的 175%，2017 年一举超过 200%，高达 240%；尽管 2017 年后恒大的净负债率有所下降，但同期应付账款及其他账款快速从 2017 年的 3995 亿元增长至 2021 年上半年的 9511 亿元，年均复合增长率高达 28%（见图 1-13 中的第一张图）。这实际上是将原来对金融机构的负债转移到产业链合作企业，这就使在出现流动性危机的时候商票兑付风险较金融负债风险更早爆发。

2017 年货币化棚改逐渐退出之后，恒大在三、四线城市布局较多，这导致恒大净利润及归属母公司的利润在 2018 年的峰值后快速下滑，2020 年，公司净利润降至 314 亿元（仅约为 2018 年的一半），归属母公司的净利润仅为 81 亿元，严重缩水（见图 1-13 中的第三张图）。由于恒大扩张依靠短期融资，融资成本大幅高于其他民营性质的房企，在毛利率下行叠加融资成本高企的作用下，2020 年，公司净利率仅为 6%，大幅低于同行（见图 1-13 中第四张图）。

恒大风险事件出现的第二个原因是盲目进行多元化经营。恒大的业务已呈现“八轮驱动”（包括地产、汽车、物业、文旅等）的格局，但多元化上市平台从 2016 年至 2021 年上半年归属母公司的净利润已累计亏损 139 亿元。以恒大新能源汽车业务为例，2016～2021 年上半年归属母公司的利润累计亏损 177 亿元，经营性现金流和投资性现金流净额持续为负值，业务开展完全靠融资支持，而且目前距离量产还有很长的路要走。

除了公司经营层面的问题外，实控人许家印家族持续高比例分红也削弱了公司的现金流。2013～2020 年，许家印家族持股比例不低于 63%（2020 年末，该比例高达 77%），近十年来，恒大集团累计分红超过 1000 亿元，

2013~2020年，恒大累计分红724亿元，股利支付率高达48%，远高于同行（见图1-14）。2021年7月15日，恒大突发公告商讨派发特别股息，市场质疑此举“掏空上市公司”，随后公告决定取消特别分红。

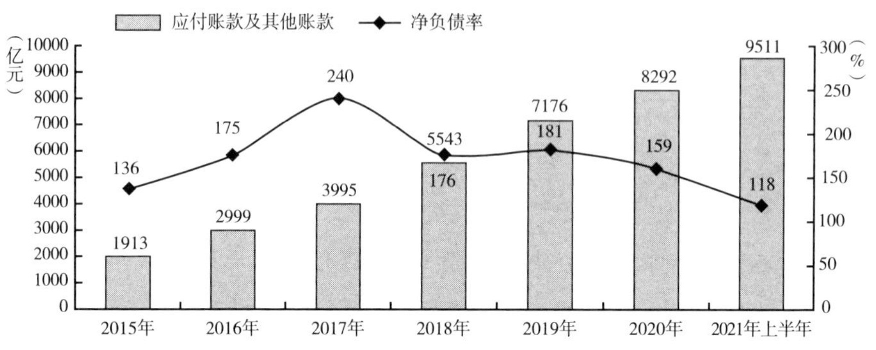

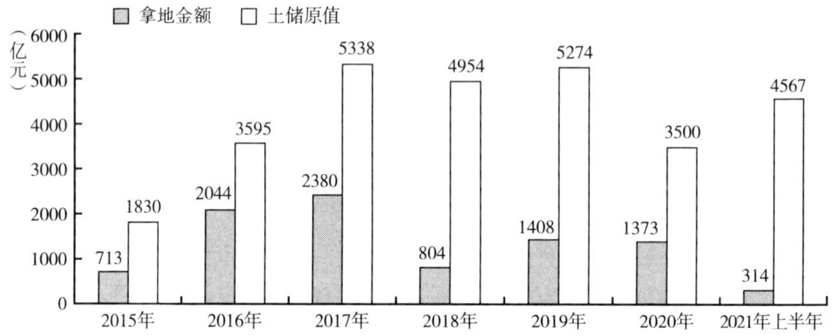

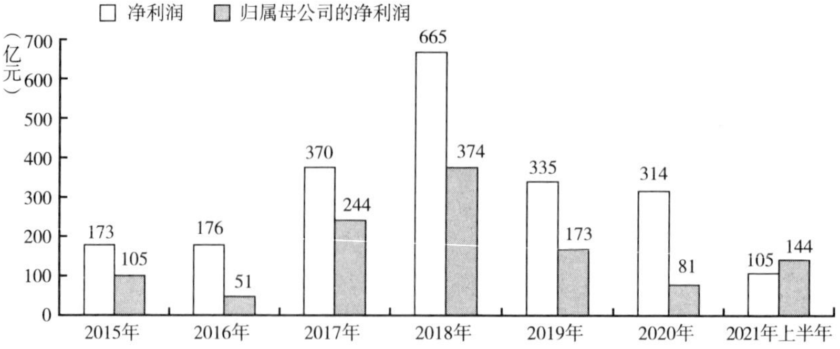

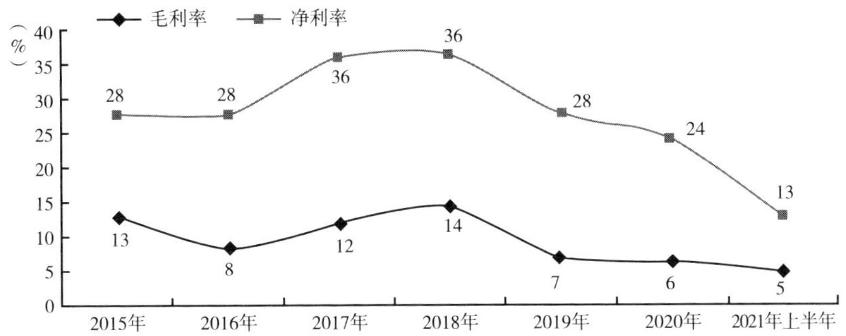

图 1-13 恒大加杠杆快速扩张的表现

资料来源：根据恒大 2015~2020 年年报以及 2021 年半年报整理得到。

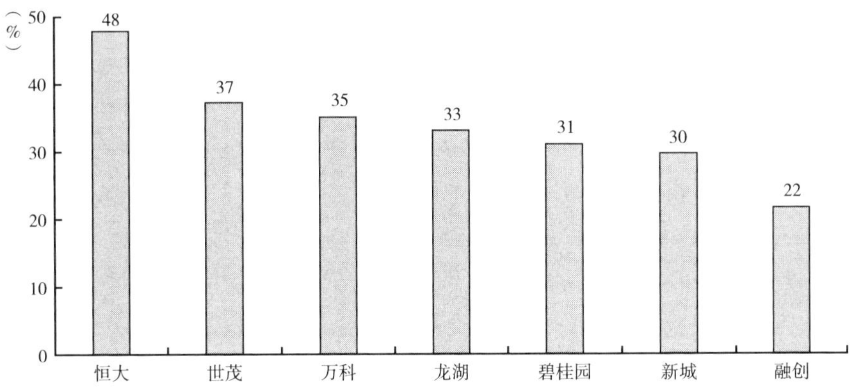

图 1-14 2013~2020 年部分上市房企的股利支付率

资料来源：根据部分上市房企 2013~2020 年年报整理得到。

（二）房企违约形势

2021 年，恒大风险事件成为整个行业最引人关注的事件，然而，除此之外，实际上，针对房企的各种债权类产品出现了大量违约情况，这意味着行业风险远比市场感受到的还要严重。仅从债券市场的违约情况来看，与前三年的情况相比，房企违约无论是数量还是金额都表现出激增的态势。2021

年，房企境内信用债违约数量为 69 只，占境内信用债违约数量的比例为 27.49%，涉及重庆协信、天房集团、华夏幸福（包括子公司九通基业投资）、泰禾集团、泛海控股、新华联、蓝光发展、三盛宏业、正源地产、鸿坤伟业、华业资本、阳光城、花样年、新力地产 14 家债券发行主体，违约金额（违约日债券余额）为 759.15 亿元，占境内信用债违约规模的 29.27%（见表 1-1）。

表 1-1　房企境内信用债违约情况

年份	房企境内信用债违约数量（只）	违约数量占比（%）	房企境内信用债违约金额（亿元）	违约金额占比（%）
2018	6	3.64	34.90	2.30
2019	14	5.71	87.06	4.51
2020	19	8.09	269.89	10.68
2021	69	27.49	759.15	29.27

资料来源：Wind。

银行开发贷比债券市场更能说明问题，毕竟能公开发行债券的房企较少，大部分开发商的主要融资渠道还是银行贷款。从表 1-2 反映的情况看，在国有银行中，中国工商银行和交通银行的房地产贷款不良余额快速上升；在股份制银行中，中信银行和招商银行也表现出这样的态势，这说明房企违约早有苗头，只是在 2021 年集中爆发。从房地产贷款不良率来看，2021 年上半年，中国工商银行、中国银行、中信银行、中国光大银行、浦发银行的房地产贷款不良率较高，分别为 4.29%、4.91%、3.31%、3.10% 和 3.03%，这一数值是正常时期不良率的 3～4 倍。城商行的房地产贷款不良率主要反映地区开发贷的情况，除重庆银行的房地产贷款不良率较高外，上海银行和杭州银行的情况也不乐观。

表 1-2　部分上市银行房地产贷款的不良情况

单位：亿元，%

银　行	房地产贷款不良余额			房地产贷款不良率		
	2021H1	2020 年	2019 年	2021H1	2020 年	2019 年
中国工商银行	319.11	162.38	109.36	4.29	2.32	1.71
中国银行	334.91	—	—	4.91	—	—
中国建设银行	115.64	90.11	52.74	1.56	1.31	0.94
中国农业银行	132.70	142.09	100.38	1.54	1.81	1.45
交通银行	64.61	47.11	8.77	1.69	1.35	0.33
中国邮政储蓄银行	0.12	0.17	0.12	0.06	—	—
中信银行	92.35	96.33	34.26	3.31	3.35	1.19
中国民生银行	43.49	30.4	13.25	1.04	0.69	0.28
中国光大银行	13.66	16.29	9.51	3.10	—	—
招商银行	43.28	11.90	16.36	1.07	0.30	0.44
浦发银行	104.64	71.72	87.90	3.03	2.07	2.63
平安银行	16.61	5.71	26.98	0.57	0.21	1.18
上海银行	47.16	37.47	1.54	2.73	2.39	0.10
浙商银行	10.42	1.46	4.28	0.61	0.09	0.29
杭州银行	10.93	12.79	0.92	2.63	2.79	0.27
重庆银行	8.11	5.65	2.46	6.28	1.79	2.09

注：“2021H1”指 2021 年上半年。

信托从一个侧面反映了影子银行资金流向房地产业的情况，因为在银行贷款等正规渠道被管控的条件下，开发商主要从信托机构借入资金。房地产信托的不良情况也不乐观，2021 年，中信信托、光大信托、国民信托、民生信托等的房地产相关产品出现违约，金额合计为 480 亿元，占整个信托违约金额的比例高达 42.8%。房地产信托违约情况见图 1-15。P2P 及私募理财则是另一个反映影子银行资金流向房地产业的渠道，且借贷成本更高，2021 年，恒大财富、锦恒财富（为佳兆业融资）、尚智逢源（为 ST 中迪融资）等的产品相继出现兑付危机。

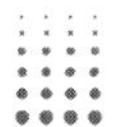

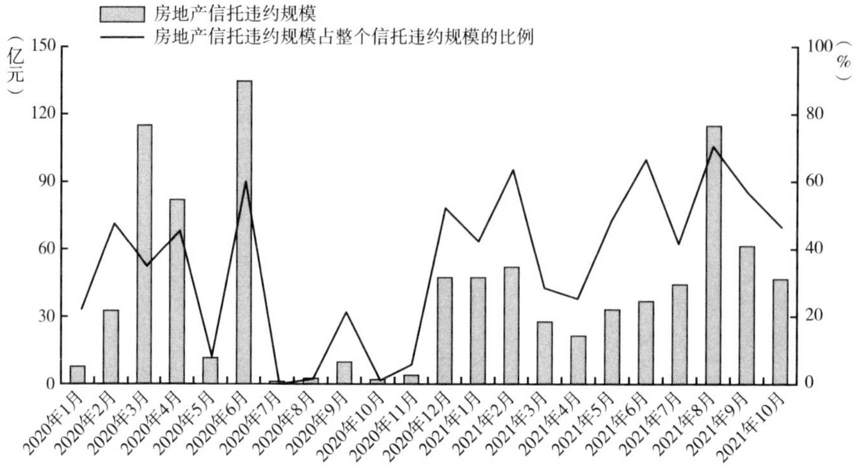

图 1-15　房地产信托违约情况

资料来源：用益金融信托研究院不完全统计。

四　全国房地产市场未来风险走势分析

（一）短期风险走势分析

短期来看，房企违约扩大化的趋势会有所遏制。这是因为金融监管当局采取了有针对性的措施，房地产业面临的下行压力会有所缓解，主要包括两个方面。

第一，引导市场预期。恒大风险事件导致购房者出现较浓的观望情绪，房企销售回款不畅，加之风险通过合作开发商、债权人、供应商形成网络传导态势，因此从源头遏制市场悲观情绪至关重要。2021 年 9 月 29 日，中国人民银行和银保监会在联合召开的房地产金融工作座谈会上表示，围绕“稳地价、稳房价、稳预期”目标，准确把握和执行好房地产金融审慎管理制度，要求金融机构按照法治化、市场化原则，配合相关部门和地方政府共同维持房地产市场的平稳健康发展，维护住房消费者合法权益。2021 年 10 月 20 日，金融街论坛年会召开，中国人民银行副行长潘功胜表示，在金融管理部门的预期引导下，金融机构和金融市场风险偏好过度收缩的行为逐步得以矫正，融资行为和金融市场价格正逐步恢复正常。国务院副总理刘鹤表示，房地产市场出现了个别问题，但风险总体可控，合理的资金需求正在得到满足，房地产市场健康发展的整体态势不会改变。来自金融监管当局及主要负责人的表态有效引导了市场预期，尽管信贷投放行动还在进行中，但市场悲观情绪已大幅缓解。

第二，信贷托底。个人按揭贷款、开发贷、房地产信托贷款的一致性收缩导致市场下行和房企流动性紧张，因此向房企注入流动性成为当务之急。2021 年 10 月 15 日第三季度金融统计数据新闻发布会召开，中国人民银行金融市场司司长邹澜表示，部分金融机构对房企“三线四档”融资管理规则存在一些误解，并已于 9 月底指导主要银行准确把握和执行好房地产金融审慎管理制度，保持房地产信贷平稳有序投放。2021 年 11 月 19 日，中国银保监会新闻发言人在答记者问时表示，10 月末，银行业金融机构房地产贷款同比增长 8.2%，整体保持稳定。与此同时，银行间债券市场重新对房企开放，11 月共有招商蛇口、保利、中海等 16 家房企发行 306.7 亿元信用债。这些措施都使房企流动性得到明显改善。

（二）长期风险走势分析

长期来看，房地产市场并不乐观，市场依然面临下行压力，房企爆雷、违约情况时有发生。这主要取决于两大因素：第一，基本面的长期因素；第二，金融层面的制度因素。

1. 基本面的长期因素

首先，从供给侧展开分析，也即从存量角度进行分析，2016 年，我国城镇人均建筑面积和农村人均住房面积分别达到 36.6 平方米和 45.8 平方米，按人口加权，全国居民人均住房建筑面积达到 40.8 平方米，同时期，俄罗斯的人均居住面积只有 24.9 平方米，从户均角度计算，我国的甚至多于德国、荷兰这两个发达国家[①]。从国际比较的视角看，我国住房并不存在供给缺口，这也是2016年之后房价缺乏上涨动力的重要原因之一。

其次，从需求侧展开分析，大致有五个方面发挥决定性作用。

其一，经济增速持续下行。我国经济已进入中高速增长的新常态，居民收入占GDP的比例没有出现明显上升的趋势，这意味着，居民收入增速将更快趋于平稳。缺乏收入面的支撑，加之居民的债务堆积，这对房地产市场而言意味着“加速下行”。

其二，人口红利优势逐渐消退。西方近百年来的发展经验表明，房价与人口红利具有典型的正相关关系。道理很简单：当经济处于人口红利期时，社会总抚养比低，整个社会的储蓄水平较高，加之年轻人对住房需求大，自然出现房地产市场的上升行情。当前，我国人口红利正逐渐消退：一方面，随着经济发展水平提高，居民的生育意愿下降，导致出生率下降；另一方面，随着预期寿命延长，老龄化程度加剧，整个社会的老年人口抚养比上升。人口红利逐渐消退使整体房地产市场需求下降。

其三，城镇化进程明显放缓。城镇化是房价上涨的另一动因，一方面，城镇化使人口由农村向城市聚集，导致住房需求增加；另一方面，城镇化过程中伴随着大量的基础设施建设，这些投资最终都会内化到住房价格中。国际经验表明，当城镇化率在65%~70%时，城镇化进程将明显放缓，即人口不再表现为集聚，而是由城市中心向郊区和城市带扩散，当城市规模不再扩张时，基础设施建设也将相应停滞。2020年，我国城镇化率达到63.9%，这意味着我国的城镇化进程距第二阶段结束至多还有3、4年的时间，城镇化进程很快将进入后期或尾声阶段，房价上涨会失去动力。

其四，房地产税加速推进。2021年10月，全国人大授权国务院在部分城市开展房地产税改革试点，这意味着存量房地产税将成为影响房地产市场的一个长期制度性因素。市场普遍预测税率在1%左右。从投资角度看，我国住房租金资本化率普遍不到2%，1%的持续税收成本将引致大量的住房抛

① 参见蔡真等《中国住房金融发展报告（2019）》，社会科学文献出版社，2019，第6页。

售行为。目前，市场只是“在传闻的情况下”出现上海抛售 93 套房、苏州拙政别墅陡增 10 套挂牌房源、深圳一次性挂牌 23 套学区房的现象，这对当下脆弱的房地产市场无异于雪上加霜。从消费角度看，我国房价收入比为 30（一线城市更是高达 50），由此估算一年的住房持有成本占总房价的比重为 2%~3%，在此基础上加上 1%的税收成本则会加剧普通居民的家庭负担。考虑到我国住房自有率在 80%以上，房地产税开征必须有较大免征额，否则将产生较大的负面影响。

其五，教育“双减”政策对学区房的影响明显。近年来，房价上涨的一个重要因素是学区房，即教育投入资本体现在住房价值中。2021 年 5 月，中共中央政治局会议点名学区房炒作后，各地相继出台多校划片、教师轮岗制度；7 月，针对校内校外课业负担的“双减”政策出台，这些政策使学区这一结构性因素从房价中“釜底抽薪”。2021 年 8 月，作为学区房风向标的北京德胜片区二手房成交量减少五成，房价下跌近 10%；北京蜂鸟家园因对口中关村三小被视为海淀学区房“天花板”，9~12 月，成交量不超过 5 套。

2. 金融层面的制度因素

金融层面的制度因素主要集中于房企的融资模式，对房企进行信贷融资是中国的一大特色。从国际经验来看，房地产开发经营要么通过 REITs 募集资金，要么通过股票 IPO 或发行债券融资，这些融资方式都属于直接融资，国外很少使用贷款这种间接融资方式。

贷款这种间接融资对房企的最大弊端是期限短，容易导致期限错配。当经济衰退或行业进入下行周期时，债务人期限错配的到期债务会面临快速放大的还债压力；同时，由于风险传导机制的存在，向债务人发放贷款的机构变得脆弱。我国房企的 1 年期以下贷款占绝大部分，长期贷款非常少。以某头部房企 2019 年融资情况为例，1 年期以下贷款占比高达 57.23%，3 年期以上贷款占比仅为 7.51%[①]，因此，当销售端疲软时，这样的融资结构不仅

① 某头部房企数据来源于蔡真等《中国住房金融发展报告（2021）》，社会科学文献出版社，2021，第 306 页。

不能帮助房企渡过难关，反而会加速风险暴露。反观美国，以著名的 Hovnanian 房企为例，在 2008 年金融危机爆发时，Hovnanian 的 5 年期以上债务占比为 42%，2009 年，该房企 5 年期以上债务占比上升至 61%。长期债务占比高有效减少了期限错配的风险，并且，“雨天送伞”的关系型融资有效帮助房企渡过了危机。

中国金融体系的一大特色是影子银行盛行，其主要的投放对象是房地产市场。它对房企融资的不利影响表现在以下几个方面。第一，利率成本高，在房企的高利润时代，这不是一个问题，但在整个市场面临长期拐点的时候，它就成为不稳定因素。第二，“刚兑”诉求，这一方面使风险难以出清，另一方面使在处置问题房企时面临社会风险。2016 年以来，随着影子银行体系的发展，房企融资走向灰色地带，从贷款到信托融资再到 P2P 理财，呈现清晰的发展路径。同样，以上文所述某头部房企为例，其在 2019 年从正规渠道（银行贷款+债券）获得的融资的占比不到 40%，从非正规渠道获得的融资的占比高达 61.43%[①]，由此可见影子银行对房企融资的渗透作用。然而，从 2016 年开始，上市房企销售毛利率与净资产收益率出现背离的情况，两者走势呈“喇叭口”形态[②]，这已然反映了高利率成本对房企利润的侵蚀；随着涉嫌违规产品逐渐进入金融治理框架，早年间房企种下的影子银行的“因”结出了频频爆雷的“果”。

五　2022年全国住房市场及住房金融展望

房地产政策方面，中央经济工作会议指出，我国经济面临需求收缩、供给冲击和预期转弱“三重压力”，房地产市场同样面临这三重压力；同时，“房住不炒”作为一项长期政策的总基调不会改变。在这两个顶层逻辑框架下，我们认为，2022 年的房地产政策重点包括以下三个方面。第一，更多

① 某头部房企数据来源于蔡真等《中国住房金融发展报告（2021）》，社会科学文献出版社，2021，第 306 页。

② 参见蔡真等《中国住房金融发展报告（2019）》，社会科学文献出版社，2019，第 202 页。

三、四线城市会出台“限跌令”和购房支持性政策，这些政策不仅可以发挥抑制需求收缩的作用，而且有利于减轻土地财政风险。第二，一线城市及二线热点城市将出台更多政策支持住房租赁市场发展，尤其是支持保障性租赁住房发展，这些政策是对“房住不炒”精神的贯彻，可以更好地解决高房价下大城市新市民、大中专毕业生、进城务工人员等群体住房困难较为突出的问题；同时，在居住条件得到保障后，国内大循环也会更加畅通，从而有利于稳需求。第三，更多问题房企的处置措施会出台，出台这些措施的目的在于遏制风险传染，起到稳预期的作用。

房地产市场运行方面，我们认为，2022 年第一季度末第二季度初是影响整个市场走势的关键时期，如果三、四线城市的支持性政策发挥作用以及问题房企对问题的处置妥当，则整个市场会有较大程度的恢复；当然，也不用担心太快恢复甚至过热的情况，因为在经历了 2021 年市场快速切换的行情后，政策的跨周期调节能力也会增强。不过，我们倾向于认为恢复速度相对较慢。关于住房租赁市场，我们的判断相对明确，即租金价格相对稳定，这主要是由于保障性租赁住房带来的供给效应，而需求端的收入效应和促进就业增长的作用并不明显。

房地产金融方面，我们认为，个人购房贷款余额增速将一改 2021 年的颓势，甚至部分银行会越过“贷款两集中”的上限发放按揭贷款。一方面，这是因为“贷款两集中”政策存在一定的过渡期；另一方面，这一措施的基调与稳需求、稳预期的基调是一致的。个人按揭贷款利率将进一步下行，一方面，长期 LPR 利率存在下行趋势；另一方面，其对首套房贷款的支持会体现到按揭利率中。房企融资的形势并不乐观，尽管有关并购贷款的支持政策已经出台，但金融机构作为自负盈亏的市场主体在面临风险时依然会采取审慎策略，房企融资的恢复或需要较长的时间。

市场篇

Market Reports

第二章 个人住房贷款市场

崔 玉 曾 亭*

- 从总量来看，2021 年底，我国金融机构个人住房贷款余额为 38.32 万亿元，同比增长 11.30%，增速自 2016 年以来连续 5 年下降；个人住房贷款余额年度净增额为 3.88 万亿元，较 2020 年的 4.36 万亿元下降了 11%，金融机构对个人住房贷款的发放明显收紧。从市场结构看，国有大型商业银行依然是我国个人住房信贷市场的主力军，截至 2021 年 6 月，中国工商银行、中国农业银行、中国银行、中国建设银行、交通银行、中国邮政储蓄银行六家国有大型商业银行的个人住房贷款余额合计为 25.17 万亿元，占全国金融机构个人住房贷款余额总量的 68.80%；个人住房贷款业务在商业银行资产业务中的占比仍是最高的。
- 从利率水平看，全国首套、二套住房贷款在 2021 年前三个季度呈现上升趋势，在进入第四季度之后呈现下降趋势。截至 2021 年末，全国首套、二套住房贷款平均利率为 5.64%（为 LPR 加 99 个基点）和 5.92%（为 LPR 加 127 个基点），分别较 2020 年末上浮了 41 个基点和 38 个基点。
- 从风险看，2021 年，部分商业银行个人住房贷款不良率和不良余额出现“双升”的情形，但受益于审慎的个人住房信贷政策，

* 崔玉，国家金融与发展实验室房地产金融研究中心研究员；曾亭，中国社会科学院大学金融系硕士研究生。

个人住房贷款整体风险可控。2021 年末，我国住户部门的债务收入比为 143.30%，房贷收入比为 77.22%，上升速度已放缓。

- 2020 年 12 月 28 日，《中国人民银行　中国银行保险监督管理委员会关于建立银行业金融机构房地产贷款集中度管理制度的通知》（银发〔2020〕322 号）发布，对不同规模银行分档设置房地产贷款余额占比、个人住房贷款余额占比上限，这有助于银行业优化信贷结构，降低房地产贷款、个人住房贷款过度集中带来的潜在系统性金融风险。从政策执行情况来看，该政策得到了有效落实：2020 年末，个人住房贷款占比超过监管要求的 11 家商业银行的个人住房贷款占比在 2021 年上半年均有所下降，下降幅度为 0.21~3.60 个百分点。值得一提的是，六家国有大型商业银行的房地产贷款集中度和个人住房贷款集中度在 2021 年上半年均实现了不同程度的下降；与此同时，部分个人住房贷款余额占比未超出监管要求，中小型商业银行乘机提高市场份额占比，涉房贷款集中度出现一定幅度的上升。
- 展望 2022 年，数量方面，我们认为，个人住房贷款余额增速将一改 2021 年的颓势，甚至部分银行会超出“贷款两集中”的上限发放按揭贷款，这一方面是因为“贷款两集中”政策存在一定的过渡期；另一方面是因为这一措施与稳需求、稳预期的基调是一致的。价格方面，我们认为，个人住房贷款利率将进一步下行，一方面，长期 LPR 利率存在下行趋势；另一方面，对首套住房贷款的支持会体现到个人住房贷款利率上。风险方面，我们预计新增 LTV、住房贷款收入比均会有所上升；虽然个人住房贷款市场整体风险仍然可控，但我们需警惕区域性房价下行（尤其是房价持续性下跌导致部分高价位住房成为“负资产”的情况）引发按揭贷款资产质量恶化，从而导致区域商业银行出现不良率大幅上升的风险。

一　个人住房贷款市场运行情况

（一）总量运行情况

个人住房贷款，通常也被称为个人住房按揭贷款，指商业银行等金融机构向在城镇购买、建造、大修各种类型住房的自然人发放的贷款，借款人必须以购买、建造或已有的住房产权为抵押物或其他抵押、质押、保证、抵押加阶段性保证等担保方式提供担保。

截至2021年底，我国金融机构个人住房贷款余额为38.32万亿元，同比增长11.30%，增速自2016年以来连续5年下降（见表2-1）；个人住房贷款余额年度净增额为3.88万亿元，较2020年的4.36万亿元下降了11%，金融机构对个人住房贷款的发放明显收紧。受银行业金融机构房地产贷款集中度管理制度的监管要求和市场需求转弱的影响，2021年，个人住房贷款余额占金融机构总贷款余额的比例较2020年下降了0.05个百分点，个人住房贷款余额同比增长率与金融机构各项贷款余额同比涨幅基本持平，甚至略低。

表2-1　1998~2021年个人住房贷款余额情况

单位：万亿元，%

年份	个人住房贷款余额	个人住房贷款余额同比增长率	金融机构各项贷款余额	个人住房贷款余额占总贷款余额比例
1998	0.07	271.58	8.65	0.81
1999	0.14	94.05	9.37	1.49
2000	0.33	142.34	9.94	3.32
2001	0.56	67.47	11.23	4.99
2002	0.83	48.56	13.13	6.32
2003	1.20	45.28	15.90	7.55
2004	1.60	35.15	17.74	9.02
2005	1.84	15.00	19.47	9.45
2006	2.27	19.00	22.53	10.08
2007	3.00	33.60	26.17	11.46

续表

年份	个人住房贷款余额	个人住房贷款余额同比增长率	金融机构各项贷款余额	个人住房贷款余额占总贷款余额比例
2008	2.98	10.50	30.34	9.82
2009	4.76	43.10	39.97	11.91
2010	6.20	29.40	47.92	12.94
2011	7.14	15.60	54.79	13.04
2012	8.10	13.50	62.99	12.86
2013	9.80	21.00	71.90	13.63
2014	11.52	17.50	81.68	14.10
2015	14.18	23.20	93.95	15.09
2016	19.14	35.00	106.60	17.95
2017	21.90	22.20	120.13	18.23
2018	25.75	17.80	136.30	18.89
2019	30.07	16.70	153.11	19.64
2020	34.44	14.60	172.75	19.94
2021	38.32	11.30	192.69	19.89

资料来源：《中国货币政策执行报告》、《金融机构贷款投向统计报告》，中国人民银行；Wind。

住房既是消费品也是资产，住房的价格波动与杠杆增速表现出较强的相关性。从图 2-1 个人住房贷款余额增速来看，2006~2007 年、2009~2010 年、2012~2013 年、2015~2016 年这四个时间段是个人住房贷款增速较快的阶段，同时是房价上涨较快的阶段，两者保持了较为一致的关系。

自 2016 年中央明确“房住不炒”的精神以来，个人住房按揭贷款这一需求端的杠杆工具被有效抑制：2016~2017 年，个人住房贷款余额同比增速由 38.1%大幅下降至 22.2%，且其在 2017 年第二季度之后呈现持续下降的态势。2021 年，个人住房贷款余额同比增速整体上延续了这一下降趋势，但上半年到下半年出现一定的转变。上半年，房地产市场还延续 2020 年疫情背景下的过热行情，因此，个人住房信贷的政策导向以“严控”为主；2020 年 12 月底房地产“贷款两集中”制度出台后，一些集中度超标的银行自然收缩了个人住房按揭贷款，因此，个人住房按揭贷款增速一直下降，第一季度为 14.5%，第二季度为 13.0%。下半年，受恒大等房企信用风险事件的影响，房地产市场的观望情绪浓厚，个人按揭贷款需求自身也出现萎缩，第三季度，增速继续下滑，至 11.3%；9~10 月央行官员密集发声，表示房地产行业的合理资金需求应该得到满足；在央行“宣告效应”的影响下，个人按揭贷款增速下滑的局面得到遏制，第四季度的增速稳定在 11.3%（见图 2-1）。

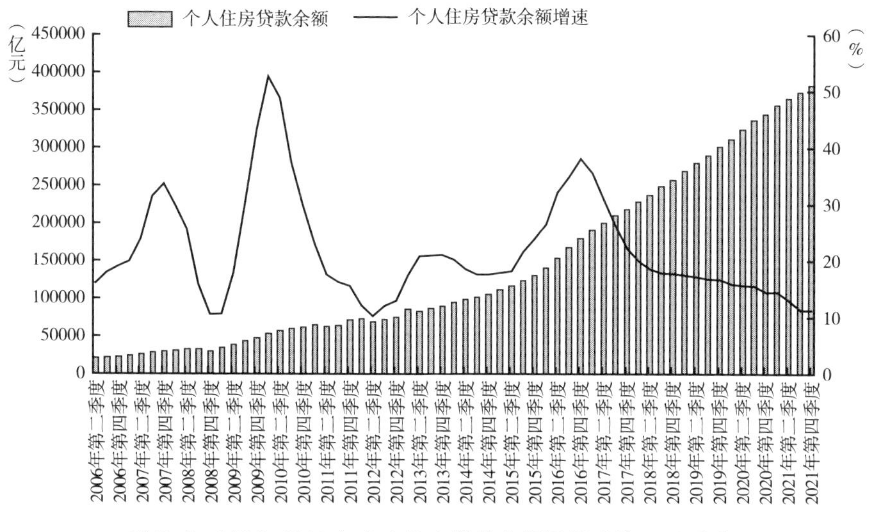

图 2-1　2006~2021 年个人住房贷款余额及增速情况（季度）

资料来源：Wind。

（二）市场结构

国有大型商业银行是我国个人住房贷款业务的开拓者和主力军，最早一笔个人住房贷款就是由中国建设银行于 1985 年发放的。截至 2021 年 6 月，中国工商银行、中国农业银行、中国银行、中国建设银行、交通银行、中国邮政储蓄银行①六家国有大型商业银行的个人住房贷款余额合计为 25.17 万

① 自 2019 年起，中国邮政储蓄银行被纳入银保监会的“商业银行”及“大型商业银行”统计口径。

亿元，占全国金融机构个人住房贷款余额总量的 68.80%（见图 2-2），这表明国有大型商业银行依然是我国个人住房信贷市场的主力军。2017 年以来，这六家国有大型商业银行的个人住房贷款余额占全国金融机构个人住房贷款余额总量的比例在逐步下降。不过，2010~2019 年，该比例仍维持在 70%以上。从 2020 年开始，该比例降至 70%以下，这表明国有大型商业银行在贯彻落实中央“房住不炒”的精神和房地产金融审慎管理制度方面表现出“国家队”的担当。

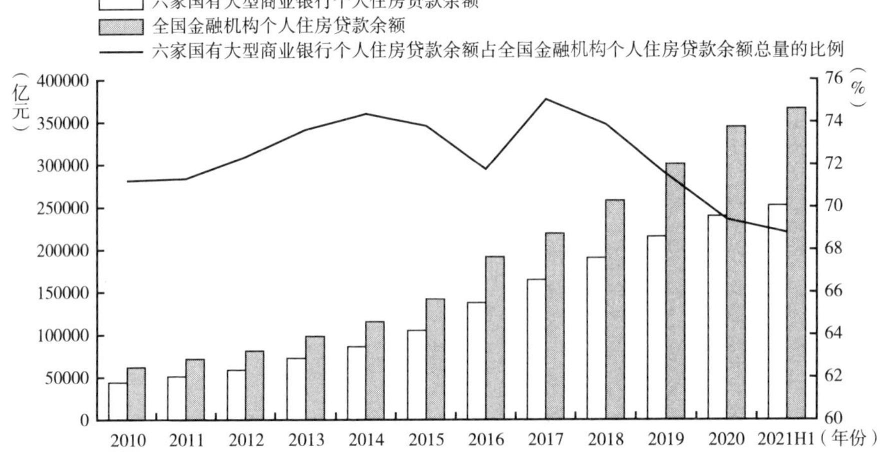

图 2-2　国有大型商业银行个人住房贷款余额及占全国金融机构个人住房贷款余额总量的比例

注：“2021H1”指 2021 年上半年。

资料来源：Wind。

从六家国有大型商业银行的个人住房贷款余额同比增速来看，自 2016 年以来，六大行的个人住房贷款余额同比增速持续下降，这一走势与全国个人住房贷款余额同比增速的走势基本保持一致。其中，2016~2017 年的增速表现为急剧下降，从 2016 年末的 31.23%下降至 2017 年末的 19.67%；2017 年至 2021 年 6 月，增速的降幅变小且较为稳定，从 2017 年末的 19.67%缓慢下降至 2021 年 6 月末的 10.28%，低于同期六家国有大型商业银行贷款总余额的增速 0. 99 个百分点（见图 2-3）。从银行业务的内部结构看，个人住房贷款占六家国有大型商业银行贷款总额的比重从 2010 年的 17. 08%上升到 2019 年最高时的 31. 46%，之后开始缓慢下降；2021 年 6 月末，个人住房贷款占六家国有大型商业银行贷款总额的比重下降至 30. 51%，低于银行业金融机构的房地产贷款集中度分档管理要求（第一档的上限要求为 32. 5%）。这些数据表明，六家国有大型商业银行有效执行了房地产贷款集中度管理制度，对促进房地产市场平稳健康发展发挥了重要的作用。

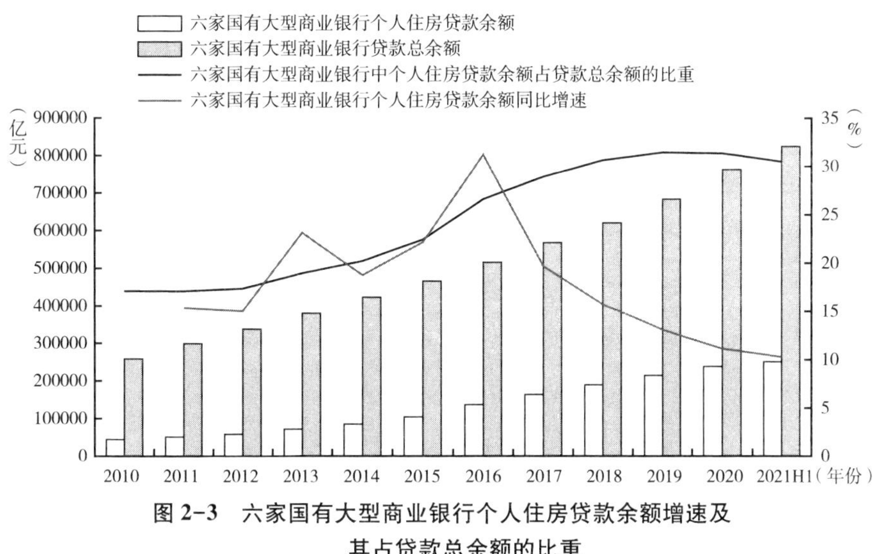

图 2-3　六家国有大型商业银行个人住房贷款余额增速及其占贷款总余额的比重

注："2021H1" 指 2021 年上半年。

资料来源：Wind。

从截面数据来看，六家国有大型商业银行 2021 年半年报显示，中国建设银行的个人住房贷款规模最大，为 6. 17 万亿元，占该行贷款总额的 34. 14%，较上年末下降了 1. 01 个百分点，仍高于监管要求的 32. 5%上限；中国工商银行的个人住房贷款余额为 6. 03 万亿元，占该行贷款总额的 30. 17%，较上年末下降了 0. 59 个百分点；中国农业银行的个人住房贷款余额为 4. 93 万亿元，占该行贷款总额的 29. 89%，较上年末下降了 0. 91 个百分点；中国银行的个人住房贷款余额为 4.61 万亿元，占该行贷款总额的 29.94%，较上年末下降了 1.01 个百分点；交通银行的个人住房贷款余额为 1.39 万亿元，占该行贷款总额的 21.86%，较上年末下降了 0.26 个百分点；中国邮政储蓄银行的个人住房贷款余额为 2.04 万亿元，占该行贷款总额的 32.96%，较上年末下降了 0.65 个百分点，略高于监管要求的 32.5% 上限（见图 2-4）。总体来看，六家大型国有商业银行的个人住房贷款的占比在 2021 年上半年均有所下降。对照《中国人民银行　中国银行保险监督管理委员会关于建立银行业金融机构房地产贷款集中度管理制度的通知》的要求，截至 2021 年 6 月末，中国建设银行和中国邮政储蓄银行的个人住房贷款余额占比仍超过监管要求的上限（32.5%）。尽管在 2021 年下半年加快住房按揭投放速度、稳定需求成为政策主基调，但随着业务调整过渡期结束，这两家银行仍需通过缩小个人贷款规模或增加其他行业贷款来优化信贷结构，以达到房地产金融审慎管理制度的要求。

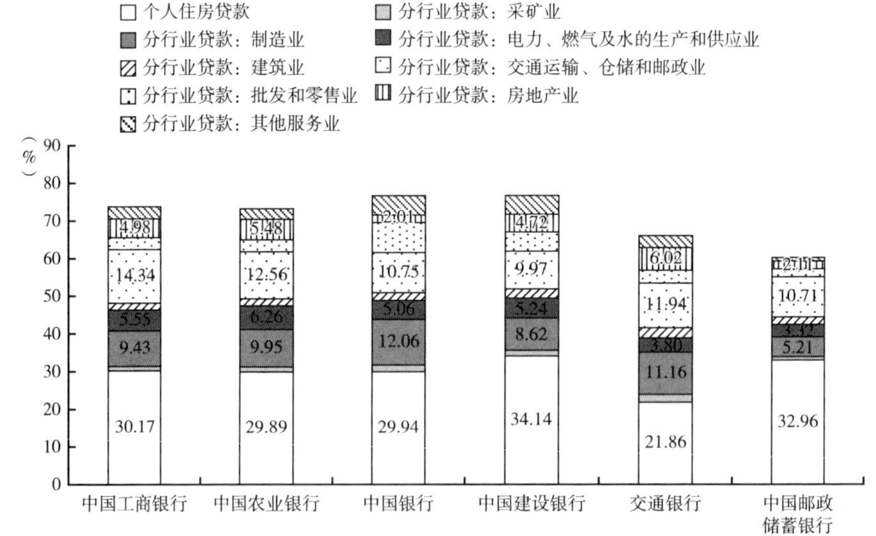

图 2-4　六家国有大型商业银行主要贷款业务占比（2021 年半年报）

资料来源：Wind。

二　个人住房贷款利率走势情况

（一）全国首套、二套住房贷款平均利率情况

从首套住房贷款平均利率看，2021 年，全国首套住房贷款的平均利率约为 5.50%，较 2020 年 5.33%的平均贷款利率上升了 27 个基点。从首套住房贷款平均利率趋势来看，2021 年呈现先上升后回落的趋势。在 2021 年前三个季度，全国首套住房贷款平均利率从 1 月的 5.22%快速攀升至 9 月的 5.73%，上升了 51 个基点；在进入第四季度之后，首套住房贷款平均利率开始回落。截至 2021 年末，全国首套住房贷款平均利率为 5.64%（为 LPR 加 99 个基点），较 2020 年末上浮了 41 个基点（见图 2-5）。

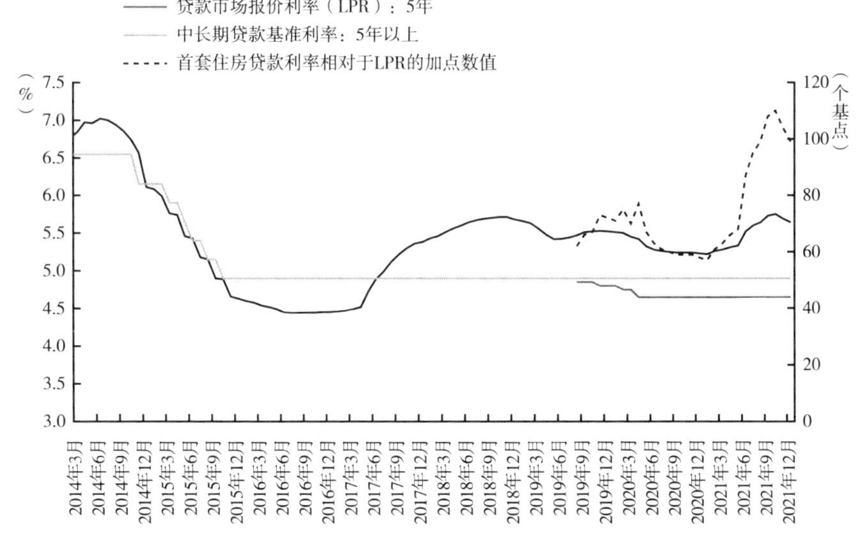

图 2-5　2014~2021 年全国首套住房贷款平均利率走势

资料来源：《中国房贷市场报告》，融 360 大数据研究院；《城市房贷利率简报》，贝壳研究院；中国人民银行；Wind。

从第二套住房贷款平均利率看，2021 年，全国二套住房贷款的平均利率约为 5.77%，较 2020 年 5.64%的平均贷款利率上升了 13 个基点。从第二套住房贷款平均利率趋势来看，2021 年，二套住房的平均利率走势几乎与首套住房的平均利率走势一致，亦经历了持续上升后再回落的过程。在 2021 年前三季度，全国二套住房贷款平均利率从 1 月的 5.53%快速攀升至 9 月的 5.99%，上升了 46 个基点；在进入第四季度之后，二套住房贷款平均利率开始回落。截至 2021 年末，全国二套住房贷款平均利率为 5.92%（为 LPR 加 127 个基点），较 2020 年末上浮了 38 个基点（见图 2-6）。

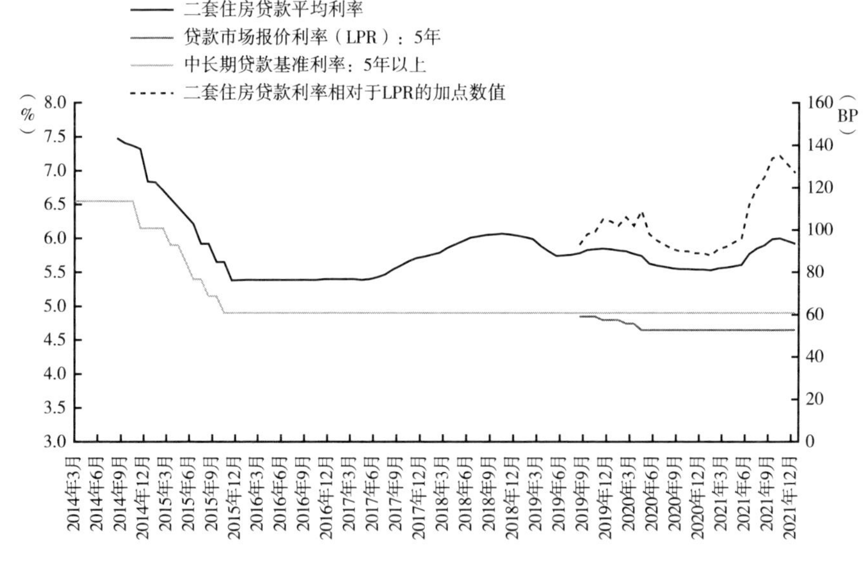

图 2-6　2014~2021 年全国二套住房贷款平均利率走势

资料来源：《中国房贷市场报告》，融 360 大数据研究院；《城市房贷利率简报》，贝壳研究院；中国人民银行；Wind。

全国个人住房贷款平均利率在 2021 年前三个季度呈上升趋势，在进入第四季度之后呈下降趋势的主要原因如下。第一，2021 年上半年，住房交易市场量价齐升，个人住房贷款需求旺盛。在银行业金融机构房地产贷款集中度管理制度常态化实施的背景下，商业银行对个人住房贷款的发放更为谨慎，个人住房贷款余额增速趋于下降。其中，部分商业银行的个人住房贷款余额占比已经超过或接近监管上限，受监管上限约束，其发放新增个人住房贷款的额度不足，难以满足市场旺盛的个人住房贷款需求。因此，部分商业银行出现个人住房贷款发放审核趋严、发放周期增加（尤其是二手住房贷款）甚至暂停发放二手住房贷款等现象。在这种情形下，LPR 继续保持不变，个人住房贷款的平均利率水平仍然上行。第二，第三季度，受恒大等大型房企债务风险爆发的影响，房地产市场的观望情绪浓厚，住房市场销售额下滑，个人按揭贷款的需求自身也面临萎缩；由于个人住房贷款投放依旧处于受约束的状态，叠加上半年按揭贷款堆积滞后的影响，个人住房贷款平均利率继续上行。第三，第四季度，花样年等多家大型房企出现债务违约的情况，房地产市场需求继续下行；房地产市场面临需求收缩、供给冲击和预期转弱的“三重压力”。在这种情形下，为促进房地产市场的健康发展和维护住房消费者的合法权益，央行、银保监会等部门要求金融机构准确理解、把握和执行房地产金融审慎管理制度，保持房地产信贷平稳有序投放，房地产金融政策开始有所放松。金融机构对个人住房贷款的投放规模开始持续增加，居民正常的购房融资需求逐渐得到有效满足。随着个人住房贷款市场供给的改善，住房贷款利率水平开始下降。

（二）部分城市住房贷款利率情况

从四个一线城市的个人住房贷款利率走势来看，2021 年，北京个人住房贷款利率保持稳定态势。上海首套住房贷款利率在 5 月略微下降，在 11 月大幅上涨；二套住房贷款利率则是在 11 月大幅度上涨。广州首套、二套住房贷款利率走势与全国个人住房贷款平均利率走势一致，前三个季度呈上升趋势，第四季度呈下降趋势。深圳首套住房贷款利率在第二、三季度有所上升，二套住房贷款利率在 5 月有所上涨，而后基本保持不变。

2021 年末，北京首套、二套住房贷款利率分别为 5.20% 和 5.70%，均低于全国平均水平；首套、二套住房贷款利差全年稳定在50个基点（见图2-7左上角图）。上海的首套、二套住房贷款利率分别是为5.00%和5.70%，亦低于全国平均水平；首套、二套住房贷款利差全年在60~70个基点范围内（见图2-7右上角图）。广州首套、二套住房贷款利率分别为5.85%和6.00%，高于全国平均水平；首套、二套住房贷款利差呈收缩趋势，从年初的35个基点缩小到年末的15个基点，这主要是因为首套房贷利率的涨幅更大（见图2-7左下角图）。深圳首套、二套住房贷款利率分别为5.10%和5.60%，也低于全国平均水平；首套、二套住房贷款利差呈扩大趋势，从年初的27个基点扩大到年末的50个基点，体现了保刚需、抑投资和抑投机的政策倾向（见图2-7右下角图）。

从四个样本二线城市个人住房贷款利率情况来看，南京、杭州和重庆三个二线城市2021年前三季度首套、二套住房贷款的利率走势与全国平均利率走势一致，均呈现上升趋势；在第四季度后，重庆的个人住房贷款利率开始下降，杭州的个人住房贷款利率在12月才略有下降，南京的个人住房贷款利率则保持不变；武汉的个人住房贷款利率在6月有所上升，之后除首套住房贷款在12月下降5个基点外，其余月份一直保持稳定。

2021年末，南京首套、二套住房贷款利率分别为6.15%和6.35%，均高于全国平均水平，首套、二套住房贷款利差全年稳定在20个基点（见图2-8左上角图）；杭州首套、二套住房贷款利率分别为5.85%和5.95%，略高于全国平均水平，首套、二套住房贷款利差呈收缩趋势，从年初的18个基点减小到年末的10个基点，首套住房利率的涨幅相对更大（见图2-8右上角图）；武汉的首套、二套住房贷款利率分别是为5.73%和5.95%，也略高于全国平均水平，首套、二套住房贷款利差在20~25个基点波动（见图2-8左下角图）；重庆首套、二套住房贷款利率分别为5.85%和6.05%，均高于全国平均水平，首套、二套住房贷款利差全年稳定在20个基点（见图2-8右下角图）。

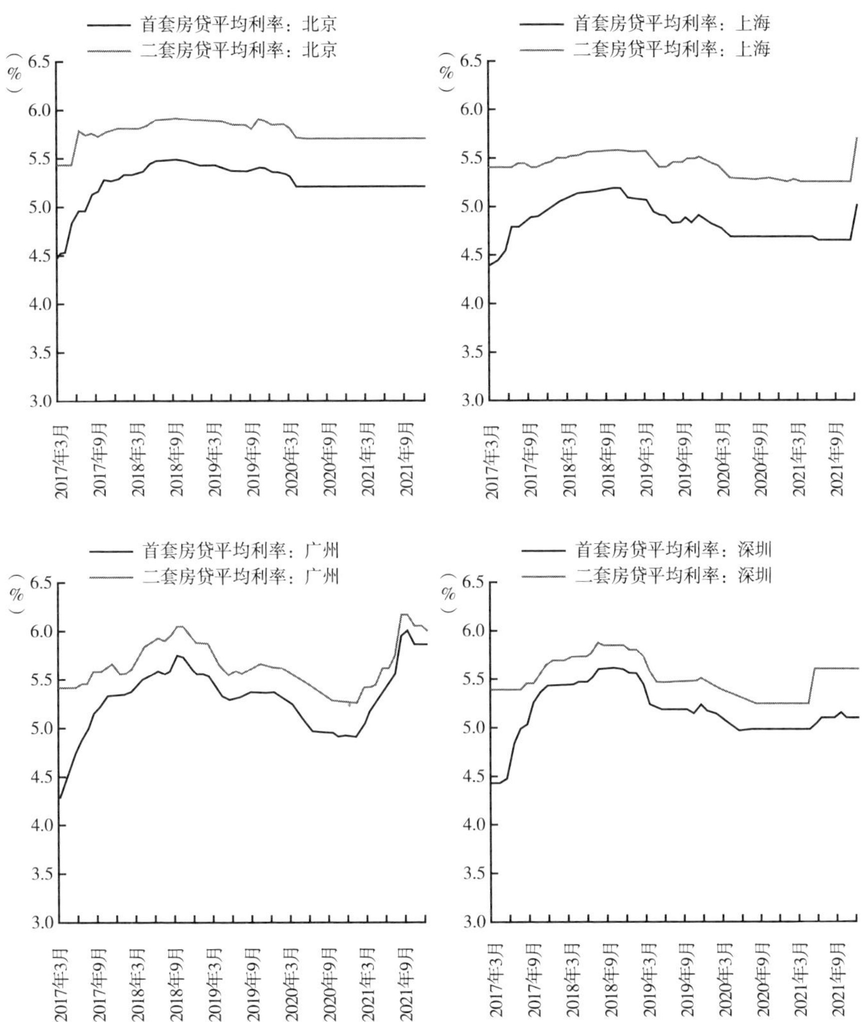

图 2-7　2017~2021 年四个一线城市个人住房贷款利率走势

资料来源：《中国房贷市场报告》，融 360 大数据研究院；《城市房贷利率简报》，贝壳研究院；中国人民银行；Wind。

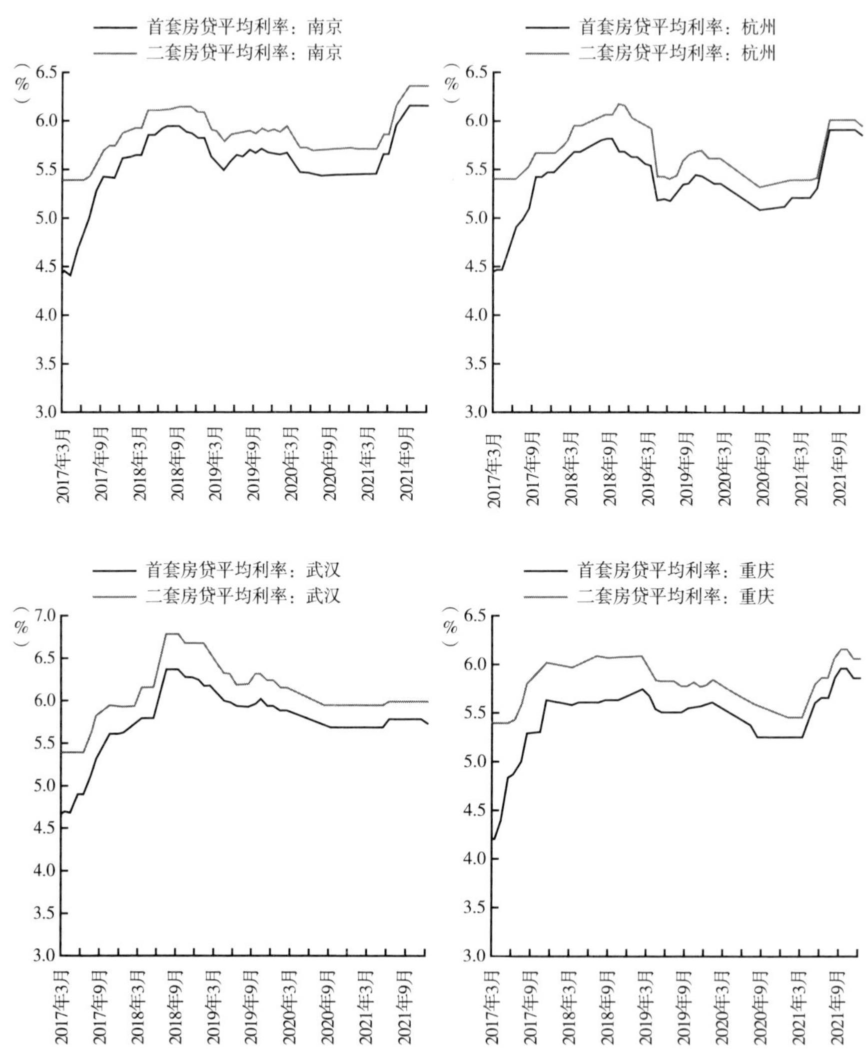

图 2-8　2017~2021 年部分二线城市个人住房贷款利率走势

资料来源：《中国房贷市场报告》，融 360 大数据研究院；《城市房贷利率简报》，贝壳研究院；中国人民银行；Wind。

三　个人住房贷款市场风险状况分析

（一）部分商业银行个人住房贷款不良率和余额“双升”

贷款不良率是衡量商业银行贷款质量和风险的重要指标；相应地，个人住房贷款不良率是对个人住房贷款风险的度量指标，它是一个事后指标。从我们整理的16家样本银行的个人住房贷款不良率数据来看，2021年第二季度末，样本银行个人住房贷款不良率为0.06%~0.79%，不同银行间的差异较大，但均远低于同期商业银行平均1.75%的贷款不良率。从银行的经营视角来看，个人住房贷款仍是风险最低的一个贷款品种，因此，不难理解个人住房贷款居各商业银行贷款投向之首。个人住房贷款不良率相对其他贷款不良率低的原因有三。第一，银行对第一还款来源居民收入进行风险控制。由于相对于企业收入，居民收入的现金流更加稳定，这些年，居民收入伴随着经济发展一直呈上升趋势，因此，违约风险相对较小。加之银行在放贷时要求居民月收入为还款月供两倍以上，这一措施很好地控制了风险。住房在中国极受重视，人们的违约意愿较低，即使一方在还款能力不足的情况下，也存在“六个钱包”助力还款的情况。第二，我国实行审慎的个人住房信贷政策，对于个人住房贷款提出较高的首付比例要求。目前，我国商业银行首套住房贷款的首付比例要求为20%~35%；二套住房贷款的首付比例要求为30%~60%，这可以有效减少借款人主动违约的意愿，有利于商业银行控制个人住房贷款风险。第三，房价长期上涨。住房抵押是个人住房贷款的担保措施，这是很好的保护垫。

从近年来样本银行个人住房贷款不良率和不良余额的变化情况来看，2021年上半年，中国农业银行、交通银行、中国工商银行、中国邮政储蓄银行、招商银行、上海银行、重庆银行、渝农商行等的个人住房贷款不良率略有下降，下降幅度为0.01~0.06个百分点；中国建设银行、浦发银行、郑州银行、苏州银行、成都银行、青农商行等的个人住房贷款不良率和不良余额出现“双升”的情况，个人住房贷款不良率上升幅度为0.01~0.27个百分点（见表2-2）。在房地产市场区域形势大分化的背景下，我们需要警惕区域性房价下行引发部分个人住房贷款资产质量迅速恶化，从而导致区域商业银行贷款不良率大幅上升的风险，例如，2019年、2020年、2021年上半年，郑州银行的个人住房贷款不良率分别为0.11%、0.52%和0.79%，个人住房贷款不良率增长异常迅速。

表2-2　部分商业银行个人住房贷款不良率及不良余额

单位：%，亿元

银行简称	金融机构类型	个人住房贷款不良率			个人住房贷款不良余额		
		2019年	2020年	2021H1	2019年	2020年	2021H1
中国农业银行	大型商业银行	0.30	0.38	0.32	123.86	176.55	158.69
交通银行	大型商业银行	0.36	0.37	0.34	40.38	48.49	47.59
中国工商银行	大型商业银行	0.23	0.28	0.24	116.79	162.07	141.81
中国邮政储蓄银行	大型商业银行	0.38	0.47	0.46	64.89	90.44	94.01
中国建设银行	大型商业银行	0.24	0.19	0.20	124.84	113.20	123.00
浦发银行	股份制商业银行	0.27	0.34	0.35	19.78	28.65	31.22
中国民生银行	股份制商业银行	0.21	0.22	0.22	8.81	11.08	12.37
招商银行	股份制商业银行	0.25	0.29	0.25	27.49	37.59	33.23
郑州银行	城市商业银行	0.11	0.52	0.79	0.34	1.86	3.08
苏州银行	城市商业银行	0.12	0.04	0.06	0.25	0.11	0.17
杭州银行	城市商业银行	0.04	0.07	0.07	0.23	0.49	0.51
上海银行	城市商业银行	0.16	0.14	0.10	1.47	1.77	1.46
成都银行	城市商业银行	0.25	0.25	0.28	1.49	1.83	2.12
重庆银行	城市商业银行	0.34	0.29	0.24	0.90	1.03	1.03
青农商行	农村商业银行	0.23	0.27	0.33	0.50	0.78	1.05
渝农商行	农村商业银行	0.33	0.31	0.28	2.38	2.80	2.76

注：“2021H1”指2021年上半年。

资料来源：Wind。

（二）个人住房贷款整体风险可控

贷款价值比（Loan to Value Ratio，LTV）指贷款金额与抵押品价值（评估价值或交易价格中的较小者）的比例，是一个国际通用的抵押贷款风险评估指标，多见于抵押贷款，可以用于衡量金融机构的抵押品价值对贷款的保障程度。相关研究表明，LTV 与个人住房贷款违约率显著正相关，即 LTV 越高，个人住房贷款的违约风险就越大。原因是当房价波动使作为抵押品的住房市场价值小于待偿还的个人住房贷款金额时（即住房贷款价值比大于 1 时），其会对理性的贷款人产生违约激励，金融机构面临的贷款违约风险增加。LTV 除了作为风险监测的指标外，还是宏观审慎管理的政策工具之一，即通过提高首付比例来降低 LTV，以达到防范市场风险向信用方面传导的目的。

由于我们难以计算全部存量住房的价值，因而难以计算存量个人住房贷款的 LTV，但我们可以根据每年新增住房销售额和新增个人住房贷款计算新增 LTV，这一指标反映了当年居民部门在住房消费中使用杠杆的程度，也可以反映房价上升中银行杠杆资金的作用。我们估算了一线城市和部分二线城市的个人住房新增贷款价值比。2021 年，在一线城市中，北京的平均新增住房贷款价值比为 13.74%，处于较低水平；深圳的平均新增住房贷款价值比为 38.01%（见图 2-9 中的第一张图），较 2020 年大幅下降；上海的风险相对较低，平均新增住房贷款价值比为 20.05%；广州的平均新增住房贷款价值比为 28.82%，处于合理水平（见图 2-9 中的第二张图）。在二线城市中，2021 年，重庆的平均新增住房贷款价值比为 64.57%，处于较高水平；南京的平均新增住房贷款价值比为 29.61%；厦门的平均新增住房贷款价值比为 26.78%（见图 2-9 中的第三张图）；郑州的平均新增住房贷款价值比为 33.20%；武汉和天津的平均新增住房贷款价值比分别为 19.31% 和 19.06%，风险较小（见图 2-9 中的第四张图）。

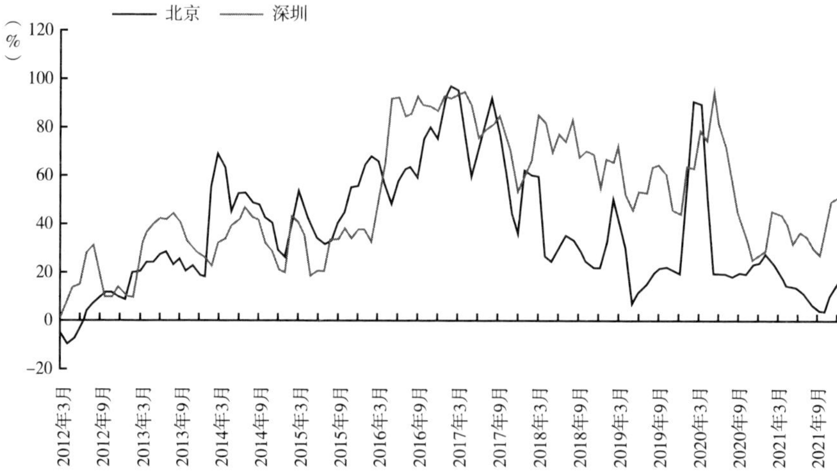
北京
深圳
（%）
120
100
80
60
40
20
0
−20
2012年3月
2012年9月
2013年3月
2013年9月
2014年3月
2014年9月
2015年3月
2015年9月
2016年3月
2016年9月
2017年3月
2017年9月
2018年3月
2018年9月
2019年3月
2019年9月
2020年3月
2020年9月
2021年3月
2021年9月

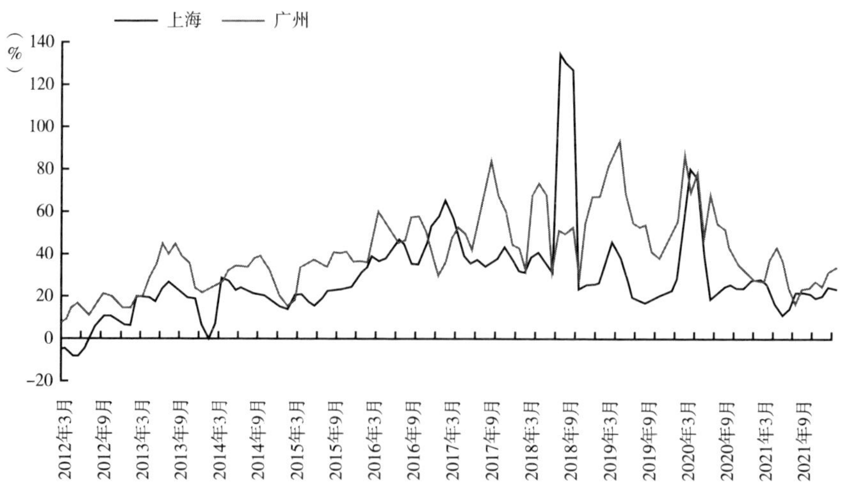
上海
广州
（%）
140
120
100
80
60
40
20
0
−20
2012年3月
2012年9月
2013年3月
2013年9月
2014年3月
2014年9月
2015年3月
2015年9月
2016年3月
2016年9月
2017年3月
2017年9月
2018年3月
2018年9月
2019年3月
2019年9月
2020年3月
2020年9月
2021年3月
2021年9月

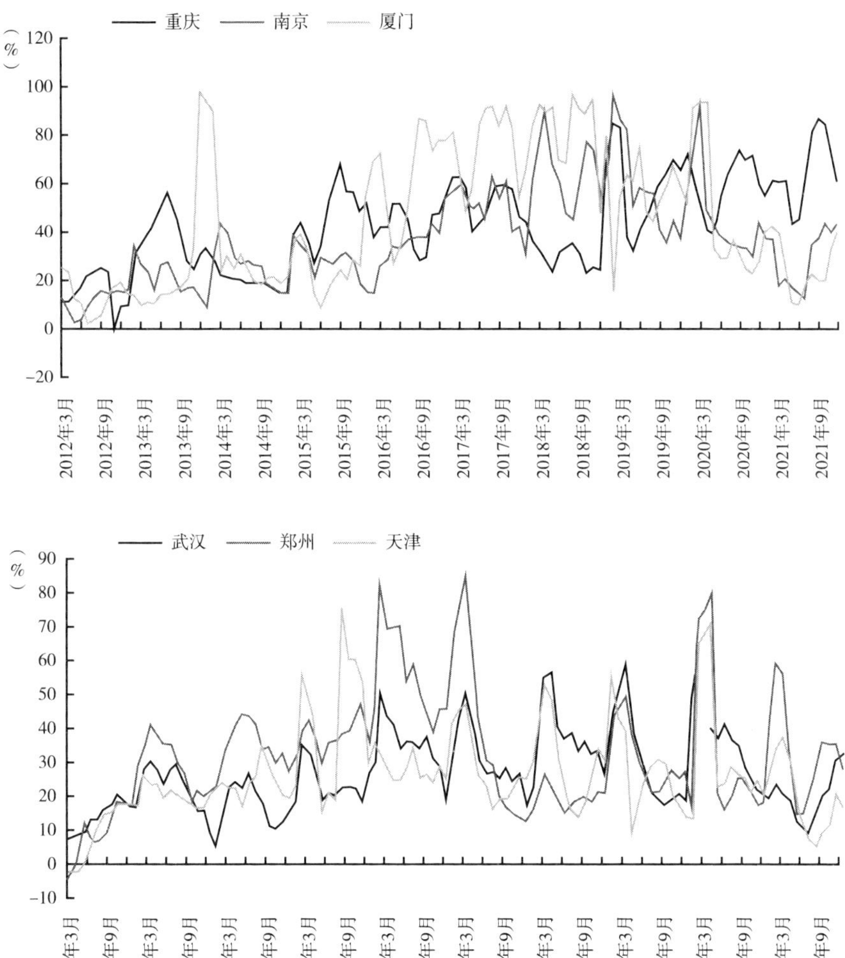

图 2-9　一线和部分二线城市的平均新增住房贷款价值比（3 个月移动平均）

注：理论上讲，贷款价值比不应该超过 70%。计算结果存在差异的原因是：第一，我们使用贷款月度余额之差表示新增量，两者之间存在差异；第二，由于不能直接得到个人住房贷款数据，我们使用总贷款数据或居民中长期贷款数据乘以某一系数得到个人住房贷款数据。我们保持单个城市在时间上的系数一致、不同城市在方法上的一致，因此数据依然具有参考意义。另外，图中该指标出现负值的原因来自第一条。

资料来源：国家金融与发展实验室估算得到。

整体来看，受益于较高的首付比例、较低的 LTV，我国新增个人住房贷款抵押物的保障程度较高，个人住房贷款整体风险可控。2021 年，部分一线城市按指导价发放贷款，由于指导价低于实际成交价，贷款比例比按指导价计算的比例还低，这使整体个人住房贷款风险更加可控。

（三）住户部门债务收入比上升趋势放缓

住户部门债务收入比是指住户部门债务余额与可支配收入的比值，用于衡量住户部门的债务水平，是多数发达经济体和部分新兴市场经济体进行房地产宏观审慎管理的重要工具之一。从该指标的分子、分母的含义来看，分子为住户部门债务（主要为住户部门的消费贷款和经营贷款），是一个存量指标；分母为可支配收入，是住户部门偿还债务的主要资金来源，是一个流量指标。住户部门债务与名义可支配收入的比值可以用于反映住户部门债务负担水平。

从住户部门债务收入比数据来看，该指标仅在 2008 年下降，其余年份都处于上升趋势。2008 年前，上升速度比较慢，2008 年之后，开始快速上升，从 2008 年底的 43. 17%快速上升至 2021 年的 143. 30%，上升了 100. 13 个百分点；与 2020 年相比，2021 年，住户部门债务收入比上升了 4. 29 个百分点。从房贷收入比①数据来看，其从 2008 年的 22. 54%上升至 2021 年的 77. 22%，上升了 54. 68 个百分点；较 2020 年上升了 1. 46 个百分点，为近年来增长最小的幅度（见图 2-10）。

虽然 2021 年住户部门债务收入比和房贷收入比的上升趋势放缓，但住户部门债务收入比和房贷收入比仍在上升，且处于高位。这一方面表明，2021 年，银行业房地产贷款集中度管理政策取到了一定的成效，住户部门债务过快增长的态势有所遏制；另一方面提示当前我国居民部门债务规模仍以超过居民可支配收入的速度在累积，居民部门的债务负担仍在加重，住户部门个人住房贷款等债务的偿付压力缓慢增加。高债务、高杠杆是金融脆弱性的根源，住户部门的债务收入比高企不仅意味着金融风险的积累，还意味着更大份额的居民可支

① 房贷收入比即个人住房贷款余额与居民可支配收入的比值，住户部门债务中的最大份额是个人住房贷款。

配收入将被用于偿还债务，这会对居民消费产生更大的挤出效应。这是 2021 年我国居民消费恢复速度放缓，宏观经济面临需求收缩压力的重要原因之一。

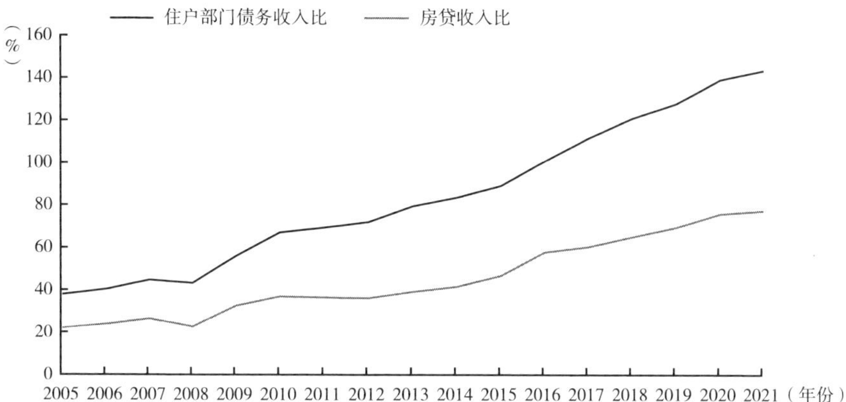

图 2-10　2005~2021 年我国住户部门债务收入比和房贷收入比情况

注：住户部门债务为居民贷款，数据来自中国人民银行《金融机构本外币信贷收支表》，包括消费贷和经营贷；个人住房贷款数据来自中国人民银行《金融机构贷款投向统计报告》；居民可支配收入数据用国家统计局公布的年度人均可支配收入与年末总人口数相乘得到。

资料来源：Wind、CEIC、国家统计局、中国人民银行。

（四）银行业金融机构房地产贷款集中度管理制度得到有效落实

为防范金融体系对房地产贷款过度集中带来的潜在的系统性金融风险，2020 年 12 月 28 日，《中国人民银行　中国银行保险监督管理委员会关于建立银行业金融机构房地产贷款集中度管理制度的通知》（银发〔2020〕322 号）发布。该管理制度根据银行业金融机构资产规模及机构类型，分档设置房地产贷款余额占比、个人住房贷款余额占比①上限（见表 2-3）；根据区域差异，中国人民银行副省级城市中心支行以上分支机构会同所在地银保

① 房地产贷款余额占比和个人住房贷款余额占比计算公式如下：

$$房地产贷款余额占比=\frac{房地产贷款余额}{人民币各项贷款余额}\times 100\%$$

$$个人住房贷款余额占比=\frac{个人住房贷款余额}{人民币各项贷款余额}\times 100\%$$

监会派出机构可以基于区域具体情况，对第三、四、五档的要求上下浮动2.5个百分点，并给予涉房贷款占比超出监管要求的银行业金融机构2~4年的差别化过渡期。

表2-3　房地产贷款集中度分档管理要求

单位：%

银行业金融机构分档类型	房地产贷款余额占比上限	个人住房贷款余额占比上限
第一档——中资大型银行：中国工商银行、中国建设银行、中国农业银行、中国银行、国家开发银行、交通银行、中国邮政储蓄银行	40	32.50
第二档——中资中型银行：招商银行、中国农业发展银行、浦发银行、中信银行、兴业银行、中国民生银行、中国光大银行、华夏银行、中国进出口银行、广发银行、平安银行、北京银行、上海银行、江苏银行、恒丰银行、浙商银行、渤海银行	27.50	20
第三档——中资小型银行和非县域农合机构：城市商业银行（不包括第二档中的城市商业银行）、民营银行、大中城市和城区农合机构（农村商业银行、农村合作银行、农村信用合作社）	22.50	17.50
第四档——县域农合机构（农村商业银行、农村合作银行、农村信用合作社）	17.50	12.50
第五档——村镇银行	12.50	7.50

资料来源：中国人民银行。

2021年是银行业金融机构房地产贷款集中度管理制度实施的第一年，从样本银行的执行情况来看，该政策得到了有效落实。截至2021年6月末，在39家样本商业银行中仍有招商银行等10家①商业银行的房地产贷款占比超过监管要求，中国邮政储蓄银行等11家②商业银行的个人住房贷款占比超过监管要求。除个别银行外，涉房贷款超出监管要求的商业银行均实现了

① 招商银行、兴业银行、北京银行、兰州银行、郑州银行、青岛银行、厦门银行、齐鲁银行、成都银行、青农商行。

② 中国邮政储蓄银行、中国建设银行、招商银行、兴业银行、北京银行、青岛银行、厦门银行、齐鲁银行、成都银行、渝农商行、瑞丰银行。

房地产贷款集中度的下降。具体来看，在样本银行中，2020 年末，在房地产贷款占比超过监管要求的 10 家商业银行中，除兴业银行和兰州银行外，其余银行的房地产贷款占比在 2021 年上半年均有所下降，下降幅度为 0. 41~5. 20 个百分点；瑞丰银行已经将房地产贷款占比调整至符合监管要求。2020 年末，个人住房贷款占比超过监管要求的 11 家商业银行的个人住房贷款占比在 2021 年上半年均有所下降，下降幅度为 0. 21~3. 60 个百分点。值得一提的是，六家国有大型商业银行的房地产贷款集中度和个人住房贷款集中度在 2021 年上半年均实现了不同程度的下降，展现了国有大行的责任担当。与此同时，部分个人住房贷款余额占比未超出监管要求的中小型商业银行在此期间乘机提高市场份额占比，涉房贷款集中度出现一定幅度的上升，例如，2021 年上半年，无锡银行的房地产贷款占比上升了 2. 71 个百分点，个人住房贷款占比上升了 2. 94 个百分点（见表 2-4）。

四　2022年个人住房贷款市场展望

展望 2022 年个人住房贷款市场，首先要考虑房地产市场政策环境和市场运行情况。政策方面，我们认为“房住不炒”作为一项长期政策的总基调不会改变，房地产贷款集中度管理政策等房地产金融审慎管理政策仍将继续实行。在当前房地产市场需求收缩、预期转弱和大型房企债务违约带来供给冲击的形势下，中央和部委层面的态度出现积极转变，信贷政策将对购房者合理的住房贷款需求给予更多的支持；地方政府层面（尤其是库存去化压力较大的三、四线城市和二线非热点城市）会采取因城施策措施，出台“限跌令”、降低首套房首付比例、修改二套房认定标准、提高公积金贷款额度、提供购房补贴、给予税收优惠等支持性政策。房地产市场方面，我们认为 2022 年第一季度末第二季度初是整个市场走势的关键时期，如果支持性政策发挥作用以及问题房企处置问题妥当，则整个市场会有较大程度的恢复，但恢复程度难以达到前期水平。

关于 2022 年的个人住房贷款市场，数量方面，我们认为，个人住房贷

表 2-4　部分商业银行房地产贷款集中度情况

单位：%，个百分点

分档情况	银行简称	房地产贷款占比上限	个人住房贷款占比上限	房地产贷款占比			2021 年上半年变动情况	个人住房贷款占比			2021 年上半年变动情况
				2019 年	2020 年	2021H1		2019 年	2020 年	2021H1	
第一档：中资大型银行	中国农业银行	40	32.50	36.52	36.08	35.38	-0.70	31.23	30.80	29.89	-0.91
	交通银行			26.39	28.08	27.88	-0.19	21.41	22.12	21.86	-0.26
	中国工商银行			36.24	35.90	35.15	-0.75	30.82	30.76	30.17	-0.59
	中国邮政储蓄银行			35.59	35.24	35.06	-0.18	34.18	33.61	32.96	-0.65
	中国建设银行			40.13	39.85	38.85	-1.00	35.73	35.14	34.14	-1.01
	中国银行			38.64	39.17	37.84	-1.34	30.64	31.15	29.94	-1.21
第二档：中资中型银行	平安银行	27.50	20	18.42	19.18	19.14	-0.04	8.58	8.98	9.01	0.02
	浦发银行			26.80	26.37	26.17	-0.20	18.38	18.73	18.89	0.16
	华夏银行			19.06	20.14	20.86	0.72	11.53	12.88	13.94	1.06
	中国民生银行			25.69	24.76	24.09	-0.67	12.04	13.37	13.75	0.38
	招商银行			32.88	33.12	32.22	-0.90	24.68	25.35	24.71	-0.64
	兴业银行			33.79	34.56	34.61	0.05	26.47	26.55	25.95	-0.61
	中国光大银行			23.09	23.82	23.52	-0.31	15.27	16.36	16.56	0.20
	浙商银行			19.60	20.17	20.55	0.38	5.16	6.34	7.01	0.68
	北京银行			9.91	30.70	29.82	-0.88	0.00	20.90	20.69	-0.21
	上海银行			25.59	25.55	26.74	1.19	9.71	11.28	12.17	0.89
	江苏银行			22.23	26.06	25.43	-0.63	16.61	18.63	17.79	-0.83

续表

分档情况	银行简称	房地产贷款占比上限	个人住房贷款占比上限	房地产贷款占比			2021 年上半年变动情况	个人住房贷款占比			2021 年上半年变动情况
				2019 年	2020 年	2021H1		2019 年	2020 年	2021H1	
第三档：中资小型银行和非县域农合机构	苏州银行	22. 5±2. 5	17. 5±2. 5	15. 98	17. 72	18. 45	0. 73	12. 54	14. 24	14. 94	0. 70
	兰州银行			19. 16	22. 72	23. 08	0. 36	8. 35	12. 91	13. 93	1. 01
	宁波银行			5. 87	8. 69	8. 83	0. 13	0. 53	3. 38	4. 27	0. 89
	郑州银行			28. 96	27. 96	27. 54	-0. 41	15. 34	15. 11	14. 62	-0. 50
	青岛银行			32. 66	29. 77	28. 30	-1. 48	21. 28	19. 63	18. 70	-0. 93
	杭州银行			22. 42	24. 38	22. 00	-2. 37	14. 08	14. 90	14. 32	-0. 59
	西安银行			22. 51	21. 40	20. 63	-0. 77	11. 72	13. 86	14. 16	0. 30
	南京银行			14. 02	14. 21	14. 75	0. 54	11. 19	10. 79	10. 49	-0. 30
	厦门银行			29. 57	26. 92	24. 94	-1. 98	18. 55	19. 50	18. 68	-0. 82
	长沙银行			18. 62	20. 42	20. 59	0. 17	15. 22	16. 43	16. 62	0. 19
	齐鲁银行			26. 75	24. 24	23. 41	-0. 82	18. 32	19. 02	18. 76	-0. 26
	成都银行			36. 20	34. 64	29. 44	-5. 20	26. 17	25. 79	22. 20	-3. 60
	重庆银行			16. 46	17. 81	18. 07	0. 26	10. 88	12. 63	13. 89	1. 25
	贵阳银行			14. 75	14. 25	14. 19	-0. 06	7. 41	7. 29	6. 90	-0. 39
	青农商行			27. 00	29. 03	27. 77	-1. 26	11. 90	13. 07	13. 71	0. 64
	无锡银行			12. 12	12. 44	15. 15	2. 71	10. 78	1139	14. 33	2. 94
	渝农商行			18. 56	19. 10	18. 63	-0. 47	16. 72	17. 98	17. 66	-0. 33
	瑞丰银行			17. 15	22. 74	21. 80	-0. 94	16. 70	22. 33	21. 38	-0. 96
	苏农银行			11. 09	11. 85	11. 48	-0. 36	8. 89	9. 46	9. 62	0. 17
第四档：县域农合机构	江阴银行	17. 5±2. 5	12. 5±2. 5	8. 75	10. 59	11. 15	0. 57	8. 31	10. 24	10. 97	0. 73
	张家港农商银行			10. 20	10. 91	10. 93	0. 02	8. 76	9. 94	10. 05	0. 11
	常熟银行			8. 68	8. 73	9. 16	0. 44	7. 48	7. 74	8. 41	0. 67

注："2021H1" 指 "2021 年上半年"。

资料来源：Wind。

款余额增速将一改 2021 年的颓势，甚至部分银行会超出“贷款两集中”的上限发放按揭贷款，这一方面是因为“贷款两集中”政策存在一定的过渡期；另一方面是因为这一措施与稳需求、稳预期的基调是一致的。价格方面，我们认为，个人住房贷款利率将进一步下行，一方面，长期 LPR 利率存在下行趋势；另一方面，对首套房贷款的支持会体现到个人住房贷款利率中。风险方面，我们预计新增 LTV、住房贷款收入比均会有所上升。虽然个人住房贷款的风险整体可控，但我们需要警惕区域性房价下行（尤其是房价持续性下跌导致部分高价位住房成为“负资产”的情况）引发按揭贷款资产质量恶化，从而导致区域商业银行出现贷款不良率大幅上升的风险。

第三章
房地产开发企业融资市场

蔡　真　崔　玉*

- 从房地产企业主要融资渠道来看，银行贷款方面，截至2021年底，房地产开发贷款余额为12.01万亿元，同比增长0.90%，增速较2020年末下降5.2个百分点；房地产开发贷款的净增量为1000亿元，较2020年减少5900亿元。信托融资方面，截至2021年末，房地产信托余额为1.76万亿元，同比下降22.67%，与2020年末相比，余额压降了5164.98亿元。债券融资方面，2021年，房企境内信用债（不包括资产证券化产品）发行规模约为5481.79亿元，同比下降8.66%；房企境外债发行规模为431.09亿美元（约为2781.02亿元），同比下降34.01%；截至2021年末，房企境内信用债存量余额为1.90万亿元，其中，2022年到期规模约为3823.59亿元；内地房企境外债存量余额为1966.93亿美元（约为1.27万亿元），其中，2022年到期的境外债规模为482.71亿美元（约为2935.73亿元）。股权融资方面，2021年，A股既没有房企的IPO获批，也无房企的定向增发、配股获批，房企从境内资本市场获得股权融资的规模为0；只有三巽集团和中原建业两家房地产开发企业在港交所成功实现IPO，它们从境外资本市场获取的股权融资规模仅为18.42亿港元，较2020年下降88.07%。

* 蔡真，中国社会科学院金融研究所副研究员，国家金融与发展实验室房地产金融研究中心主任、高级研究员；崔玉，国家金融与发展实验室房地产金融研究中心研究员。

- 从融资成本情况来看，银行贷款方面，2021 年，银行贷款平均利率整体呈波动下降趋势，为 4.76%～5.10%；然而，房企融资成本分化严重，从部分上市房企财报披露的贷款利率数据来看，银行贷款利率为 4.35%～10%。信托融资成本方面，2021 年，房地产信托发行的平均预期收益率为 7.35%，加上 2%～3%的信托公司报酬和信托计划发行费用，房地产企业信托融资的平均成本率为 9.35%～10.35%，较 2020 年略有下降。信用债利率方面，2021 年，房企境内信用债的加权平均票面利率为 4.20%，较 2020 年下降了 17 个基点；内地房企境外债加权平均票面利率为 7.11%，同比下降了 36 个基点，仍远高于同期境内信用债发行的加权平均票面利率。总体而言，2021 年，房企融资环境收紧主要表现为融资规模下降，融资成本方面，由于能够获得融资的房企大多是相对优质的房企，融资成本反而略有下降。
- 从风险情况来看，现阶段，房地产市场金融风险实际主要集中表现为房企的债务违约风险。2021 年，房企债务违约事件频发，债务违约主体包括十多家百强房企，其中不乏头部房企。长期高杠杆经营是当前房企债务违约风险爆发的根源，融资环境收紧和市场预期转弱是高杠杆房企资金链断裂和风险爆发的直接诱因。房企债务违约风险爆发会通过债权与债务关系、合作关系对上下游供应商、金融机构、债券市场、地方政府和购房消费者产生影响。我们建议在法治化、市场化原则下，及时并审慎地化解、处置风险，防范风险进一步扩散，从而维护社会和金融秩序稳定。具体建议如下：第一，注入流动性和采取债务展期措施是化解流动性风险的当务之急；第二，暂停问题房企的拿地行为和尽快恢复正常的生产经营活动；第三，加快资产处置和债务重组进程，并尽量避免进入破产清算程序。
- 展望 2022 年，尽管房企融资政策已有所改善，房地产并购贷款的支持政策已经出台，房企合理的融资需求也被支持，但房企融资的形势并不乐观。银行贷款方面，商业银行对房地产开发贷款的发放依然会采取审慎策略，但房地产并购贷款业务规模会大幅上升。房地产信托融资方面，融资规模可能进一步压降。债券融资方面，融资规模会有所恢复和反弹，政策支持有利于大型优质房企发行债券。房企资本市场股权融资方面，优质房企在A股市场的公开或定向增发更易获批；受房地产市场形势影响，赴港交所上市将更加艰难。融资成本方面，未来，优质房企和高杠杆房企的融资成本可能会出现较大的分化；负债率较低且资信状况较好的头部优质房企将获得更多的议价空间，融资成本可能进一步下降；负债率较高或规模较小的房企获得融资的难度提高，融资成本预计仍将维持在高位。2022年，房企债务违约事件仍会陆续发生。

一　房地产开发企业的资金来源情况

房地产业属于资金高度密集行业，无论是土地的购置，还是房地产的开发和建设均需要大量资金；加之房地产项目建设和销售周期较长，资金成为房地产开发企业赖以生存和发展的命脉。这些行业特点决定了房地产开发企业难以仅仅依靠自有资金进行生产经营，其对外源性融资的依赖程度极高；房企在从事房地产开发、建设、销售等活动的同时，必须不断进行资金融通活动。当前，我国大多数房地产开发企业以高杠杆、高负债、高周转的模式运转，融资能力和获取的资金的规模在很大程度上决定了房地产开发企业的生存、发展和盈利能力。

从国家统计局公布的房地产开发企业本年到位资金①来看，2021年，房企可用于房地产开发的到位资金规模为20.1132万亿元，同比增长4.15%，为近6年来最低同比增速。其中，国内贷款为23296亿元，同比下降12.67%；利用外资为107亿元，同比下降44.08%；自筹资金为65428亿元，同比增长

① 房地产开发企业本年到位资金，是指房地产开发企业报告期内实际可用于房地产开发的各种货币资金。

3.24%；定金及预收款为73946亿元，同比增长11.12%；个人按揭贷款为32388亿元，同比增长8.05%；其他到位资金为5968亿元，同比下降5.99%（见表3-1）。分季度来看，第一、二、三、四季度，房企到位资金分别为4.75万亿元、5.54万亿元、4.86万亿元和4.96万亿元，同比增速分别为41.41%、11.36%、-8.38%和-12.50%。第三、四季度，受大型房企债务违约事件影响，国内贷款、利用外资、定金及预收款等渠道的资金出现较大幅度的下降，从而导致房企的到位资金的同比增速连续两个季度负增长。

表3-1　2005~2021年房地产开发企业到位资金情况

单位：亿元

年份	房地产开发企业到位资金总额	国内贷款	利用外资	自筹资金	定金及预收款	个人按揭贷款	其他到位资金
2005	21398	3918	258	7000	6954	1341	1926
2006	27136	5357	400	8597	8193	2588	2000
2007	37478	7016	641	11773	10663	5080	2305
2008	39619	7606	728	15312	9757	3886	2331
2009	57799	11365	479	17949	16217	8562	3227
2010	72944	12564	791	26637	19275	9524	4154
2011	85689	13057	785	35005	22470	8678	5694
2012	96537	14778	402	39082	26558	10524	5193
2013	122122	19673	534	47425	34499	14033	5958
2014	121991	21243	639	50420	30238	13665	5787
2015	125203	20214	297	49038	32520	16662	6473
2016	144214	21512	140	49133	41952	24403	7073
2017	156053	25242	168	50872	48694	23906	7171
2018	166407	24132	114	55755	55748	23643	7015
2019	178609	25229	176	58158	61359	27281	6406
2020	193115	26676	192	63377	66547	29976	6348
2021	201132	23296	107	65428	73946	32388	5968

资料来源：国家统计局、Wind。

二 房地产开发企业主要融资渠道现状

从房地产开发企业到位资金的来源来看，可以将其细分为国内贷款、利用外资、自筹资金、定金及预收款、个人按揭贷款和其他到位资金。其中，定金及预收款、个人按揭贷款等经营性资金为房企主要的资金来源，两者合计占比为52.86%，超过房企到位资金的1/2；房企自有资金和借入资金（不包括贷款、外资）等自筹资金的占比为32.53%，约占房企到位资金的1/3（见图3-1）。除定金及预收款、个人按揭贷款等经营性资金和房企自有资金外，房企的资金主要依赖外源性融资获取。房企外源性融资方式包括权益性融资和债务性融资两大类[①]；从具体融资方式来看，主要包括银行贷款、房地产信托融资、境内外债券融资、资本市场股权融资等。

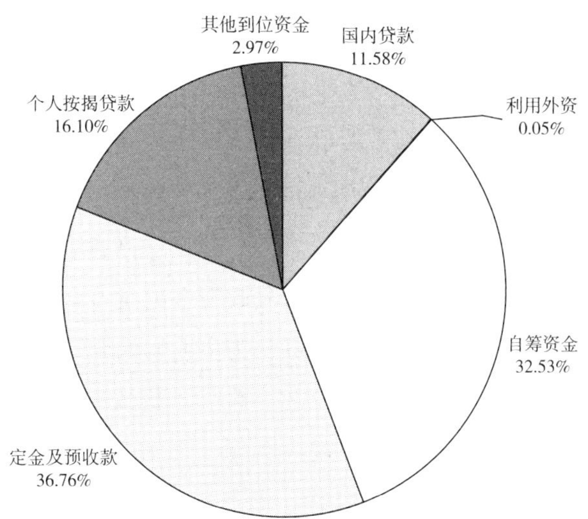

图3-1 2021年房地产开发企业到位资金的来源渠道和占比情况

资料来源：国家统计局、Wind。

① 权益性融资通过增加企业的所有者权益来获取资金，债务性融资通过增加企业的负债来获取资金。

（一）银行贷款

银行贷款主要包括商业银行贷款和政策性银行专项贷款，是房地产开发企业最为传统的、最重要的融资渠道和主要的资金来源。目前，流入房地产开发企业的银行贷款，包括房地产开发贷款、房地产并购贷款、经营性物业贷款、流动资金贷款等商业银行贷款和棚改、城市更新贷款等政策性银行专项贷款。银行贷款的优点是融资金额大，融资成本低，较债券融资和股权融资等融资方式门槛低、审批程序少、获得资金时间短；缺点是融资规模和融资成本受宏观调控政策和经济形势的影响较大，一旦房地产市场增速放缓或房地产调控趋严，银行贷款就会面临收紧的压力。

1. 房地产开发贷款

房地产开发贷款指商业银行等金融机构向符合资质要求的房地产开发企业发放的，用于借款人开发、建设向市场销售、出租等用途的房地产项目的中长期贷款，是房企最重要的融资方式之一。房地产开发贷款主要用于满足房企在商品房及配套设施开发、建设过程中的融资需求，具有贷款金额大、贷款期限长的特点。贷款产品包括普通商品住房类房地产开发贷款、经济适用房类房地产开发贷款、商业用房类房地产开发贷款等几类。房地产开发贷款的额度基于房地产项目投入情况，开发、建设项目的实际资金需求，借款人资信情况，商业银行及区域房地产信贷政策等因素，由商业银行等金融机构综合评估后确定；需以在建工程抵押作为主要担保方式，一般不超过项目总投资的65%、抵押物评估价值的50%~60%；贷款期限根据房地产开发、建设项目的实际期限测算，一般不超过3年（含3年）；贷款的利率水平根据贷款业务风险状况和市场利率水平，在中国人民银行规定的相应期限LPR基础上合理确定。近年来，商业银行新增房地产开发贷款的发放，不仅要求房地产开发项目满足“四三二”规定，还会基于房企的信用状况、债务杠杆、贷款的增信措施及担保、国家及区域房地产信贷政策的情况进行综合研判，而且贷款资金的用途需接受商业银行的管控（一般均采用“受托支付”方式，在房企向商业银行提供合法依据后，商业银行将贷款通过借款人账户支付给符合合同约定用途的借款人交易对象)，并要求资金只能用于本地区的房地产项目建设，严禁跨地区使用。

从房地产开发贷款存量余额数据来看，截至 2021 年末，房地产开发贷款余额为 12.01 万亿元，占全部信贷余额的比例为 6.23%，与 2020 年末相比下降了 0.66 个百分点。从余额增速情况来看，2021 年前三季度，房地产开发贷款余额的同比增速延续了自 2018 年第四季度开始的持续下降态势。第一季度的同比增速为 4.40%；第二季度的同比增速为 2.80%；第三季度的同比增速下降至 0.02%；在第四季度，房地产开发贷款余额的同比增速略有回升，为 0.90%（见图 3-2）。从房地产开发贷款余额的净增量来看，2021 年，房地产开发贷款余额的净增量为 1000 亿元，较 2020 年减少了 5900 亿元；其中，第二、三、四季度，房地产开发贷款存量余额连续三个季度为负增长，分别减少 1200 亿元、1400 亿元和 1500 亿元，房地产开发贷款出现持续显著收紧的信号。

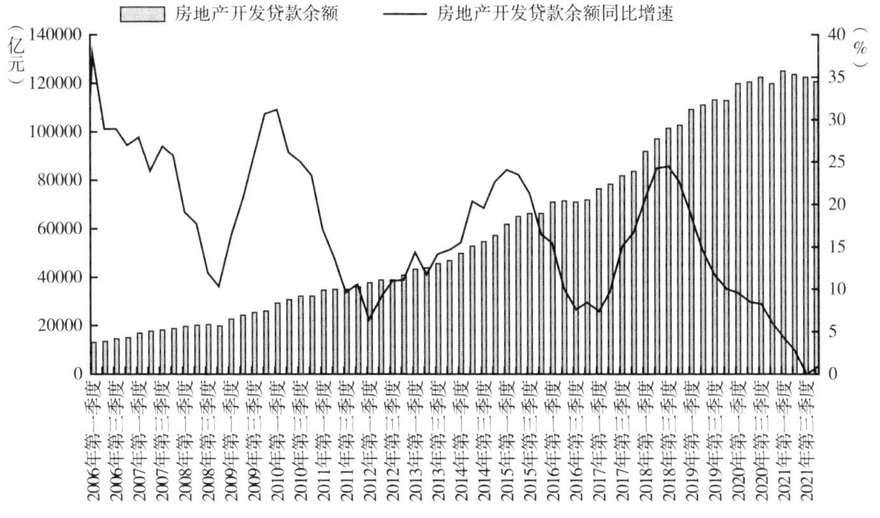

图 3-2　2006～2021 年房地产开发贷款余额及同比增速（季度）

资料来源：Wind。

房地产开发贷款在2021年上半年大幅收缩与房企融资“三线四档”规则和“银行业房地产贷款两集中管理”等房地产金融审慎管理政策有关，银行为达到监管指标要求采取了收缩信贷的措施；第三季度，房地产开发贷款继续收缩是市场自身反映的结果，受恒大风险事件影响，银行出现了“投资安全转移”（Flight to Quality）的现象：第三季度，开发贷款增速达到历史最低点（仅为0.02%），同时，商业银行的抽贷行为间接造成其他债权产品违约。9~10月，央行主要官员表示银行金融机构对“三线四档”政策理解有误，要求商业银行保障房企合理的融资需求。但商业银行出于对风控方面的考虑，对新增房地产开发贷的发放仍极为审慎，房地产开发贷款持续收紧的状态并未出现明显的改善，房地产开发贷款的同比增速仅仅由第三季度的0.02%上升到第四季度的0.09%，且房地产开发贷款的存量余额仍持续负增长。

2. 房地产并购贷款

并购贷款是指商业银行等金融机构向并购方或其子公司发放的，用于支付并购交易价款的贷款。并购贷款业务通过发放贷款的形式为企业间的并购交易提供资金支持，帮助并购方企业以受让、购买目标企业现有股权，认购新增股权，或收购资产、承接债务等方式实现合并或实际控制目标企业的诉求。

房地产并购贷款是指房地产开发企业或其控股子公司以受让目标房地产企业部分或全部股权、收购房地产开发项目或土地项目为由，向商业银行等金融机构申请的并购贷款；贷款额度不超过并购交易价款的60%；贷款期限最长不超过7年，以3~5年的中长期贷款为主。2008年，银监会出台的《商业银行并购贷款风险管理指引》（2015年2月，银监会再次修订该指引）允许符合条件的商业银行办理并购贷款业务，在此之后，房地产并购贷款规模快速增长，逐渐成为房企取得银行信贷资金的主要方式之一。近年来，随着房地产市场调控持续加码，招标拍卖挂牌出让国有土地使用权的竞买资格、竞价要求、出让条件越来越苛刻，并购逐渐成为房企获取土储的常规方式之一。房企通过并购交易，有机会获取低价或无限竞价要求的土地资源，快速增加房企土地储备规模，加强项目布局，从而迅速扩大企业规模、增加市场份额，甚至可以通过并购垄断区域新建住房市场来增加企业盈利。

相应地，出售房地产企业股权、房地产开发项目、在建工程或土地也成为部分房企获取现金流、缓解资金链压力、偿还到期债务本息或实现多元化转型的重要手段。

房地产并购贷款之所以备受房企青睐，主要原因是其相对于其他融资渠道来说有着独特的优势，是房企目前唯一可用于支持股本权益性融资的银行信贷类产品。房地产并购贷款可以提供不超过并购交易价款及费用60%的信贷资金，相当于变相取得相应比例土地出让金的融资额；取得并购所得的房地产项目，仍可以继续通过项目公司申请房地产开发贷款，这是一种对房企自有资金比例要求较低的高杠杆融资方式。在并购贷款的支持下，2012年之后，房地产市场并购交易规模不断攀升，整体呈现快速增长的趋势，房地产行业进入了兼并重组的高峰期；行业并购规模从2012年的590.93亿元增长到2016年和2017年高峰时的3713.98亿元和3562.44亿元。经历2012~2017年的房地产并购大潮之后，随着房地产金融政策的收紧，商业银行并购贷款的发放也开始收紧。2018年1月，上海银监局出台《关于规范开展并购贷款业务的通知》，要求辖区内商业银行严格控制房地产并购贷款投向，并购贷款用于房地产开发土地并购或房地产开发土地项目公司股权并购的，应按照穿透原则管理，严格遵守房地产开发大类贷款的监管要求，满足“四三二”规定成为房地产并购贷款获批的条件。该监管要求虽然属于上海的地方性监管政策要求，但在实践操作中具有一定的指引作用，部分非上海地区且行为相对谨慎的商业银行会将该监管要求列入房地产并购贷款发放的标准之中。2019年，银保监会连续发文，要求商业银行和非银行金融机构加强对房地产业务的合规性审查，严禁将以并购贷款、经营性物业贷款等名义获取的资金违规挪用于房地产开发。这些政策直接使房地产行业的并购活动受到限制，行业并购规模有所下降。

2021年，房地产行业（不包含股权房地产投资信托）并购交易数量为157宗，金额为1890.55亿元，同比上升31.30%（见图3-3）。按照最高可以占并购交易价款60%的比例来估算，2021年，并购贷款的发放金额最高为1134.33亿元。分季度来看，第一、二、三、四季度的房地产并购规模分别为 451.94 亿元、163.93 亿元、302.95 亿元和 971.73 亿元；同比增速分别为 24.74%、-70.36%、-0.04%、338.98%。其中，第一季度，受国土资源部在 22 个城市实施的土拍“两集中”政策影响，房地产开发项目的并购成为房企在政策实施城市获取土储的重要方式之一，行业并购规模同比出现一定幅度的上升。然而，第二、三季度，受房企融资环境持续收紧和部分大型房企债务违约风险陆续暴露影响，作为之前房地产开发项目并购主力军的大型民营房企的并购意愿下降，房地产开发项目的并购规模同比出现大幅下降，而且，行业更青睐于把房地产开发企业持有的物业服务公司作为并购标的。第四季度，随着更多房企债务违约风险暴露，出售房地产开发项目资产或股权获取资金成为出险房企缓解资金链压力的重要手段，行业并购机会增加，国有房企、低杠杆率民营大型房企等优质房企的并购意愿上升。加之监管部门在第四季度释放房企融资纠偏信息，房企的合理融资需求开始得到满足，2021 年 12 月 20 日，《中国人民银行　银保监会关于做好重点房地产企业风险处置项目并购金融服务的通知》（银发〔2021〕320 号）要求银行业金融机构稳妥有序开展房地产项目并购贷款业务，重点支持优质房地产企业兼并、收购出险和困难的大型房地产企业的优质项目。房地产金融支持政策使优质房企的并购意愿得到满足，房地产行业并购规模在第四季度大幅上涨。

（二）房地产信托融资

房地产信托是指信托投资公司发挥专业理财优势，通过实施信托计划筹集资金，将募集的资金投向房地产业、与房地产相关的资产项目并对其管理的业务，即由信托投资公司制订信托投资计划募集资金，委托人（合格投资者）将拥有的资金委托给信托公司，并由信托投资公司通过信托贷款、房地产项目股权投资或购买房地产抵押贷款证券等方式进行房地产相关投资活动。按照交易和投资模式，一般可以将房地产信托分为债权型信托、股权回购型信托、权益型信托和混合型信托四种类型。首先，从实践来看，最主要的房地产信托是债权型信托，即信托公司向房企发放信托贷款，为房地产项目的开发、建设或并购提供资金支持；同时，房企向信托公司提供资产抵

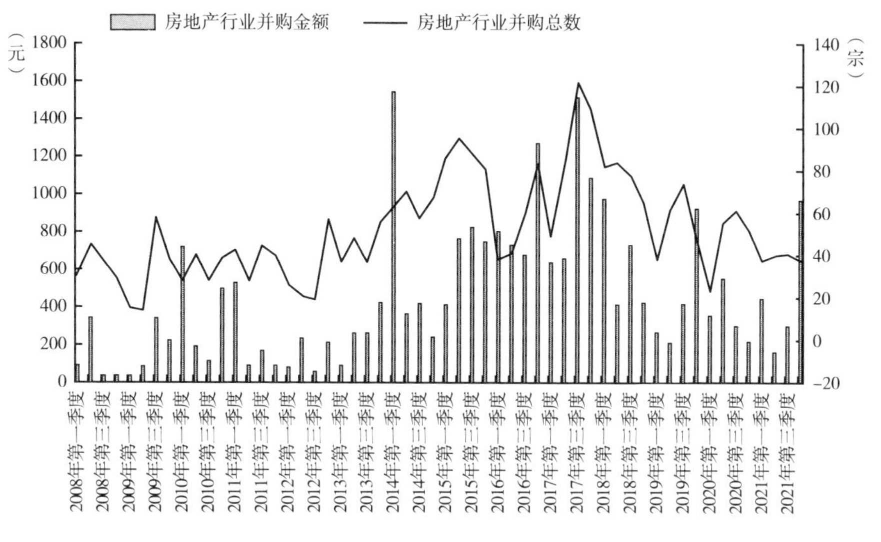

图 3-3　2008~2021 年房地产行业并购情况（季度）

资料来源：Wind。

押、股权质押或第三方担保，并承诺还本付息。其次，较常见的是股权回购型信托。一般情况下，信托公司在将信托资金以股权投资方式投给房企前，会与房企或相关联的第三方签署股权回购协议，形成类似房地产信托贷款的融资方式，即所谓的“明股实债”；直接将信托资金投资于房地产项目公司或房地产开发企业的股权，形成实质性股权投资的权益型信托的融资相对较少。信托融资是不同于银行的间接融资，也区别于资本市场的直接融资，对房企来说，这是受限较少的融资渠道，可以作为银行信贷的有益补充，是较为重要的融资方式之一。房地产信托融资的优点如下。一是，融资方式和融资期限较灵活。信托投资公司可以根据房地产项目的实际需求设计和发行专门的信托产品，为房企提供更匹配的资金支持，在授信额度、资金发放效率、灵活程度、资金用途管控等方面较银行贷款均有一定的优势。二是，对需要融资的房企的资质和项目合规程度的要求相对较低。虽然现行房地产金融政策要求房地产信托贷款需要满足“四三二”规定，但是仍有部分信托投资公司通过“明股实债”“夹层融资”等一系列操作，规避相关政策限制和监管要求，向资质不足的房企提供资金支持。目前，信托融资已经成为房企的重要融资渠道之一，对于房企的资金周转起到较为重要的作用。房地产信托融资的缺点是融资期限较短，一般为 1~3 年；融资成本相对较高。

从房地产信托数据来看，截至 2021 年末，房地产信托余额为 1.76 万亿元，与 2020 年末相比，余额压降了 5164.98 亿元，同比下降 22.67%。分季度来看，2021 年第一季度至第四季度，房地产信托余额分别为 2.17 万亿元、2.08 万亿元、1.95 万亿元、1.76 万亿元；房地产信托存量余额从 2019 年第三季度开始连续十个季度下滑。与此同时，房地产信托余额占信托业资金余额的比重也在持续下降；截至 2021 年末，房地产信托余额占信托业资金余额的比重为 11.74%，较 2020 年末下降了 2.23 个百分点（见图 3-4）。

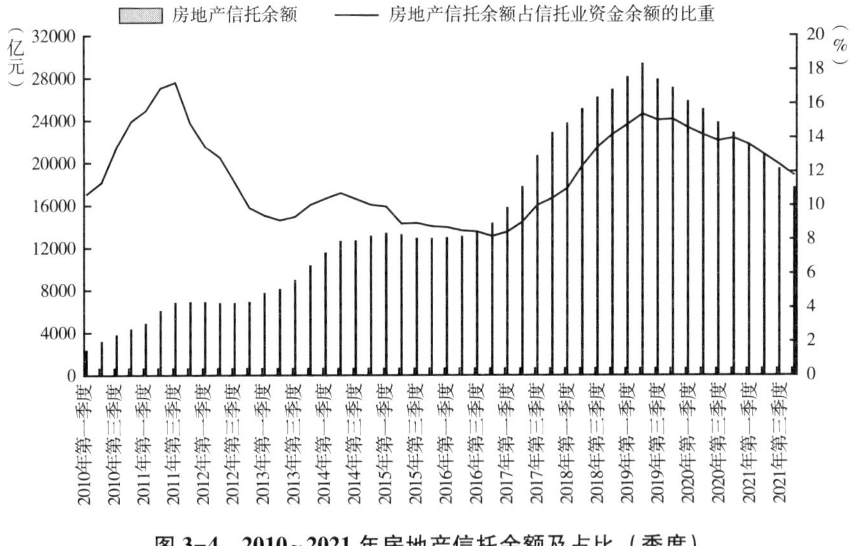

图 3-4　2010~2021 年房地产信托余额及占比（季度）

资料来源：中国信托业协会、Wind。

房地产信托持续收紧的原因如下。第一，强监管背景下，房地产信托融资条件日趋严苛，房地产信托规模仍在持续压降。为落实中央“房住不炒”的政策，2019 年 5 月，《中国银保监会关于开展“巩固治乱象成果　促进合规建设”工作的通知》（银保监发〔2019〕23 号）再次加强了对房地产信托业务的合规性监管，严禁信托资金违规或变相违规流入房地产领域。重点整治向“四证”不全、开发商或其控股股东资质不达标、资本金未足额到位的房地产开发项目直接提供融资，或通过股权投资+股东借款、股权投资+债权认购劣后、应收账款、特定资产收益权等方式变相向房企提供融资；直接或变相为房地产企业缴纳土地出让价款提供融资，直接或变相为房地产企业发放流动资金贷款等违规行为，以遏制房地产信托规模的过快增长和风险的过度积累。2019 年下半年，银保监会通过对部分信托公司进行窗口指导、约谈和专项检查方式，要求其严格执行房地产市场调控政策和达到现行房地产信托监管要求，管控房地产信托规模；要求部分房地产信托业务增速过快、增量过大的信托投资公司的房地产信托余额不得超过 2019 年第二季度末的余额，并暂停未备案房地产信托项目，暂停满足“四三二”规定的通道类房地产融资业务，暂停向房企发放并购类融资。在强监管背景下，2021 年，信托投资公司仍旧严格执行在风险可控的前提下开展房地产信托业务的监管要求，并按监管要求规范房地产融资和持续压降房地产信托规模。第二，房企债务违约风险持续暴露，为防控和降低房地产信托业务的风险，信托公司进一步收紧了房地产信托融资。从 2021 年第三季度开始，受花样年、恒大等房企债务违约事件持续暴露影响，信托投资公司投向房地产领域的资金进一步收紧，部分信托公司甚至已经暂停新增房地产信托业务。总的来说，从房地产信托余额规模、增速和占比来看，“控地产”的监管要求在信托业得到了较好的执行，房地产信托继续呈现收紧态势。受部分大型房企债务违约影响，房地产信托领域的风险攀升，存量房地产信托的违约风险可能会持续暴露。

（三）境内外债券融资

债券是指债务人为筹集资金，依照法定程序发行，并承诺按照约定利率和期限还本付息的有价证券，是金融市场重要的金融工具之一。房企债券融资指房地产开发企业通过在证券市场发行债券来募集社会资金，是房地产开发企业重要的融资渠道之一。债券融资属于直接融资，优点是融资成本相对较低，资金使用受到的限制较少，而且公司债、企业债等债券期限较长，可以使房企获得长期资金支持。房企通过发行债券融资，不但可以取得新增资金来源，还可以优化融资结构，减少对银行等金融机构的间接融资的依赖。债券融资的缺点是发行门槛较高，审批标准严格，且易受房地产市场宏观调控政策影响。按照房企发行的类型，债券分为公司债、企业债、中期票据、短期融资券和非公开定向债务融资工具等。

1. 房企境内信用债融资

2013 年之前，房企境内信用债发行量较小。从 2015 年开始，受益于房地产调控政策的放松、房地产开发企业融资环境的改善和《公司债券发行与交易管理办法》的实施，房企境内信用债发行规模呈现爆发性增长的态势。随着 2016 年 9 月 30 日新一轮房地产调控的开始，房地产方面的金融监管趋严，房企融资环境趋紧，我国对发债房地产开发企业的规模、资质和财务状况、资金用途的要求均进一步提升。

从房企境内信用债（不包括资产证券化产品）发行情况来看，2021 年的发行规模约为 5481. 79 亿元，与 2020 年 6001. 24 亿元的发行规模相比下降了 8. 66%。分季度来看，第一季度的发行总额为 1719. 02 亿元，同比上升 1. 25%；第二季度的发行总额为 1561. 91 亿元，同比上升 4. 39%；第三季度的发行总额为 1319. 46 亿元，同比下降 26. 68%；第四季度的发行总额为 881. 40 亿元，同比下降 12. 53%，发行规模连续三个季度下滑。2014～2021 年房企境内信用债发行情况见图 3-5。从存量情况来看，截至 2021 年 12 月 31 日，我国房企境内信用债的待还余额为 1. 90 万亿元，同比下降 8. 25%，其中，2022 年，房企境内信用债到期规模约为 3823. 59 亿元，3 年内到期债券规模为 1. 35 万亿元。在不考虑回售和提前偿还的情况下，未来 3 年，房企境内信用债将迎来集中偿付期。目前，境内债券发行募集而得的资金主要用于借新还旧，受市场形势影响，房企境内信用债存量规模已经开始压缩，借新还旧的态势难以为继。随着信用债集中偿付期的到来，部分杠杆率较高的房企新增的境内信用债规模难以覆盖到期债券的偿付规模，发生债券违约的风险会大幅增加，房企债券违约事件预计会陆续发生。

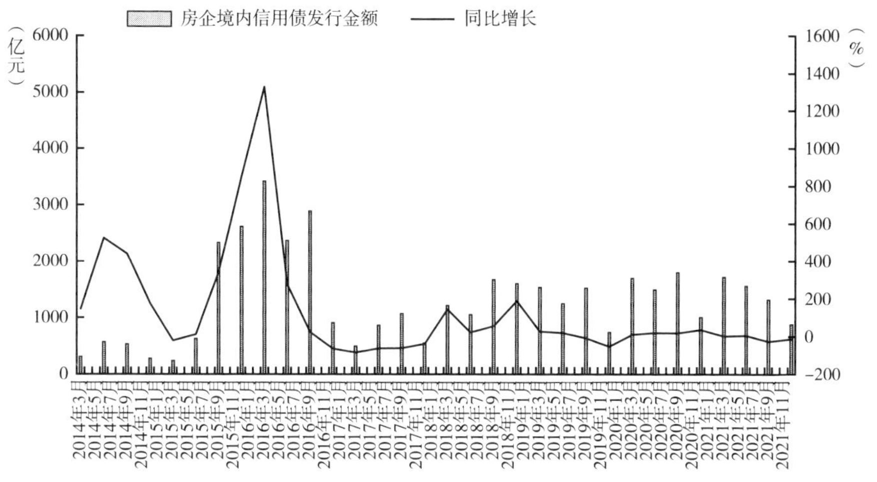

图 3-5　2014~2021 年房企境内信用债发行情况

资料来源：Wind。

2. 房企境外债融资

房企境外债指国内房地产开发企业及其控制的境外企业或机构，在境外资本市场发行的以本币或外币计价的债务融资工具。房企境外债在一定程度上能够提升国内房企的金融资本配置效率，对促进房地产行业健康发展和良性循环具有重要意义。从市场情况来看，我国房企境外债的发行方式主要是通过设立境外全资子公司，以境外子公司为主体，在境外证券市场（主要为香港联合交易所和新加坡证券交易所）发行以美元、欧元、港元、新加坡元或人民币计价的企业债（以美元计价的企业债为主），期限以 3 年期和 5 年期为主。2010 年之后，随着在香港上市的内地房企数量增加，房企境外债融资规模也开始上升。2015 年 9 月，国家取消了对境内企业境外债券发行额度的审批制度，改为备案制，这在一定程度上进一步降低了房企发行境外债的门槛。近年来，我国房地产金融政策持续收紧，境内融资渠道逐渐收窄，境外发债融资逐渐成为房企缓解资金压力的重要选择。随着越来越多的房企开始通过境外资本市场发债融资，房企境外债的发行规模逐渐超过境内信用债发行规模的 50%。目前，房企境外债已经成为国内房企利用境外资金的重要融资工具。

从境外信用债发行情况来看，2021 年，房企境外债发行规模为 431.09 亿美元（约为 2781.02 亿元），同比下降 34.01%，下降幅度较大。其中，第一季度的发行规模为 188.58 亿美元，同比下降 30.73%；第二季度的发行规模为 111.51 亿美元，同比增长 46.58%；第三季度的发行规模为 101.69 亿美元，同比下降 45.02%；第四季度的发行规模为 30.31 亿美元，同比下降 74.87%（见图 3-6）。2021 年，我国房企境外债发行规模下降的原因主要有两个。一是融资政策的收紧。2019 年 7 月 9 日，国家发改委办公厅发布了《国家发展改革委办公厅关于对房地产企业发行外债申请备案登记有关要求的通知》（发改办外资〔2019〕778 号），明确要求房企发行境外债只能用于置换未来一年内到期的中长期境外债务，不可用于偿还境内债务、投资房地产项目或补充运营资金，这在很大程度上收紧了房企通过发行境外债融资的渠道。二是受房企债务违约事件影响，行业信用收缩，投资者对房企境外债的投资意愿大幅下降，进而导致境外债发行规模大幅下降。

从存量情况来看，截至 2021 年 12 月 31 日，我国内地房企境外债待还余额为 1966.93 亿美元（约为 1.27 万亿元），其中，到期日在 2022 年的境外债规模为 482.71 亿美元（约为 2935.73 亿元）。

（四）资本市场股权融资

资本市场股权融资方式主要指房地产开发企业通过 IPO 进行直接融资和已上市房地产开发企业通过公开或定向增发、向股东配股等方式进行融资。股权融资的优点是：①通过股权融资，房地产开发企业可以从资本市场获得较大规模无须偿还的永久性资金，符合房地产行业需要得到长期资金支持的要求；②可以提升公司信用水平，使其更易通过银行贷款或其他融资方式筹措公司发展所需资金；③通过股权融资可以降低房地产开发企业的资产负债率，优化财务结构，改善房地产开发企业现金流，降低财务风险；④股权融资不需要支付资金利息，融资成本仅为上市或增发股票的发行费用，后期只需根据企业经营情况和董事会决定进行分红；⑤股权融资还可以促进房

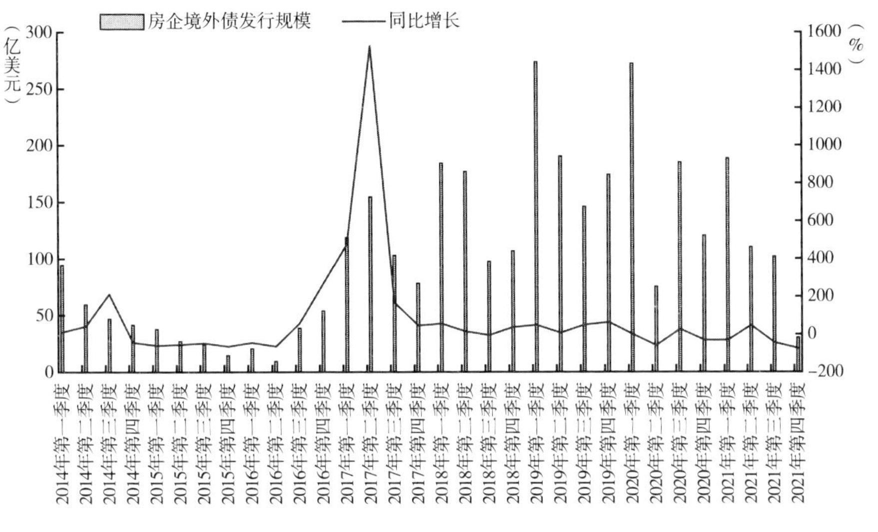

图 3-6　2014~2021 年房企境外债发行情况（季度）

资料来源：Wind。

地产开发企业完善公司治理机制，建立现代企业制度，提高公司的经营管理水平。股权融资的缺点是：①房地产开发企业上市对企业营业规模、股权结构、盈利水平、负债情况等方面的要求严格，审核门槛较高，以上市、增发、配股等方式融资受房地产行业调控政策的影响较大；②股权融资会对原始股东股权进行稀释，减弱控股权。

1. 房企境内证券市场股权融资

通过 IPO 融资是房地产开发企业梦寐以求的融资方式，目前只有少数①大型房地产开发企业可以实现。2010 年之后，我国 A 股市场的房地产企业的 IPO 基本处于停滞状态，公开或定向增发债券逐渐成为房地产企业在境内证券市场获得股权融资的主要方式。

从 2021 年境内资本市场数据来看，其间既没有房地产开发企业的 IPO

① 《中国统计年鉴 2021》中的数据表明，截至 2020 年末，中国房地产开发企业数量达到 10.22 万家；截至 2021 年末，在我国 A 股上市公司中，房地产开发企业的数量只有 105 家，绝大部分房地产开发企业仍只能依靠银行贷款等其他融资渠道获得融资。

融资获得批准，也没有企业的定向增发或配股获批。2021 年，房地产开发企业从境内资本市场获得股权融资的规模为 0（见图 3-7）。

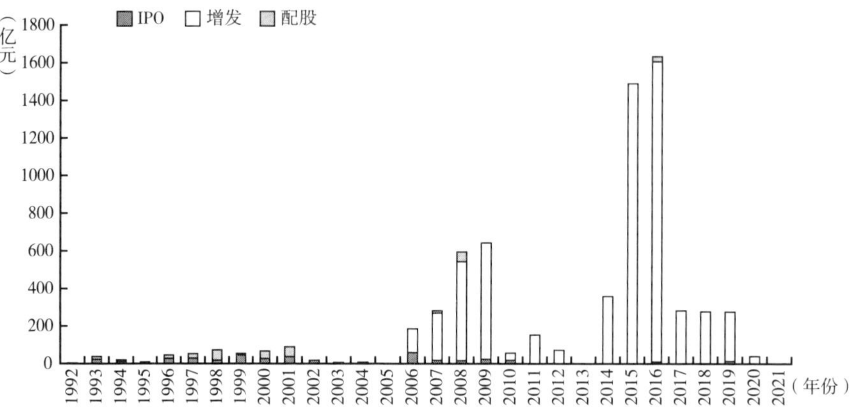

图 3-7 1992~2021 年房地产企业股权融资情况

资料来源：Wind。

2. 房企境外证券市场股权融资

近年来，因为我国 A 股房地产开发企业 IPO 基本陷入停滞状态，众多国内房地产开发企业纷纷谋求在境外上市。在此背景下，香港成为内地房企在境外上市的首选之地，在香港联合交易所上市成为目前内地房地产开发企业上市的最主要途径。原因主要包括以下两点。一是中国香港地理位置与中国内地较近，且香港对拟上市房地产开发企业的财务要求比内地低；加之其采取注册制，上市审核时间相对较短，房地产开发企业可以较为便捷地实现 IPO 的目标。二是中国香港是重要的国际金融中心，资本市场发达，估值合理，融资和再融资渠道均较为畅通。在香港 IPO 是房企实现上市和连接国际资本市场的最有效途径，可以为企业有效利用境外资金创造有利的条件。

2021 年，只有三巽集团和中原建业两家房地产开发企业在港交所成功实现 IPO，募集资金总额仅为 18.42 亿港元。2020 年，共有 8 家房企募集 154.38 亿港元，相比 2020 年，2021 年境外 IPO 下降 88.07%（见图 3-8）。

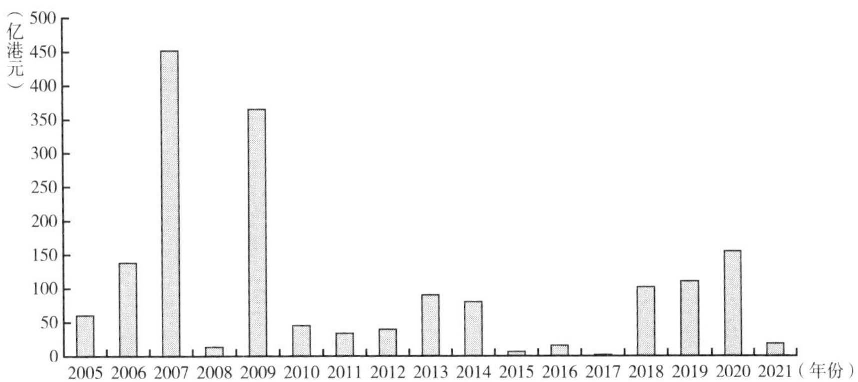

图 3-8　2005~2021 年内地房地产开发企业在香港联合交易所进行 IPO 的融资规模

资料来源：Wind。

三　房地产开发企业融资成本情况

（一）银行贷款利率

银行贷款是房企（尤其是中小房企）最主要的融资方式，实际贷款利率由各商业银行根据房企的资信水平、财务状况、信贷额度、房地产开发项目的后续现金流、土地的区域位置等不同情况，根据贷款业务风险状况和市场利率水平，在中国人民银行规定的相应 LPR 基础上合理确定。从近些年央行公布的金融机构一般贷款加权平均利率①来看，2021 年，其呈现波动下降的趋势，为 4.76%~5.10%（见图 3-9）。从部分上市房企财报披露的商业银行房地产开发贷款情况来看，银行贷款利率集中在 4.35%~10%。与其他融资方式相比，房企银行贷款的融资成本依然相对较低，尤其是对综合实力强、负债率较低的房企来说，商业银行放贷意愿较高，贷款利率较低；相

① 因无法获得房地产企业银行贷款平均利率，我们用金融机构一般贷款加权平均利率反映房地产行业银行贷款平均利率的变化情况。

反，部分负债率较高或规模较小的民营房地产企业的银行贷款的实际利率可能超过10%。

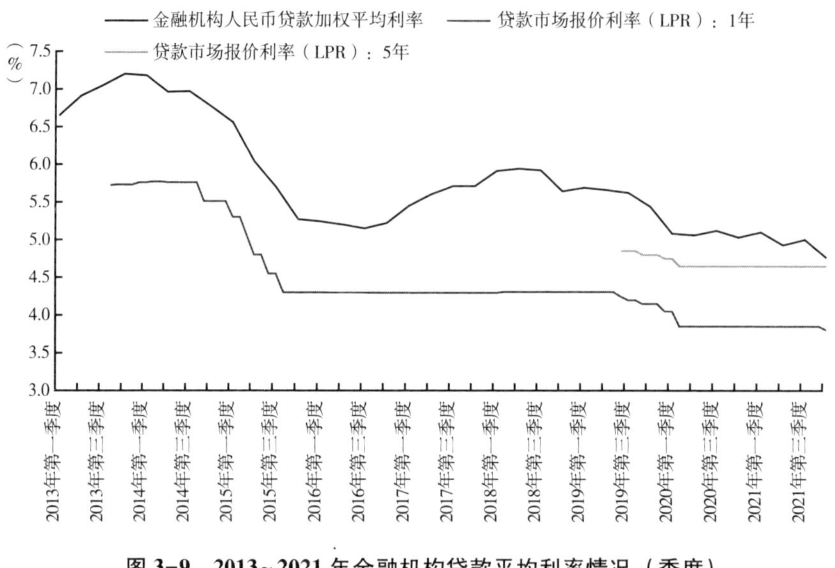

图 3-9　2013~2021 年金融机构贷款平均利率情况（季度）

资料来源：Wind。

（二）信托融资成本

信托融资一直是成本较高的融资方式，从近些年发行的投入房地产行业的资金信托产品来看，预期最高年收益率为 4%~25%，以 8%~10%为主，平均预期年化收益率在 7%~10%浮动，考虑到 2%~3%的信托公司报酬和信托计划发行费用，房地产企业信托融资的平均成本率为 9%~13%。

2021 年，房地产信托发行的平均预期年化收益率为 7.35%，加上 2%~3%的信托公司报酬和信托计划发行费用，房地产企业信托融资的平均成本率为 9.35%~10.35%，较 2020 年略有下降。分季度来看，第一、二、三、四季度，房地产信托的平均收益率分别为 7.31%、7.26%、7.33% 和 7.53%，呈现先降后升的趋势（见图 3-10）。

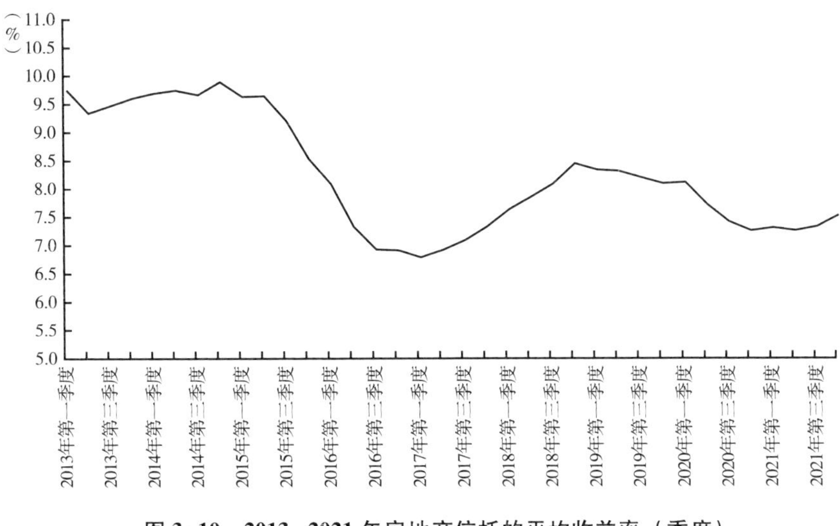

图 3-10　2013~2021 年房地产信托的平均收益率（季度）

资料来源：用益信托网。

（三）信用债利率

1. 境内信用债发行利率

我国房企信用债发行门槛较高，发行主体以大中型房地产开发企业为主，它们的盈利水平较高，资信状况较好，发行人的主体信用评级和债项信用评级一般在 AA 级以上。从近年来我国房企境内信用债加权平均票面利率来看，基本围绕中长期基准利率上下波动。2021 年，房地产开发企业信用债加权平均票面利率为 4.20%，较 2020 年下降了 17 个基点。分季度来看，第一季度的加权平均票面利率约为 4.49%；第二季度的加权平均票面利率约为 4.35%；第三季度的加权平均票面利率为 3.95%；第四季度的加权平均票面利率为 3.78%（见图 3-11）。房企境内信用债的加权平均票面利率在 2021 年呈现持续下降的态势。

2. 境外信用债发行利率

从近些年房企境外信用债发行情况来看，票面利率为 2.5%~15%，以 6%~8%居多。2021 年，内地房企发行的境外信用债加权平均票面利率为 7.11%，同比下降了 36 个基点，但仍远高于同期境内信用债加权平均票面

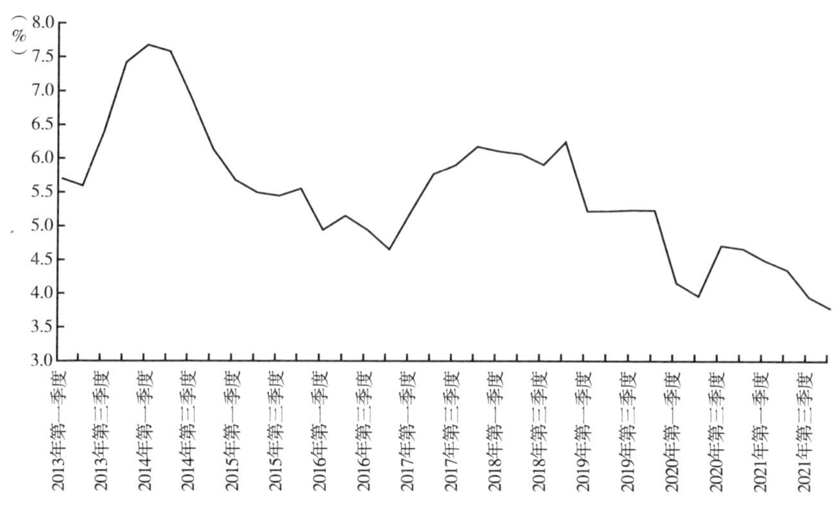

图 3-11　2013~2021 年房地产企业境内信用债加权平均票面利率（季度）

资料来源：Wind。

利率；分季度来看，2021 年第一、二、三、四季度，房企境外信用债的加权平均票面利率分别为 6.63%、7.54%、6.68%、9.94%（见图 3-12）。受房企债务违约事件持续暴露影响，国际评级机构下调了部分房企的信用评级或信用评级展望。第四季度，境外信用债的平均票面利率大幅上升。

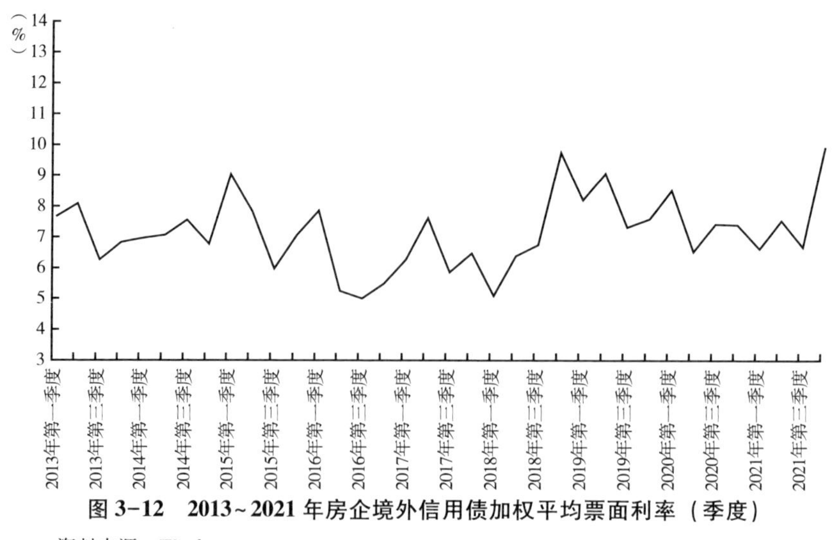

图 3-12　2013~2021 年房企境外信用债加权平均票面利率（季度）

资料来源：Wind。

四　房地产开发企业债务违约情况分析

（一）房企债务违约现状

在房企存量有息债务高企、偿债高峰集中来临、行业内分化加剧、市场预期较弱的背景下，现阶段，房地产市场金融风险实际主要集中在房企的债务违约风险上。

2021 年，房企债务违约事件频发，债务违约主体包括十多家百强房企，其中不乏头部房企。从境内债券市场来看，仅 2021 年房企境内信用债违约或展期的数量高达 69 只①，涉及重庆协信、天房集团、华夏幸福（包括子公司九通基业投资）、泰禾集团、泛海控股、新华联、蓝光发展、三盛宏业、正源地产、鸿坤伟业、华业资本、阳光城、花样年、新力地产 14 家债券发行主体，违约规模（违约日债券余额）为 759.15 亿元，占境内债总违约规模的 29.27%。从境外债券市场来看，债务违约或未按期兑付的主体除部分上述主体外，还包括当代置业、阳光 100、中国恒大、佳兆业等。此外，涉及商业票据、信托、理财产品逾期或拒付的主体有荣盛发展、绿地控股、中南建设、世茂地产、隆基泰和、鑫苑置业、实地地产、鸿坤地产、宝能集团、富力地产等。

（二）对违约风险原因的分析

第一，长期高杠杆经营是房企债务违约风险爆发的根源。高杠杆是金融脆弱性的根源。目前，我国大多数房企以高杠杆、高负债、高周转的模式运转，融资大都是明斯基所谓的“投机性融资”，即经营性现金流净额能够支付得起利息，却覆盖不了全部到期本息，本金的偿还需依靠借新还旧。在市

① 数据来源于 Wind 债券违约及展期大全，由国家金融与发展实验室房地产金融研究中心整理得到。

场预期发生转变时，购房者会因预期房价下跌或担心期房不能交付而停止购买，此时，房企的经营性现金流净额会迅速下滑至低于当期利息支付规模，房企的融资模式就转变为明斯基所谓的“庞氏融资”模式，即经营性现金流净额已覆盖不了全部债务利息，需出售资产或“借入”更大规模的债务来支付到期债务本息。例如，头部房企恒大的2021年半年报显示，上半年的经营性现金流净额仅为266.93亿元，而利息支付规模为351.55亿元，经营收入所得实际已不足以偿付债务利息，其属于典型的庞氏融资型债务人。明斯基认为投机性融资和庞氏融资的持续依赖信贷环境的宽松和资产价格的不断上涨；一旦这两个条件不具备，融资链就会断裂，从而爆发流动性风险，相关主体会发生债务违约事件。

第二，融资环境收紧和市场预期转弱是高杠杆房企资金链断裂和债务违约风险爆发的直接诱因。一方面，房地产金融审慎管理制度的严格实施使房企开发贷、房地产信托和境内外信用债等主要融资渠道均全面收紧；另一方面，房企为实现“三道红线”降档而采取的“明股实债”、合作项目非并表、大幅增加应付账款和票据类无息债务规模等财务手段，加剧了债权人和投资者对房企财务报表真实性的担忧和对房企持续经营能力的质疑，主要融资渠道均更为偏好经营风格稳健、财务杠杆率合理的房企，高杠杆房企的借新还旧模式难以为继。高杠杆经营导致房企过度依赖外源性融资。当房企无法通过外源性融资获得足额的现金流时，房企难以偿付到期债务本息，导致出现债务违约问题。另外，房企到位资金中超过一半来自定金及预收款、个人按揭贷款等经营性资金。然而，严峻的人口形势和持续的房地产调控政策，导致市场对房价长期上涨预期发生转变，部分区域的房地产市场开始下行，房地产销售规模和价格均开始下滑。房企经营性现金流规模出现下滑，导致房企无力偿付到期债务本息。

第三，盲目多元化和无序激进规模扩张是部分房企出现债务违约的重要原因之一。部分房企长期存在“大而不倒”的幻觉，认为只要将企业规模扩张到足够大，即使企业出现较大债务风险，地方政府和监管机构出于维护金融安全和社会稳定的考虑也会给予支持和帮助。这种“大而不倒”的幻觉会产生一种反向激励机制，其实质是房企幻想可以在享受高财务杠杆扩张带来高利润规模的同时，将企业经营风险转嫁给金融市场和政府部门。盲目多元化和激进扩张战略，一方面导致企业财务成本大幅上升、盈利水平大幅下降；另一方面导致现金流进一步恶化，从而使债务违约风险增加。

（三）对问题房企的处置建议

房地产关联上下游行业，银行、信托公司等金融机构及土地财政和众多的购房消费者。房企债务违约风险的爆发会通过债权与债务关系、合作关系对金融机构、债券市场、上下游供应商、地方政府和购房消费者产生影响。我国金融系统属于典型的银行主导型金融系统，商业银行向房企发放的银行贷款均存在足额抵押的情况（贷款额度一般为抵押物评估价值的50%~65%），在房地产价格不存在大幅下跌的前提下，房企的流动性风险对银行业的外溢性是可控的。相比而言，房企流动性风险的爆发对债券市场、"明股实债"型信托、上下游企业和购房消费者的影响相对较大。鉴于大型房企债务违约影响面广泛、债务情况复杂，我们建议在法治化、市场化原则下，及时并审慎化解处置风险，防范风险进一步扩散，从而维护社会和金融秩序稳定。具体建议如下。

第一，注入流动性和采取债务展期措施，这是化解流动性风险的当务之急。流动性是现代金融体系最脆弱的神经，流动性风险是一切金融危机爆发的导火索，因此，化解流动性风险和避免流动性危机进一步扩散是当务之急。首先，在政府部门的协调下，通过加强与金融机构的沟通，在房企提供高质量抵押物的前提下，争取与金融机构合作以获得流动性的注入。其次，通过与主要债权人就债务展期进行谈判，在确保债权人利益最大化的基础上，寻求债务展期，避免流动性危机进一步恶化，并通过时间换空间的方式逐步化解债务风险。

第二，暂停问题房企的拿地行为和尽快恢复正常的生产经营活动。暂停房企的拿地行为的目的在于防止出现大额经营性现金支出和投资性现金支出，将现有的现金用于恢复正常的生产经营活动。对于恢复项目建设等正常的生产活动，一方面，开发性物业的顺利竣工和交付可以使存货资产形成现金回款，以用于偿还债务；另一方面，通过“保交楼”维护住房消费者的合法权益。

第三，要加快资产处置和债务重组进程，并尽量避免进入破产清算程序。由于房企的资产和债务情况复杂，规模较大，为最大限度保障各方利益，应尽量避免房企进入破产清算程序。在流动性危机缓解之后，应通过资产处置和债务重组的方式偿还债务本息。首先，清产核资，重估房企资产价值，确定债权情况，摸清公司真实的资产负债情况。其次，处置房企持有的资产，获取现金流以偿还债务，包括剥离和出售非主营业务、出售对外权益性投资项目和出售部分地产项目（打包或单独）。因房企的资产规模庞大、资产类型繁杂、资产质量参差不齐，建议以项目公司为单位化整为零，以市场价值净额的合理折扣予以出售，进而避免出现大规模资产处置因交易对手较少而被迫以低价抛售的现象，使流动性风险变为资不抵债风险；在项目公司重估资产负债价值时，若存在资不抵债的情况，则应保留少数股东权益，将原始股权价值归零，鼓励债权人以债转股的形式接收项目公司。再次，基于资产处置进度，按照债务重组方案，根据债权人类型、债务金额、有无抵押、债务到期时点等因素分批、按比例偿还债务。对于职工债权，尽量以现金的方式全额偿还；对于税款债权，尽量以现金的方式全额偿还；对于有担保债权（包括救助借款），以担保财产市场估值为范围优先偿还，不足部分转为普通债权；对于普通债权，以债权人为单位，对于××万元（基于剩余可用现金确定）以下部分全额以现金的方式偿付，对于××万元以上部分按统一比例，分批以债转股或其他方式确定偿还。最后，通过资产债务重组，房企重新获得了持续经营的能力，并将继续经营所得用于后续对未偿还债务的偿付。

五　2022年房地产开发企业融资市场形势展望

总体来看，2021 年，受房地产金融审慎管理制度和房企债务违约形势影响，银行开发贷款、房地产信托、境内外信用债等房企主要融资渠道均呈现收紧态势，表现为房地产开发贷款余额增速持续回落，存量余额连续三个季度负增长，房地产信托余额继续压降，房企境内、外信用债发行规模下滑。

展望 2022 年，尽管房企融资政策有所改善，房地产并购贷款的支持政策已经出台，房企合理的融资需求也被支持，但房企的融资形势并不乐观。银行贷款方面，作为自负盈亏的市场主体，在房企债务违约风险未出清前，商业银行对房地产开发贷款的发放依然会采取较为审慎的策略；房地产并购是化解房企债务违约风险、实现快速出清的市场化的有效手段，预计房地产并购贷款规模会大幅上升。房地产信托方面，融资规模可能进一步压降，这主要是由信托政策方向和房地产信托领域的风险形势所决定的。债券融资方面，债券融资会有所恢复和反弹，一方面，一些大型房企在债券公告披露平台自愿发布披露公告，以表明自身超额业绩能力从而有利于稳定预期；另一方面，政策支持有利于大型房企，债券市场是以大型房企为主的市场。房企资本市场股权融资方面，国内房企 A 股 IPO 融资事实上已经冻结多年，但优质房企在 A 股市场的公开或定向增发将更易获批。受房地产市场形势影响，赴港交所上市将更加艰难。

房企融资成本方面，未来，优质房企和高杠杆房企的融资成本可能会出现较大的分化；负债率较低且资信状况较好的头部优质房企将获得更多议价空间，融资成本可能会进一步下降；负债率较高或规模较小的房企获得融资的难度提升，融资成本预计将维持在高位。

房企风险方面，在房企存量有息债务高企、偿债高峰集中来临、行业内分化加剧、市场预期较弱的背景下，房地产市场的金融风险将主要集中在房企的债务违约风险上。部分财务杠杆率较高且资金周转能力较弱的房企的短期偿债压力较大，流动性严重吃紧，房企债务违约事件还会发生。

第四章
住房公积金市场

曾 亭 蔡 真*

- 我国住房公积金市场保持良好的增长势头。缴存方面，2012~2020年，全国住房公积金实缴职工数量占城镇就业总人数的比重从27.37%提高到33.13%，提高了5.76个百分点；提取方面，住房公积金提取率一直保持增长趋势，由2012年的49.97%增至2020年的70.78%，住房公积金的使用效率一直在提高；住房公积金贷款方面，个人住房贷款率由2012年的49.97%上升至2020年的85.31%，由于具有低利率特点，2020年发放的住房公积金个人住房贷款为贷款职工节约利息支出2953.40亿元，平均每笔贷款可节约利息支出9.75万元。这些数据表明，在房价持续高涨的背景下，住房公积金很好地支持了广大居民的住房消费需求。
- 从全国31个省区市的数据来看，公积金的发展表现出区域不均衡的特点。缴存方面，经济越发达以及政府、事业单位和国有企业越多的地区，公积金缴存情况越好，上海、天津、北京的住房公积金覆盖率超过50%，河北、安徽、福建、江西、河南、湖北、湖南、广西等13个省区市的覆盖率尚不足30%。贷款方面，个人住房贷款率较高的地区并不集中于房价较高的地区，而是房价可

* 曾亭，中国社会科学院大学金融系硕士研究生；蔡真，中国社会科学院金融研究所副研究员，国家金融与发展实验室房地产金融研究中心主任、高级研究员。

负担水平较高的地区，贵州、重庆、安徽、江苏、浙江、福建、上海7个省区市的住房公积金的个人住房贷款率超过90%；个人住房贷款率较低的地区对应房价较低的地区，新疆、河北、西藏、黑龙江4个省区市的住房公积金贷款率低于75%。

- 尽管住房公积金制度存在较多问题，如覆盖率低、公平性缺失、投资渠道单一以及管理机制缺陷等，目前缺乏进行整体制度性改革的条件，但住房公积金制度一直处于增量改进过程中。2020~2021年，重要改进措施包括以下三个方面。第一，应对新冠肺炎疫情的纾困政策。具体包括受疫情影响严重的企业可缓缴住房公积金，受疫情影响不能正常还款的职工逾期还款不做逾期处理，租房压力较大的职工可提高租房提取额度等。第二，进一步加强全国统筹工作。落实国务院关于加快推进政务服务“跨省通办”的工作部署，实现个人缴存贷款等信息查询、出具贷款职工缴存使用证明、正常退休提取三个高频事项“跨省通办”；全部设区城市住房公积金管理中心实现与全国异地转移接续平台直连。第三，住房公积金制度向灵活就业人员覆盖。随着经济发展进入第四次工业革命时期，就业形势发生巨大变化，目前，我国灵活就业人员规模已经达到2亿人。这类群体的住房公积金没有得到保障，与既有的运作模式有关。目前，住房公积金依托企业和个人两级账户体系运转，同时要求长期累积缴存，这与灵活就业的不稳定性特点不相适应。2021年，住房和城乡建设部在重庆、成都、广州、深圳、苏州、常州6个城市开展灵活就业人员参加住房公积金试点，在充分考虑灵活就业人员的就业特点的同时，使他们可以享受与在职职工在其他政策方面的同等待遇。这是住房公积金的巨大进步。

住房公积金制度是我国20世纪90年代初为筹集职工住房建设资金，在借鉴新加坡中央公积金制度的基础上，结合我国实际情况推出的一项政策性住房金融制度，其核心目的是促进城镇住房建设和提高城镇居民的居住水平。1991 年，住房公积金制度在上海开始试点；从 1994 年开始，在全国推行住房公积金制度；1998 年，住房公积金制度在全国普遍建立；1999 年，《住房公积金管理条例》的签发标志着住房公积金正式制度化。在 1998 年住房分配货币化改革之后，住房公积金制度逐渐演变为主要以发放低息住房贷款的方式支持职工住房消费的政策性住房金融制度安排。

一　全国住房公积金运行情况

（一）缴存情况

1. 住房公积金缴存总体情况

根据住建部发布的全国住房公积金年度报告，无论从住房公积金缴存的存量还是增量来看，近年来，我国住房公积金都保持良好的增长势头。在存量上，我国住房公积金缴存余额已从 2012 年的 2.68 万亿元增至 2020 年的 7.30 万亿元；在增量上，2012 年时，年度缴存额尚不足 1 万亿元，2018 年时就已突破 2 万亿元，截至 2020 年已达 2.62 万亿元。

受新冠肺炎疫情影响，较往年来看，2020 年的缴存额的增速有所回落。2014~2019 年，增长率在 12%~13%波动；2020 年，该增长率为 10.55%（见图 4-1）。

2. 住房公积金人均缴存情况

从人均缴存数据看，年人均缴存额由 2012 年 9670 元增加到 2020 年的 1.71 万元（见图 4-2），8 年间增长了 76.84%，年均复合增长率为 7.39%；与 2019 年相比，年人均缴存额增长了 6.83%，低于年均复合增长率。

3. 住房公积金覆盖范围

由上文数据可以看出，年人均缴存额的增速低于总的缴存额增速，这说明我国住房公积金覆盖范围在扩大。覆盖范围的扩大也可以从图 4-3 中看出：2012~2020 年，全国住房公积金实缴职工数量占城镇就业人数的比例从 27.37%提高到 33.13%，提高了 5.76 个百分点。2020 年，住房公积金实缴

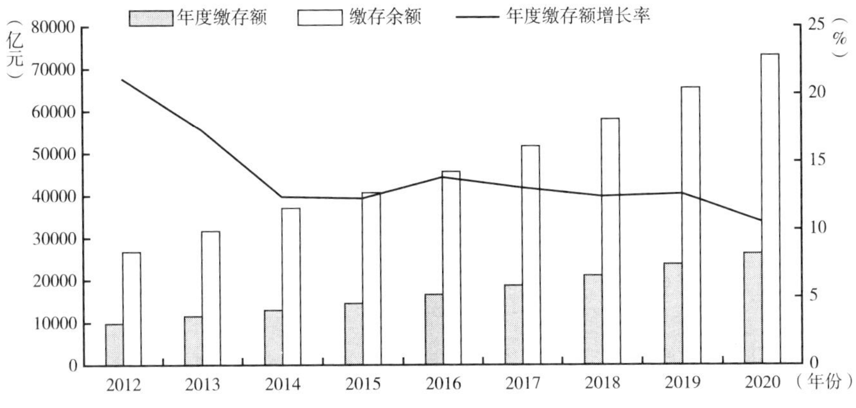

图 4-1　2012~2020 年全国住房公积金缴存情况

资料来源：2012~2020 年全国住房公积金年度报告。

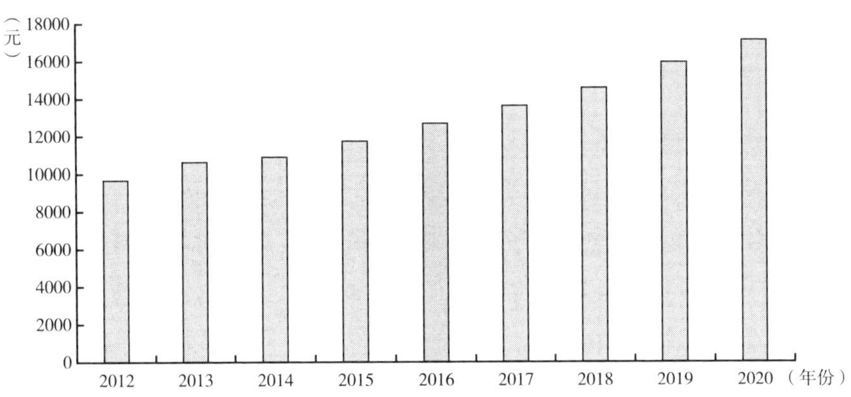

图 4-2　2012~2020 年住房公积金年人均缴存额

资料来源：2012~2020 年全国住房公积金年度报告。

职工数量为 15327.70 万人，较 2019 年增加了 446.32 万人，比上年增长 3.00%；住房公积金实缴单位为 365.38 万个，比上年增长 13.33%；新开户单位为 68.92 万个，新开户职工为 1835.11 万人。整体而言，我国住房公积金的覆盖面在扩大。

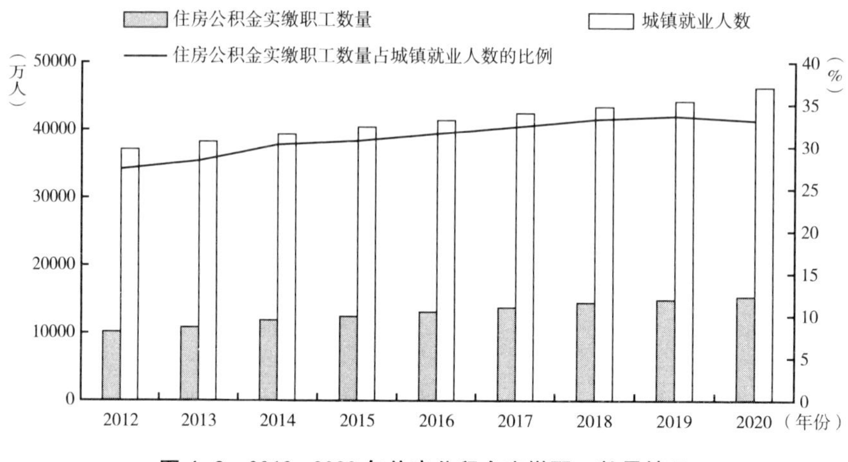

图 4-3　2012~2020 年住房公积金实缴职工数量情况

资料来源：2012~2020 年全国住房公积金年度报告。

（二）提取情况

1. 住房公积金提取总体情况

就住房公积金提取情况而言，2020 年，住房公积金提取人数为 6083.42 万人，占住房公积金实缴职工数量的 39.69%；年度提取额为 1.86 万亿元，比上年增长 13.94%；截至 2020 年末，住房公积金累计提取总额为 12.28 万亿元，占累计缴存总额的 62.70%；提取率为 70.78%（见图 4-4），比上年增长 2.11 个百分点。总体来看，住房公积金年度提取额和累计提取总额自 2012 年以来一直在稳步增加，而提取率在 2015 年有较大幅度提升后就保持较稳定的状态，在 70%附近波动。这体现出住房公积金的使用效率逐年提高，并在近几年维持较高的水平，其对我国城镇居民的住房消费需求起到了较好的支持作用。

2. 住房公积金提取用途

提取出来的住房公积金可以用于住房消费和非住房消费两个方面。用于非住房消费的情况，主要包括离退休提取、丧失劳动能力且与单位终止劳动关系、出境定居或户口迁移提取、死亡提取、治疗重大疾病提取等；用于住房消费的情况，主要包括购买、建造、翻建、大修自住住房，偿还购房贷款

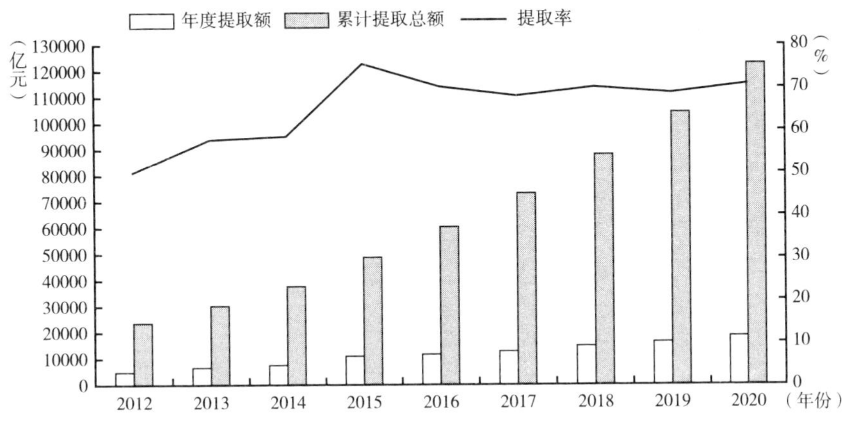

图 4-4 2012~2020 年全国住房公积金提取情况

资料来源：2012~2020 年全国住房公积金年度报告。

本息，租赁住房，进行老旧小区改造，其他住房消费等。2020 年，非住房消费类提取住房公积金 3420.66 亿元，占比为 18.43%（见图 4-5），与上一年基本持平；其中，离退休提取的占比最大，达到 12.78%，与上一年的占比相同。2020 年，住房消费类提取住房公积金 1.51 万亿元，占比为 81.57%。

在用于住房消费的提取额中，2020 年用于偿还购房贷款本息的提取额为 8684.93 亿元，占比最高，达到 46.82%。由于缴存住房公积金的大部分是城镇户籍人口，他们不能自行建造、翻建住宅，因此，他们选择购买、建造、翻建、大修自住住房这一用途，其中，大部分公积金被提取出来后用于购买住房，这部分公积金的提取额为 5118.26 亿元，占比为 27.59%。自 2014 年提出“租售并举”的概念、2015 年降低公积金支付房租门槛后，租赁住房这一用途的公积金的提取额占比逐年上升，2014 年仅为 1.07%，2020 年提高至 6.41%，这表明住房公积金支持职工租房消费的力度在加大。近年来，随着城市更新概念的提出，公积金在支持老旧小区改造方面发挥积极作用，2020 年，公积金用于老旧小区改造的提取额为 2.11 亿元，占比为 0.01%。其他住房消费包括支付装修费、物业费等，2020 年，这一用途的公积金提取额为 136.71 亿元，占比为 0.74%（见图 4-5）。

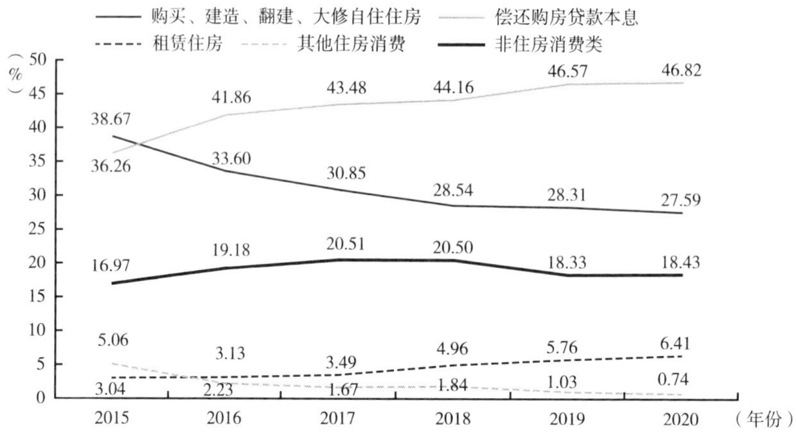

图 4-5　2015~2020 年全国住房公积金提取额（按提取用途分类）

注：在 2020 年“其他住房消费”的数据中包含了单列出来的老旧小区改造所占的比例。

资料来源：2015~2020 年全国住房公积金年度报告。

（三）贷款情况

住房公积金贷款是指以住房公积金管理中心归集的住房公积金为资金来源，向缴存住房公积金的职工发放，定向用于购买、建造、翻建、大修自住住房的专项住房消费贷款。缴存住房公积金的职工在向住房公积金管理中心申请住房公积金贷款经批准后，由受委托银行办理贷款手续。公积金贷款额度由地区住房公积金个人住房贷款最高限额、扣除首付款后金额（首付比例大于 20%）、基于职工还款能力计算的贷款额度①、职工住房公积金账户余额倍数（一般为 10~20 倍）四者中的最低值决定。

1. 住房公积金个人住房贷款总量情况

从住房公积金贷款情况来看，2020 年，发放住房公积金个人住房贷款 302.77 万笔，比上年增长 5.85%；发放金额为 1.34 万亿元，比上年

① 基于职工还款能力计算的贷款额度=［（借款人及配偶月工资总额+借款人及配偶所在单位住房公积金月应缴存额）×还贷能力系数（40%）-借款人及配偶现有贷款月应还款额］×借款期数（月），部分地区以借款人及配偶住房公积金缴存基数为月工资总额数据。

增长 10.06%。截至 2020 年末，已累计发放住房公积金个人住房贷款 3924.31 万笔，累计发放金额为 11.13 万亿元，分别比上年末增长 8.38%和 13.66%。2020 年末，个人住房贷款余额为 6.23 万亿元，比上年末增长 11.51%，约为同期金融机构个人住房贷款余额（约为 34.44 万亿元）的 18.09%，其在个人住房贷款市场的占有率（住房公积金个人住房贷款余额占同期全国商业性和住房公积金个人住房贷款余额总和的比例）为 15.32%，个人住房贷款率（年末住房公积金个人住房贷款余额占年末住房公积金缴存余额的比例）为 85.31%，比上年末减少 0.17 个百分点（见图 4-6）。

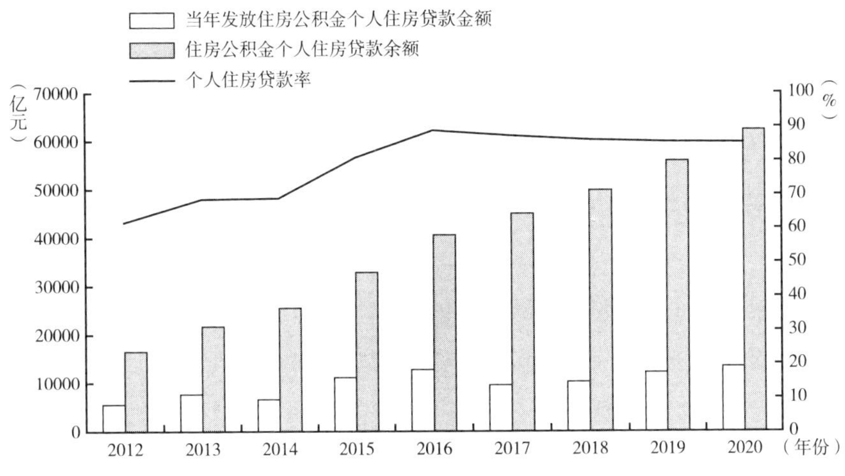

图 4-6　2012~2020 年全国住房公积金个人住房贷款情况

资料来源：2012~2020 年全国住房公积金年度报告。

总体来说，住房公积金运用得较为充分，为居民的住房消费提供了有力的支持。2017 年，住房公积金新增个人住房贷款发放额大幅下降，主要是受房地产市场形势变化和国家房地产调控、住房公积金政策和房贷政策同时收紧的影响。2018~2020 年，发放新增住房公积金个人住房贷款分别为 1.02 万亿元、1.21 万亿元、1.34 万亿元，同比增长 7.17%、18.79%、10.06%。住房公积金个人住房贷款发放额近三年有所提升，这与公积金贷款政策受调控影响较小、住房公积金贷款申请和审批服务进一步优化、持续整治开发商不配合办理公积金贷款行为有关。

2. 住房公积金个人住房贷款利率走势

从住房公积金贷款利率来看，2020 年，住房公积金个人住房贷款利率和前三年相同，5 年及 5 年以下贷款利率为 2.75%，5 年以上贷款利率为 3.25%。住房公积金贷款利率水平比同期相应期限的贷款市场报价利率（LPR）低 110~155 个基点，比商业银行首套住房贷款利率低 208~258 个基点，比商业银行二套住房贷款利率低 239~289 个基点（见图 4-7）。这充分体现了住房公积金低存低贷、普惠性的特点。2020 年发放的住房公积金个人住房贷款，预计较申请商业银行个人住房贷款，在合同约定的偿还期内可为贷款职工节约利息支出约 2953.40 亿元，平均每笔贷款可节约利息支出 9.75 万元。住房公积金个人住房贷款为住房刚需者提供了成本更低的贷款渠道，在一定程度上缓解了中低收入群体的购房支付压力。对于数量庞大的中低收入普通职工家庭来说，低利率的公积金贷款是其申请住房贷款时的首要选择。

3. 住房公积金个人住房贷款风险状况

从风险情况来看，截至 2020 年末，住房公积金个人住房贷款逾期额为 21.97 亿元，逾期率为 0.04%；2019 年，该数值为 0.03%，相比之下，逾期率有所上升，这和疫情之下延迟复工复产有一定关系。图 4-8 展示了住房公积金个人住房贷款逾期额和逾期率情况，随着住房公积金市场规模不断扩大，住房公积金个人住房贷款逾期额和逾期率有所增加、上升。整体而言，住房公积金贷款逾期率依然处于较低水平，远低于同期商业银行住房贷款和商业银行个人贷款的逾期率。这主要是由于住房公积金贷款的使用群体为政府机关、事业单位、国有企业及外资企业职工，他们属于高信用群体。

住房公积金个人住房贷款风险准备金余额为 2466.92 亿元，比上年增加了 265.3 亿元，且其是住房公积金个人住房贷款逾期额的 112.3 倍。这表明住房公积金贷款风险拨备充足，风险可控。

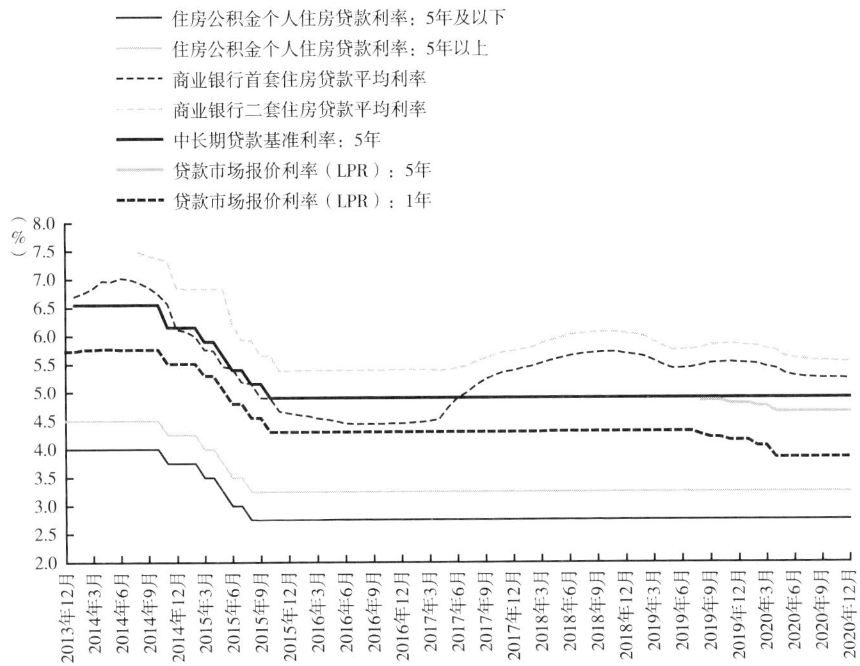

图 4-7　2013~2020 年住房公积金个人住房贷款利率、商业银行住房贷款利率、中长期贷款基准利率和 LPR 的走势（月度）

资料来源：Wind。

（四）增值收益情况

1. 住房公积金增值收益总体情况

从住房公积金收益情况看，2020 年，住房公积金增值收益为 1113.17 亿元，比上年增长 14.04%，增值收益率为 1.58%，与上一年持平（见表 4-1）。增值收益的主要来源为住房公积金委托贷款利息、余额存款利息和国债利息，支出主要包括支付缴存职工住房公积金利息、支付受托银行归集手续费、支付委托贷款手续费和转商贴息、融资成本等。

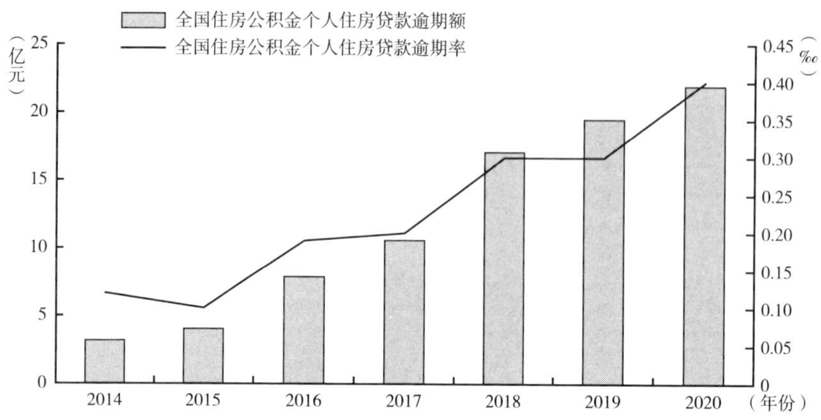

图 4-8　2014~2020 年全国住房公积金个人住房贷款逾期情况

资料来源：2014~2020 年全国住房公积金年度报告。

2. 住房公积金增值收益分配情况

从住房公积金增值收益分配情况看，2020 年提取管理费用 121.38 亿元，提取住房公积金贷款风险准备金 314.45 亿元，提取公租房（廉租房）建设补充资金 688.54 亿元（见表 4-1），三者分别占年度增值收益的 10.90%、28.25%、61.85%，它们与上一年基本保持一致。截至 2020 年末，累计提取住房公积金贷款风险准备金达到 2488.07 亿元，累计提取公租房（廉租房）建设补充资金达到 4692.16 亿元。关于住房公积金用于公租房（廉租房）建设的规定，最早出现于 2002 年修订的《住房公积金管理条例》中，第二十九条规定，“住房公积金的增值收益应当存入住房公积金管理中心在受委托银行开立的住房公积金增值收益专户，用于建立住房公积金贷款风险准备金、住房公积金管理中心的管理费用和建设城市廉租住房的补充资金”。然而，住房公积金属于个人财产，实质上是一种受托管理资产，增值收益在法理上也只能属于住房公积金全体储户共同所有，而公积金增值收益实际上却归属于财政以用于公租房、廉租房建设，这是值得商榷的，有违背《物权法》精神之嫌。

表 4-1　2014~2020 年住房公积金增值收益及收益分配情况

单位：亿元，%

年份	业务收入	业务支出	增值收益	增值收益率	提取贷款风险准备金	提取管理费用	提取公租房（廉租房）建设补充资金
2014	1496.73	819.71	677.02	—	154.7	87.21	432.15
2015	1598.36	523.34	1075.02	—	339.2	107.24	618.08
2016	1521.26	833.54	687.72	1.59	227.3	101.46	371.66
2017	1657.69	894.47	763.22	1.57	212.16	106.75	453.85
2018	1814.44	960.19	854.25	1.56	234.63	116.62	502.69
2019	2051.25	1075.1	976.15	1.58	273.63	115.78	588.70
2020	2316.85	1203.68	1113.17	1.58	314.45	121.38	688.54

资料来源：2014~2020 年全国住房公积金年度报告。

二　全国31个省区市住房公积金运行情况

（一）缴存情况

1. 全国31个省区市住房公积金实缴职工数量

从图 4-9 可以看出，全国 31 个省区市住房公积金缴存职工数量存在很大的差异，这和省区市发达程度有所关联。实缴职工数量排名前五的省区市为广东、江苏、山东、浙江、上海，它们的经济均较为发达。广东实缴职工数量遥遥领先，达到了 1976.6 万人。实缴职工数量较少的 3 个省区市为西藏、青海、宁夏。这在一定程度上提示我们要关注住房公积金区域非均衡发展的特点。各地实缴职工数量的增长率也不尽相同。增速较快的 5 个省区市分别是北京、西藏、江西、浙江、河北，都超过了 5%；增速较慢的 3 个省区市分别是广东、吉林、辽宁，它们甚至还出现了负增长。

2. 全国31个省区市住房公积金覆盖率

从全国 31 个省区市住房公积金覆盖率（住房公积金实缴职工数量占城镇就业人数的比例）来看，2020 年，北京、上海、天津 3 个省区市的住房公积

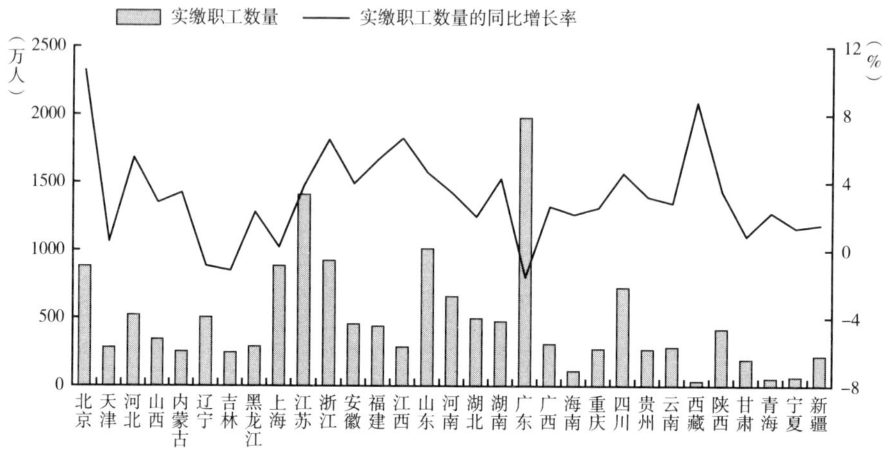

图 4-9　2020 年全国 31 个省区市住房公积金实缴职工数量情况

资料来源：2019~2020 年全国住房公积金年度报告。

金覆盖率遥遥领先，并且都超过 50%，其中，北京的覆盖率甚至达到 86.74%（见图 4-10）。值得注意的是，2020 年，西藏的住房公积金覆盖率有了较大幅度的提升，从 2019 年的 29.2%攀升至 49.21%，这说明西藏对解决职工住房问题越来越重视。但是，河北、安徽、福建、江西、河南、湖北、湖南、广西等 13 个省区市的覆盖率尚不足 30%，它们与领先地区的差距还很大。

3. 全国31个省区市住房公积金缴存额

从全国 31 个省区市 2020 年的住房公积金缴存额来看，各省区市之间的差异较大，广东、北京、江苏、浙江、上海、山东、四川 7 个省区市的住房公积金缴存额超过 1000 亿元，海南、青海、宁夏、西藏 4 个省区市的缴存额低于 200 亿元。从缴存额增长率看，大部分省份在 2020 年的增长率低于 2019 年，这主要是受经济环境影响，个人工资收入增长乏力；其中，增长率最高的是黑龙江，为 15.41%，增长率最低的是吉林，仅为 4.74%。从 2020 年末各省区市的住房公积金缴存余额来看，广东省的缴存余额最高，为 6740.04 亿元，海南、青海、宁夏、西藏 4 个省区市的缴存余额较低，均低于 500 亿元（见表 4-2）。

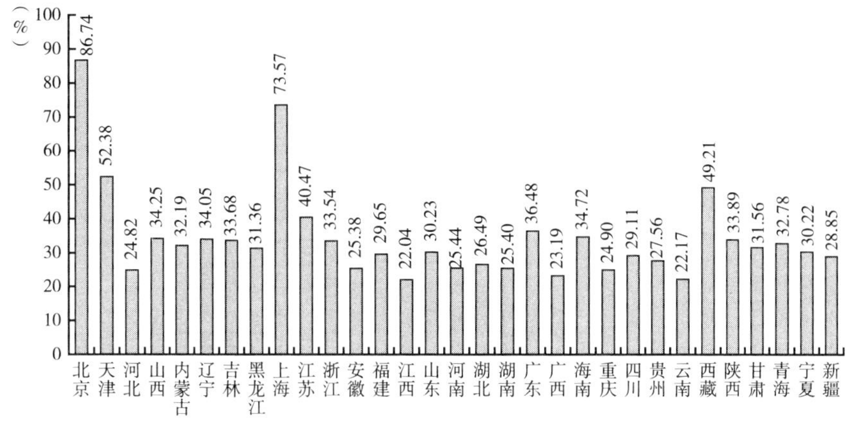

图 4-10　2020 年全国 31 个省区市住房公积金覆盖率

资料来源：《全国住房公积金 2020 年年度报告》、中华人民共和国国家统计局网站。

表 4-2　2020 年全国 31 个省区市住房公积金缴存额

单位：亿元，%

省区市	缴存额	2020 年缴存额同比增长率	2019 年缴存额同比增长率	累计缴存总额	缴存余额	缴存余额同比增长率
北　京	2471.47	11.65	11.79	17781.39	5491.08	13.34
天　津	569.45	8.10	9.75	5057.62	1628.55	10.49
河　北	706.07	7.77	10.44	5808.52	2490.44	12.00
山　西	445.78	8.14	7.61	3606.48	1462.66	15.29
内蒙古	442.75	12.62	9.93	3517.9	1544.53	9.84
辽　宁	845.34	8.21	9.16	8033.92	2806.71	7.34
吉　林	370.29	4.74	9.69	3225.3	1332.41	9.42
黑龙江	494.83	15.41	8.13	4155.38	1659.67	11.22
上　海	1687.39	10.03	17.50	12774.99	5361.77	13.57
江　苏	2280.95	11.82	14.61	16113.81	5478.98	11.81
浙　江	1814.86	13.48	15.15	12794.09	3927.69	9.90
安　徽	762.65	11.02	13.80	6240.53	1992.03	10.62
福　建	740.36	10.89	12.87	5530.36	1913.66	10.02
江　西	498.08	12.36	13.01	3305.91	1515.08	13.13
山　东	1436.94	9.86	9.25	10799.89	4250.65	10.50
河　南	881.41	10.30	13.93	6242.62	2842.37	12.38

续表

省区市	缴存额	2020 年缴存额同比增长率	2019 年缴存额同比增长率	累计缴存总额	缴存余额	缴存余额同比增长率
湖　北	927. 38	8. 68	11. 89	6577. 39	3022. 17	14. 17
湖　南	749. 09	9. 57	13. 33	5230. 53	2445. 74	13. 92
广　东	2904. 39	12. 13	13. 01	20757. 1	6740. 04	11. 89
广　西	528. 77	11. 26	11. 94	3931. 74	1357. 42	10. 45
海　南	142. 12	6. 70	9. 26	1102. 15	483. 82	11. 68
重　庆	475. 57	10. 73	13. 06	3388. 32	1211. 28	11. 95
四　川	1197. 79	8. 61	11. 64	8706. 21	3593. 96	13. 42
贵　州	455. 15	9. 88	15. 07	2924. 48	1284. 29	12. 50
云　南	591. 63	8. 31	9. 53	4583. 92	1657. 25	7. 66
西　藏	111. 29	12. 52	7. 72	709. 35	343. 18	14. 08
陕　西	592. 9	8. 24	18. 32	4380. 84	1828. 94	15. 00
甘　肃	324. 11	7. 73	12. 45	2576. 89	1145. 49	8. 96
青　海	127. 08	7. 91	10. 42	1007. 81	345. 39	4. 75
宁　夏	115. 79	8. 43	9. 90	1008. 72	353. 93	8. 41
新　疆	471. 14	11. 80	13. 51	3616. 21	1377. 96	11. 94

资料来源：2019~2020 年全国住房公积金年度报告。

从人均缴存额看，2020 年，全国 31 个省区市的住房公积金人均缴存额为 1. 71 万元，其中最高的是西藏，高达 30983 元；人均缴存额最低的是海南，仅为 12871 元（见图 4-11）。值得注意的是，西藏、青海、新疆、云南等省区市的年度缴存额和累计缴存总额都很低，但是人均缴存额名列前茅，江苏、广东等省区市的情况则正好相反。

（二）提取情况

1. 全国31个省区市住房公积金提取额

2020 年，住房公积金提取额超过 1000 亿元的省区市有 6 个，分别是广东、北京、江苏、浙江、上海、山东，其中，上海和山东是新晋突破千亿元的省区市。海南、宁夏、西藏的提取额还不到 100 亿元，与发达省区市的差

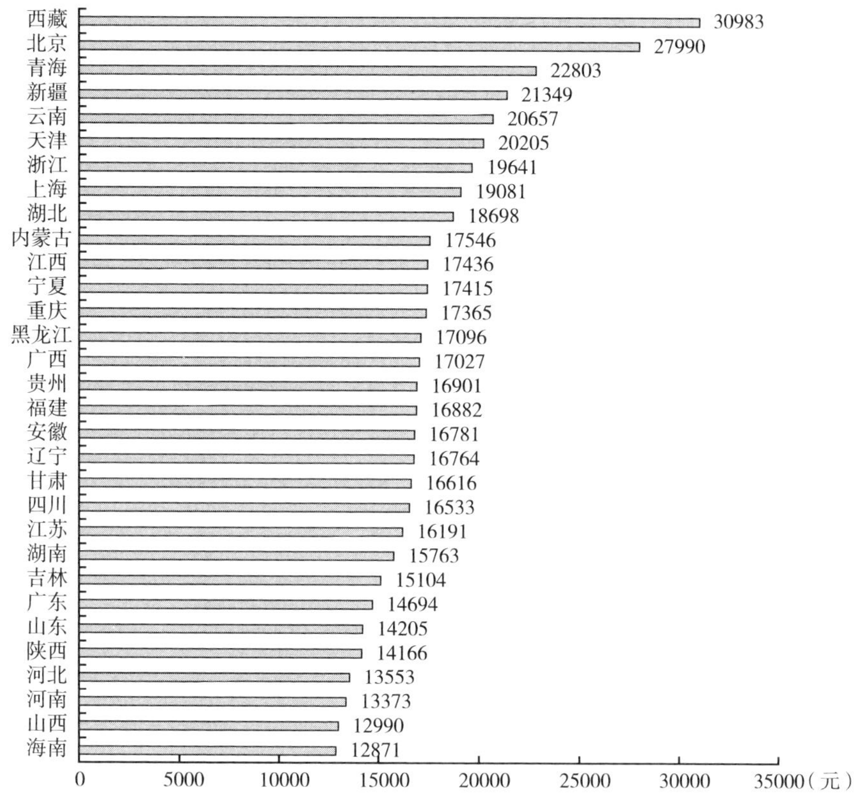

图 4-11　2020 年全国 31 个省区市住房公积金人均缴存额

资料来源：《全国住房公积金 2020 年年度报告》。

距较大。从图 4-12 还可以看出，2020 年，全国 31 个省区市的提取额增长率基本在 10%以上，其中黑龙江最低，仅为 1.71%，结合上文黑龙江缴存额增长率较快的事实可以看出，黑龙江对政策性住房金融的需求不足。从住房公积金累计提取额看，2020 年，广东、北京、江苏 3 个省区市的累计提取额超过 1 万亿元，其他省区市的累计提取额则大多为 2000 亿~3000 亿元；青海、宁夏、海南、西藏 4 个省区市的累计提取额不满 1000 亿元。受疫情影响，2020 年，全国 31 个省区市的提取率较上一年普遍有所上升，且大都超过 60%，提取率最高的青海甚至达到了 87.68%（见图 4-12）。

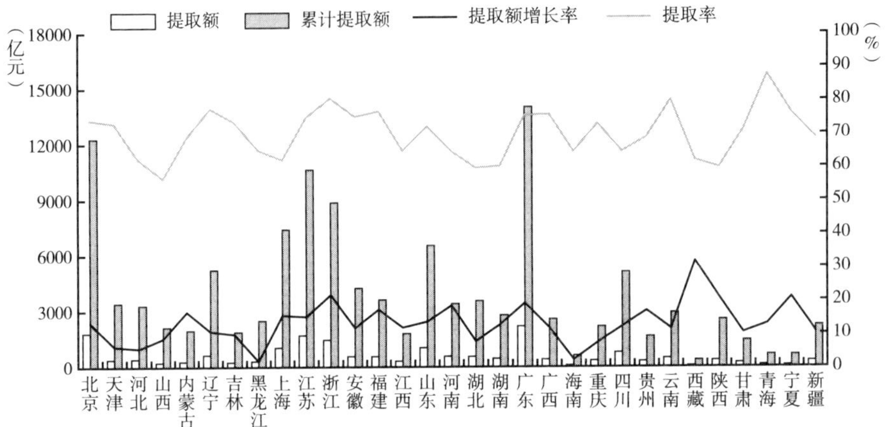

图 4-12　2020 年全国 31 个省区市住房公积金提取额

资料来源：2019~2020 年全国住房公积金年度报告。

2. 全国31个省区市住房公积金提取用途概况

从全国 31 个省区市住房公积金提取用途占比来看，2020 年，全国 31 个省区市提取的公积金主要是为了满足住房消费需求，大部分省区市用于住房消费的提取额的占比约为 80%，用于非住房消费的提取额的占比约为 20%（见图 4-13）。其中，北京、广东、浙江用于住房消费的提取额的占比较高，分别为 89%、88%、86%；吉林、黑龙江的这一占比较低，分别为 66%、67%。

（三）贷款情况

1. 全国31个省区市住房公积金个人住房贷款数额

从住房公积金个人住房贷款年度发放规模来看，2020 年，广东、江苏、上海贷款发放额超过 1000 亿元；山东、浙江、四川、北京、湖北、河南 6 个省区市贷款发放额超过 500 亿元；宁夏、西藏、青海则不足 100 亿元，规模较小。从 2020 年末全国 31 个省区市住房公积金个人住房贷款余额来看，江苏、广东、上海、北京四个经济较发达的省区市的贷款余额超过 4000 亿元，新疆、

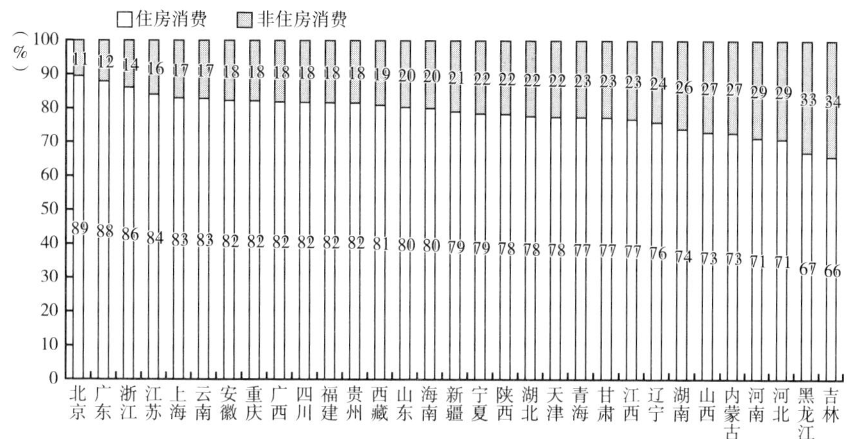

图 4-13　2020 年全国 31 个省区市住房公积金提取额按提取用途分类

资料来源：《全国住房公积金 2020 年年度报告》。

甘肃、海南、宁夏、青海、西藏 6 个省区市的贷款余额低于 1000 亿元（见图 4-14）。从图 4-14 中还可以发现，2020 年，大多数省区市的住房公积金贷款发放额同比增长率比 2019 年低，只有北京、内蒙古、吉林、河南、海南、云南、青海 7 个省区市在 2020 年的增长率高于 2019 年。

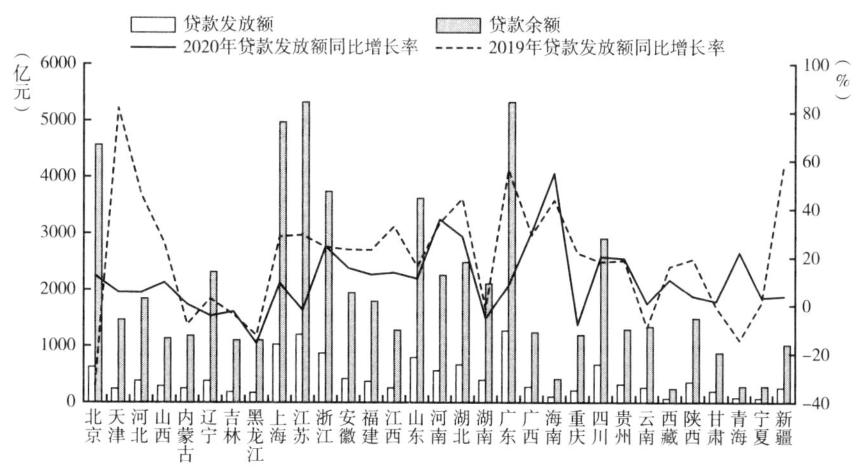

图 4-14　2020 年全国 31 个省区市住房公积金贷款情况

资料来源：2019~2020 年全国住房公积金年度报告。

2. 全国31个省区市住房公积金个人住房贷款率

从全国 31 个省区市住房公积金个人住房贷款率来看，贵州、重庆、安徽、江苏、浙江、福建、上海 7 个省区市的住房公积金个人住房贷款率超过 90%，特别是贵州的住房公积金个人住房贷款率超过 100%，这些省区市的住房公积金利用率较高，其可能会因住房公积金可贷资金额度不足而实施公积金贷款轮候、额度收紧或“公转商”贴息贷款等措施；新疆、河北、西藏、黑龙江 4 个省区市的住房公积金贷款率低于 75%（见图 4-15），这些地区可能会存在资金沉淀、增值收益较低等问题。总体来看，我国住房公积金在东部地区发挥了更大的作用，东部地区的住房公积金的利用率最高，中部地区次之，西部地区最低，部分中西部地区存在沉淀资金闲置的情况。

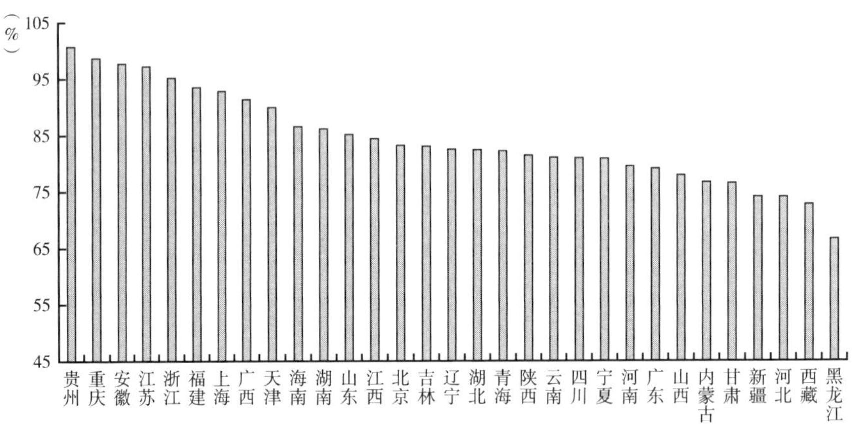

图 4-15　2020 年全国 31 个省区市住房公积金个人住房贷款率

资料来源：《全国住房公积金 2020 年年度报告》。

3. 全国31个省区市住房公积金个人住房贷款率

从全国 31 个省区市住房公积金贷款逾期的规模来看，山西、内蒙古、辽宁、上海、山东、湖北、广东、广西 8 个省区市的逾期规模相对较大，超过 1 亿元；天津、黑龙江、云南 3 个省区市的逾期规模较小，低于 1000 万元。从逾期率来看，全国 31 个省区市住房公积金个人住房贷款逾期率均较低，其中逾期率最高的是西藏自治区，达到了 0. 255%，逾期率最低的是天津市，仅为 0.0032‰（见图 4-16）。全国 31 个省区市均提取了充足的个人贷款风险准备金，住房公积金贷款的整体风险极小。

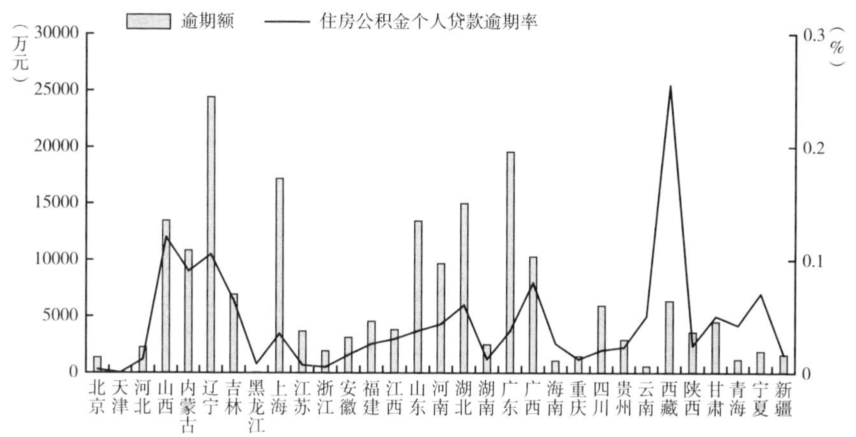

图 4-16　2020 年全国 31 个省区市住房公积金贷款逾期情况

资料来源：《全国住房公积金 2020 年年度报告》。

（四）增值收益情况

1. 全国31个省区市住房公积金增值收益总体情况

从住房公积金增值收益情况来看，2020 年，全国 31 个省区市的住房公积金增值收益差距较大，这与地区间住房公积金市场规模大小不一有很大的关系。其中，广东省一马当先，住房公积金增值收益突破 100 亿元；增值收益最少的西藏仅有 1.62 亿元。2020 年，全国 31 个省区市的增值收益同比增长率也存在差距，但是大部分省区市的同比增长率达到了 10%；其中，增值收益同比增长率最高的是青海，达 55.25%；贵州则出现负增长，增长率为-3.12%。从全国 31 个省区市住房公积金增值收益率来看，收益率均较低，其中，北京、河北、山西、内蒙古、辽宁、吉林、上海、安徽、江西、山东、湖北、湖南、广东、四川、青海、新疆 16 个省区市的住房公积金的增值收益率略高于 1.55% 的全国平均水平；住房公积金增值收益率最低的是西藏，仅有 0.51%（见表 4-3）。

表 4-3　2020 年全国 31 个省区市住房公积金增值收益情况

单位：亿元，%

省区市	业务收入	业务支出	增值收益	增值收益同比增长率	增值收益率	2019 年增值收益率
北　京	169. 57	82. 67	86. 9	13. 37	1. 67	1. 68
天　津	48. 92	27. 07	21. 85	6. 48	1. 39	1. 46
河　北	77. 75	38. 13	39. 63	20. 27	1. 67	1. 57
山　西	49. 02	23. 49	25. 53	13. 37	1. 87	1. 92
内蒙古	46. 04	22. 94	23. 1	8. 15	1. 56	1. 6
辽　宁	90. 05	46	44. 05	6. 48	1. 61	1. 64
吉　林	41. 33	20. 7	20. 64	9. 44	1. 61	1. 62
黑龙江	48. 52	25. 47	23. 05	26. 72	1. 46	1. 27
上　海	182. 74	84. 4	98. 34	15. 45	1. 94	1. 92
江　苏	177. 8	102. 21	75. 59	13. 75	1. 46	1. 43
浙　江	128. 31	70. 72	57. 59	14. 22	1. 53	1. 49
安　徽	64. 75	34. 58	30. 17	11. 21	1. 58	1. 58
福　建	61. 01	36. 1	24. 9	10. 77	1. 35	1. 37
江　西	48. 62	23. 09	25. 52	15. 16	1. 78	1. 78
山　东	135. 5	71. 67	63. 83	11. 92	1. 56	1. 56
河　南	85. 99	44. 33	41. 65	20. 52	1. 55	1. 46
湖　北	95. 25	49. 03	46. 22	9. 34	1. 62	1. 7
湖　南	77. 77	37. 89	39. 88	16. 30	1. 73	1. 71
广　东	218. 04	114. 28	103. 76	20. 86	1. 61	1. 51
广　西	42. 86	23. 1	19. 77	8. 33	1. 53	1. 56
海　南	14. 97	8. 11	6. 87	15. 27	1. 48	1. 44
重　庆	38. 17	21. 4	16. 76	15. 75	1. 45	1. 41
四　川	114. 5	56. 31	58. 2	17. 53	1. 72	1. 67
贵　州	39. 36	24. 77	14. 59	-3. 12	1. 19	1. 4
云　南	51. 29	26. 68	24. 61	6. 12	1. 53	1. 56
西　藏	6. 71	5. 09	1. 62	19. 12	0. 51	0. 49
陕　西	54. 88	29. 29	25. 59	7. 70	1. 49	1. 63
甘　肃	35. 13	18. 99	16. 14	14. 47	1. 46	1. 4
青　海	12. 45	5. 06	7. 39	55. 25	2. 17	1. 47
宁　夏	10. 53	5. 8	4. 73	14. 25	1. 38	1. 33
新　疆	44. 01	21. 94	22. 07	18. 08	1. 67	1. 59

资料来源：2019~2020 年全国住房公积金年度报告。

2. 全国31个省区市住房公积金增值收益分配情况

从住房公积金增值收益分配情况来看，大部分省区市主要将住房公积金增值收益用于提取公租房（廉租房）建设补充资金，用于提取贷款风险准备金的占比次之，用于提取管理费用的比重最低。提取公租房（廉租房）建设补充资金占比最高的是山东，为 91. 32%；提取贷款风险准备金占比最高的是上海，为 97. 09%；提取管理费用占比最高的则是甘肃，为 24. 54%（见图 4-17）。

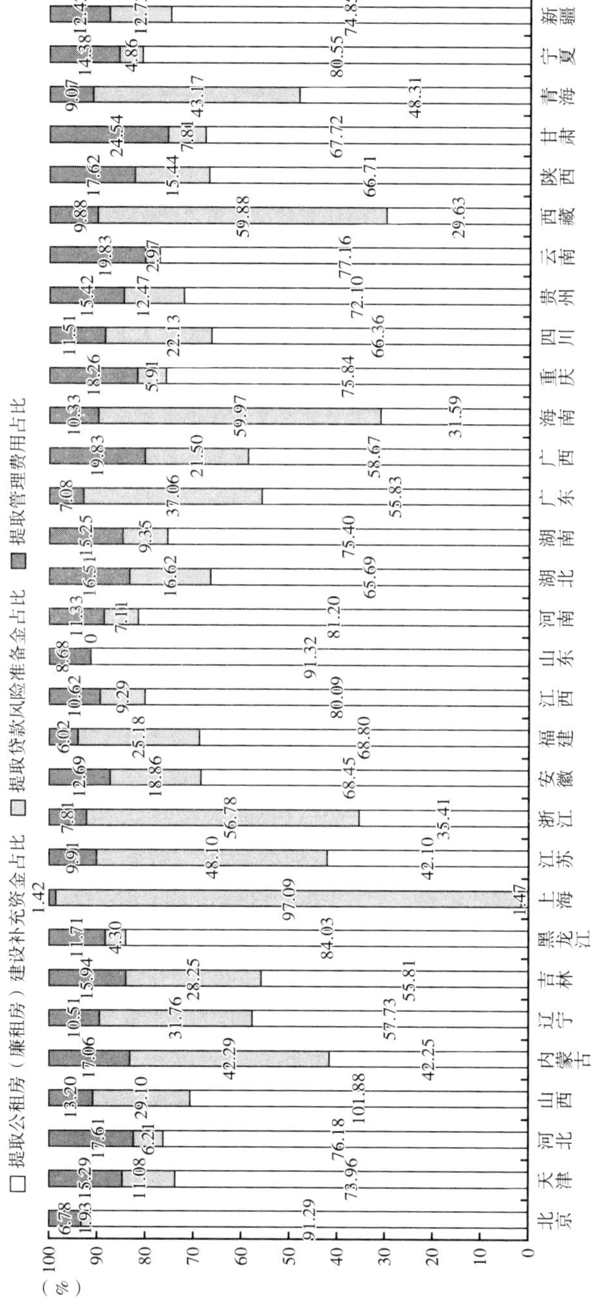

图 4-17 2020 年全国 31 个省区市住房公积金增值收益分配

资料来源：《全国住房公积金 2020 年年度报告》。

三　住房公积金改进措施

尽管住房公积金制度存在较多问题，包括覆盖率低、公平性缺失、投资渠道单一以及管理机制缺陷等，目前缺乏整体制度性改革的条件，但住房公积金制度一直处于增量改进过程中，2020~2021 年重要改进措施包括以下三个方面。

（一）应对新冠肺炎疫情的纾困政策

新冠肺炎疫情导致部分企业停工停产，企业职工面临离职或收入水平下降的风险，以工资作为缴存基础的住房公积金也面临困难。对此，住房和城乡建设部会同财政部、中国人民银行于 2020 年 2 月 21 日出台了《关于妥善应对新冠肺炎疫情实施住房公积金阶段性支持政策的通知》（建金〔2020〕23 号），该通知主要涉及三个方面的内容。第一，针对受疫情影响企业，可缓缴住房公积金。第二，针对受疫情影响职工，公积金贷款不能正常还款的，不做逾期处理；对租房压力较大的职工，可提高租房提取额度。第三，针对受疫情影响较重的地区，企业和职工可协商调整缴存比例；如果选择临时停缴，则停缴期间缴存时间连续计算。

上述政策的出台对企业和职工发挥了纾难解困的作用。政策实施至 2020 年 6 月底，全国共支持 13.22 万个受疫情影响的企业减少住房公积金缴存 274.29 亿元；对 77.54 万笔受疫情影响无法正常还款的住房公积金贷款未做逾期处理，涉及贷款余额 1879.42 亿元；为 56.62 万名受疫情影响的职工提高租房提取额度，增加租房提取公积金 10.16 亿元。

（二）进一步加强全国统筹工作

我国住房公积金制度一直进行属地化管理，各住房公积金管理中心相互独立，这种模式虽然在一定程度上有助于各地政府按照当地情况制定公积金政策，但这种模式难以形成规模效应，导致效率损失。同时，城市化导致大量人口流动，这种模式便于职工对住房公积金的使用。因此，加强住房公积金的全国统筹成为重要改进方向。

信息化平台是住房公积金全国统筹的基础设施。2020 年，住建部开发建设了全国住房公积金监管服务平台，在北京、山西、黑龙江等 10 个省区市先试先用，运用信息化手段进行线上动态监管，提高监管工作效能。同时，探索建立与公安、税务、市场监管等部门共享数据的机制，推动“让信息多跑路、群众少跑腿”。

为了进一步贯彻落实国务院关于加快推进政务服务“跨省通办”工作部署，实现个人缴存贷款等信息查询、出具贷款职工缴存使用证明、正常退休提取三个高频事项“跨省通办”。全部设区城市住房公积金管理中心实现了与全国异地转移接续平台直连。2020 年，通过转移接续平台共办结 64. 36 万笔转移接续业务，转移接续资金 205. 99 亿元。

（三）住房公积金制度向灵活就业人员覆盖

随着经济发展进入以服务化、网络化、信息化为代表的第四次工业革命时期，企业的组织形式发生较大变化，一批平台化企业逐渐成长起来。伴随着企业组织形式变化的是就业形态的改变，我国出现了一些并不确定但隶属某一具体企业的“打零工者”，而且规模急剧扩大。根据人力资源和社会保障部公布的数据，2020 年，我国灵活就业从业人员规模已经达到 2 亿人。住房公积金是劳动者的重要社会保障，但既有住房公积金制度与灵活就业者的就业形势并不匹配，主要包括两个方面的障碍。第一，住房公积金依托企业和职工两级账户体系运转。灵活就业者或经常更换工作单位，或作为自由职业者没有工作单位，既有的住房公积金体系难以为灵活就业者单独开立账户，这也是住房公积金覆盖率低的重要原因。第二，住房公积金要求长期缴存。住房公积金账户一经建立，职工在职期间必须不间断地按规定缴存，除职工离退休外不得中止和中断。然而，灵活就业者的就业状态和收入不稳定，难以保证住房公积金缴存的持续性。

2021 年，住房和城乡建设部在重庆、成都、广州、深圳、苏州、常州 6

个城市开展灵活就业人员参加住房公积金的试点。灵活就业人员在试点城市缴存住房公积金，只有个人缴存部分，缴存额上下限由各试点城市自行规定，下限一般以各城市最低工资标准为基数乘以缴存比例。灵活就业人员的住房公积金缴存充分考虑了其就业特点，如成都试点明确了缴存方式无缴存时间、金额、笔数限制，同时缴存便捷，可通过线上渠道 7×24 小时缴存。灵活就业人员对住房公积金的使用与在职职工完全等同：各试点城市的人均缴存部分可按规定享受个人所得税税前扣除，可申请的公积金贷款最低利率与在职职工相同；在广州可享受保障性住房、积分落户等公共服务政策；在苏州参加流动人口积分入户、入学、入医时可按规定计算得分，若长期未使用可与在职职工一样在销户时领取补贴。

第五章
个人住房抵押贷款资产支持证券（RMBS）市场

中债资信 RMBS 团队*

- 2021 年，RMBS 产品全年共发行 62 单，价值为 4993.00 元，占信贷 ABS 发行金额的 56.64%，仍为信贷 ABS 主流产品，发起主体进一步扩围，RMBS 发行利率趋于平稳，与同期国开债到期收益率利差收窄；二级市场回暖，活跃度较上年明显提高；存续 RMBS 项目表现出较强的抗风险能力，优先档证券继续保持零违约，逾期率、违约率持续维持低位水平，信用质量分化特征明显；提前还款率呈现倒 V 字形走势，回收率与 2020 年同期相比略有提升。
- 从产品特征来看，2021 年，RMBS 产品的表现主要有以下三个方面的特征：一是，RMBS 基础资产特征分化加大，入池资产利率上升，剩余期限缩短，一、二线城市的占比有所下降；二是境外机构持有规模持续扩大，产品的国际化程度提升；三是次级销售规模逐年上升，产品市场化程度不断提高。
- 此外，早偿率和回收率是 RMBS 的重要参数。分析认为，早偿率影

* 中债资信 RMBS 团队全面参与 RMBS 双评级业务，深度研究资产证券化市场，在助力证券化市场信用风险防范与规范可持续发展方面发挥了积极作用。截至目前，团队累计完成 RMBS、个贷抵押类 NPAS 项目发行评级超 300 单，形成了覆盖 RMBS、个人住房抵押 NPAS 等主流产品的评级技术方法体系；累计发布 30 余篇研究报告，内容涵盖市场分析、政策研究、案例特评等方面；累计参与 3 部专著发表，包括连续 3 年参与国家金融与发展实验室房地产金融研究中心编写的《中国住房金融发展报告》，联合中国建设银行股份有限公司编著《个人住房抵押贷款证券化的中国实践》。

响投资人的收益率和久期管理，其表现受宏观环境、贷款特征、机构特征等的影响较大。回收率影响 RMBS 证券违约风险和违约后损失，抵押物特征、区域经济环境、法律瑕疵等因素影响回收金额和回收时间。

- 我们认为，未来，RMBS 基础资产信用风险整体可控，产品将不断朝着高质量发展方向迈进。首先，中央坚持“房住不炒”的总基调不变，在稳地价、稳房价、稳预期，促进房地产业健康发展和良性循环等要求下，预期房价大幅波动的可能性较低，房贷资产信用风险整体可控。其次，受地区经济发展差异和发起机构进一步多元化的影响，区域及机构分化特征将持续明显，需关注分化特征对入池资产信用风险表现的影响。此外，需关注 LPR 变动对 RMBS 产品超额利差变化及证券本息兑付可能产生的影响，在灵活精准、合理适度的货币政策下，预计 RMBS 利率风险整体可控。

个人住房抵押贷款资产支持证券（以下简称“RMBS”）指金融机构作为发起机构，将个人住房抵押贷款信托给受托机构，由受托机构以资产支持证券的形式发行证券，以基础资产所产生的现金支付资产支持证券本息的结构性融资活动。RMBS 以资产信用为本、以住房抵押债权资产为依托，基础资产质量与主体信用分离是其区别于传统利率债的重要优势，同时，基础资产标准化、分散化与同质化的本质特征，使优先档证券具有分散和弱化信用风险的功能，在债券市场打破刚兑的背景下，产品投资避险价值日益明显。

2021 年，RMBS 继续保持信贷 ABS 发行的主流地位，产品成熟度和市场认可程度均得到进一步提升，RMBS 产品在盘活存量、助推利率市场化、支持信贷额度管理、拓宽直接融资渠道、节约风险资本占用、分散系统性风险以及助力住房金融宏观审慎管理等方面发挥着越发重要的作用。本章对 2021 年银行间 RMBS 发行与交易情况、存续产品表现以及产品特征进行回顾与总结，重点分析 RMBS 的重要参数——早偿率和回收率，并对未来产品的发展情况进行了展望，以期 RMBS 产品能够在推动我国房地产市场健康发展和促进民生等方面发挥更大的作用，实现高质量发展。

一　市场情况分析

（一）发行与交易情况

1. 发行情况

（1）RMBS 仍为信贷 ABS 主流产品，市场认可度持续提升

2021 年，RMBS 共发行 62 单，价值为 4993.00 亿元，发行单数及金额均较上年小幅提升（见图 5-1）。从各月的发行表现来看，发行量的波动幅度较大，其中，第一季度、第四季度的发行量较多。整体来看，RMBS 仍居各品种信贷 ABS 发行量首位，发行单数和金额占零售类正常 ABS 单数的 47.69%和金额的 61.64%，占信贷 ABS 单数的 30.39%和金额的 56.64%，市场认可度持续提升。

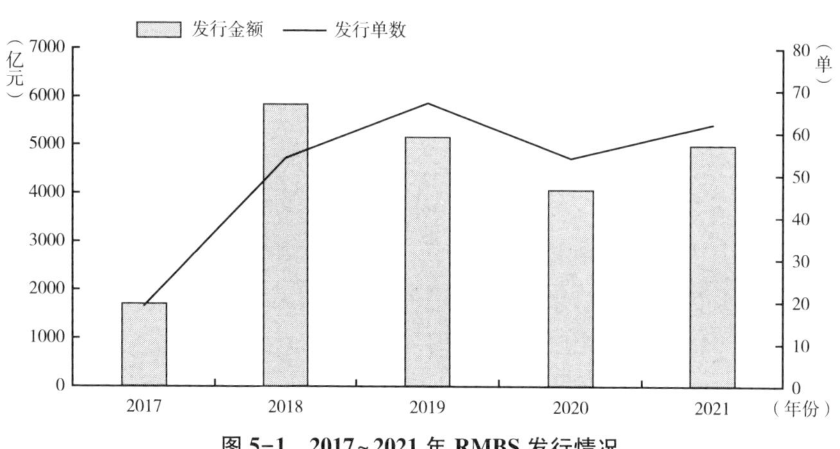

图 5-1　2017~2021 年 RMBS 发行情况

资料来源：Wind，中债资信整理。

（2）RMBS 发行主体进一步扩围，股份制银行的发行动力明显增强

2021 年，国有商业银行依然是 RMBS 发行主力，发行规模占各类机构发

行总量的比例在70%以上，股份制银行的发行热度不减，较2020年发行规模上升38.70%，城商行的发行规模小幅收缩，下降约4%（见图5-2）。作为区域性城市商业银行，重庆三峡银行在2021年成功发行首单RMBS产品，RMBS参与机构更加多元化。

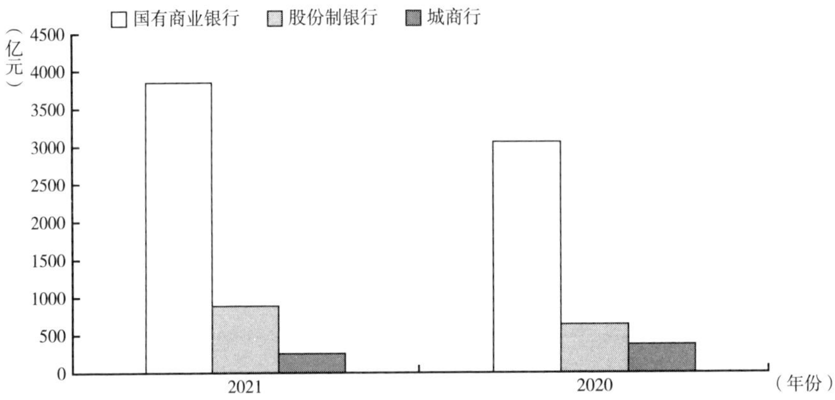

图5-2　2020~2021年RMBS各类发起机构的发行情况

资料来源：Wind，中债资信整理。

（3）发行利率继续下降，AAA级别证券与同期国开债到期收益率的利差进一步收窄

从全年发行情况来看，RMBS发行利率走势较为平稳，与零售类正常ABS的整体走势一致。受央行降准影响，AAA级别①证券平均发行利率为3.44%，较上年整体下降17BP，其中1年以内、1~2年和2年以上AAA级别证券的平均发行利率分别为3.05%、3.33%和3.72%，均较上年小幅下降（见图5-3）。

在AAA级别证券中，RMBS发行利率平均高于同期限、同级别、同时间的国开债到期收益率约60BP，相较而言，同期Auto Loan ABS发行利差约为55BP，消费贷ABS平均利差约为100BP。整体来看，相较于其他零售类正常ABS产品，RMBS与同期限国开债收益率的利差较小，且RMBS发行利

① 此处使用的级别为中债级别，下文同。

差的波幅较小，这主要受益于发起机构风控能力较强、基础资产质量较好、标准化程度较高等原因。

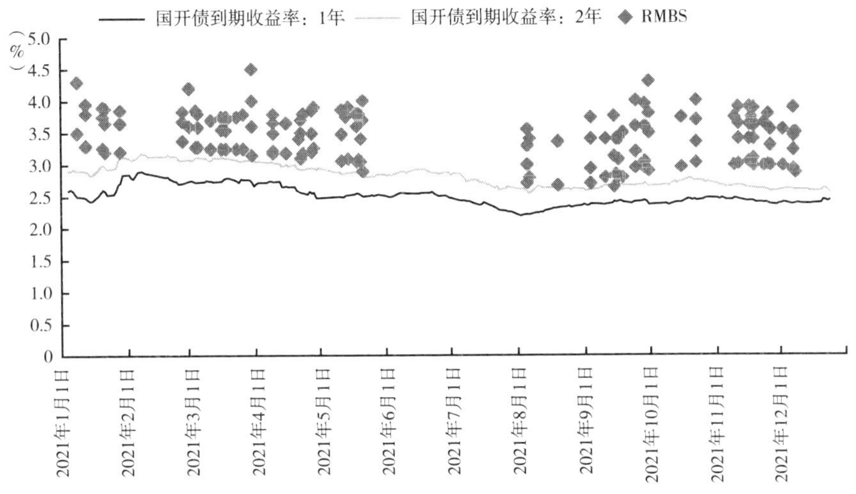

图 5-3　2021 年 RMBS 产品 AAA 级别证券发行利率情况

资料来源：Wind，中债资信整理。

2. 交易情况

2021 年，RMBS 二级市场交易量为 5970.96 亿元，同比增长近 1 倍，占零售类正常 ABS 交易量（6829.06 亿元）的 87.43%，继续保持零售类正常 ABS 的最高水平。2021 年，RMBS 换手率达 47.07%，同比增加了 20.12 个百分点（26.95%），略高于零售类正常 ABS 整体换手率（41.73%）（见图 5-4），二级市场回暖，投资者认可度有所提升。

（二）存续产品表现

1. 2021年，RMBS 优先档证券继续保持零违约，无信用风险事件发生

受益于 RMBS 基础资产分散度高、信用质量好，叠加产品交易结构设置合理、增信措施有效、首次评级压力测试充分、次级证券能够为优先级证券提供足够的信用支持，存续的 600 余只 RMBS 优先档证券继续保持零违约，均能够正常兑付，未触发风险事件，未发生级别调降情况，信用风险整体可控。

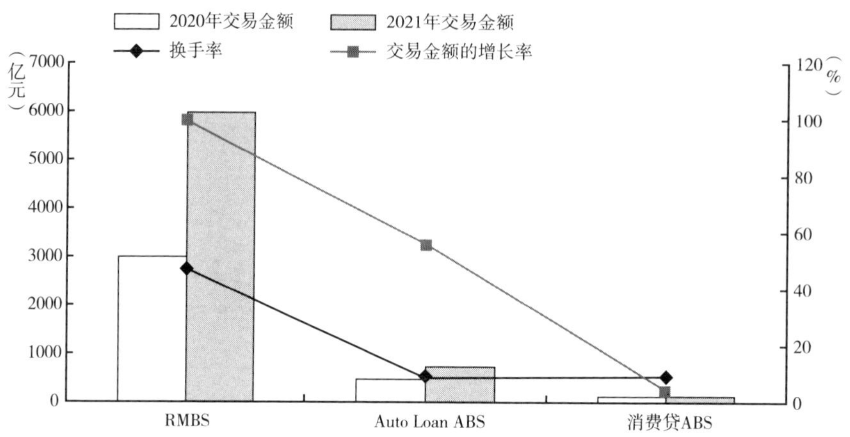

图 5-4　各产品在二级市场的交易情况

资料来源：Wind，中债资信整理。

2. RMBS 基础资产信用质量整体保持稳定，机构分化更加明显

伴随疫情防控常态化、借款人还款能力逐步恢复，2021 年 3 月 RMBS 产品 1~30 天新增逾期率水平显著降低（见图 5-5），和 2020 年 2 月疫情发生初期相比，逾期率下降 0.26 个百分点，整体来看，逾期率已恢复至疫情前的正常水平。截至 2021 年底，RMBS 存续产品累计违约率同比增长 0.05 个百分点，违约率均值为 0.39%，增速平缓且继续保持零售类正常 ABS 的低位水平（2021 年，Auto Loan ABS 的累计违约率均值为 0.12%，消费贷 ABS 的累计违约率均值为 1.02%）。由于 RMBS 产品的存续期较长，伴随表现期增加、风险逐步暴露，仍需关注累计违约率高企且增速较快的项目。

从机构表现来看，随着证券表现期延长，RMBS 违约率的机构分化特征进一步加强。2020 年和 2021 年存续 RMBS 项目累计违约率见图 5-6。在发起机构中，以存续表现 72 期来看，公积金中心平均累计违约率最低（0.17%）（见图 5-7），基础资产加权平均利率较低，借款人违约意愿较低，资产的信用表现越好；相较而言，区域性银行（非发达地区）的平均累计违约率较高（1.51%），这可能因为贷款资产较为集中且受区域经济环

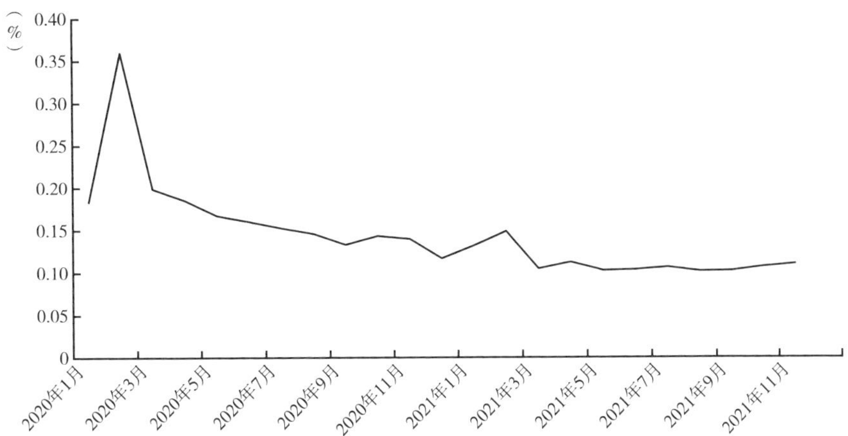

图 5-5　2020 年 1 月至 2021 年 11 月 RMBS 产品 1~30 天新增逾期率表现

资料来源：受托报告数据，中债资信整理。

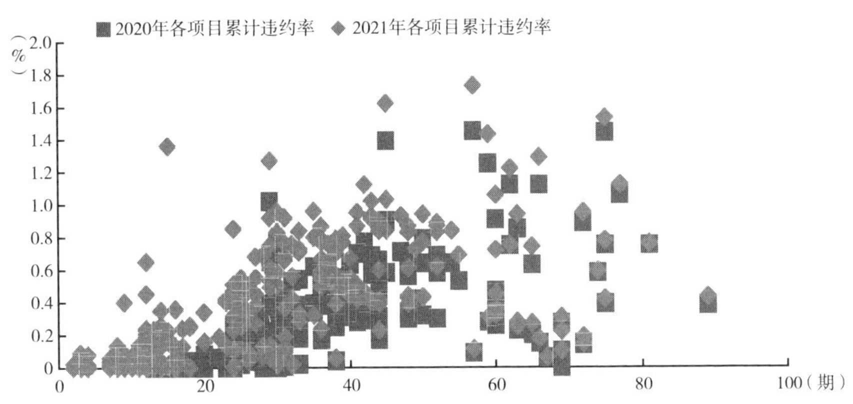

图 5-6　2020 年和 2021 年存续 RMBS 项目累计违约率

资料来源：受托报告数据，中债资信整理。

境影响较大。此外，发起机构的贷后管理能力等也会影响底层资产的表现。综合来看，机构表现进一步分化。

3. 早偿率在2021年上半年维持较高水平，在下半年大幅下降，呈现倒 V 字形走势

截至 2021 年底，RMBS 存续产品的平均年化提前还款率为 8.45%，同

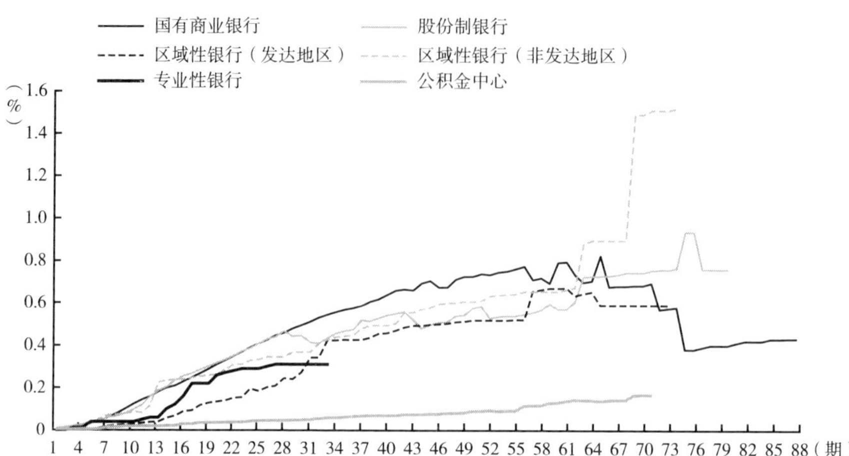

图 5-7　2021 年底存续 RMBS 项目累计违约率

资料来源：受托报告数据，中债资信整理。

比下降 28.03%。从 2021 年各月年化提前还款率趋势来看，早偿率走势呈现倒 V 字形走势，上半年，早偿率持续上升，并于 4 月达到峰值 14.22%，下半年下行趋势明显，于 10 月降至谷底，为 7.42%（见图 5-8）。从全年来看，各月提前还款率的波动幅度较大，但基本维持在 8%~12%的历史运行区间。

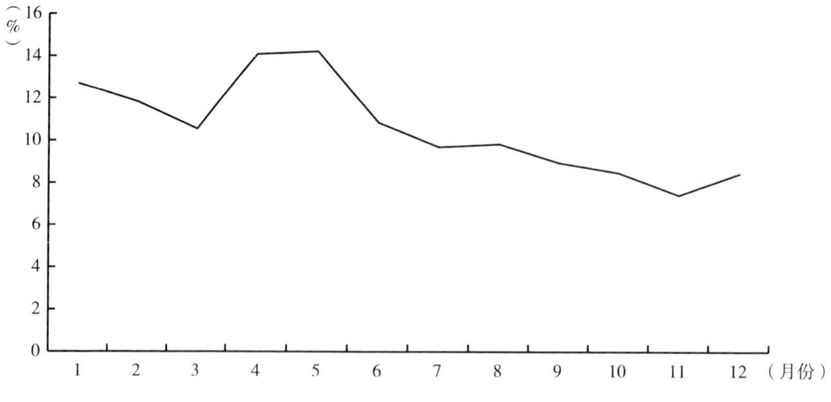

图 5-8　2021 年 RMBS 产品逐月年化提前还款率情况

资料来源：受托报告数据，中债资信整理。

4. 回收率较2020年同期略有提升，继续保持零售类正常 ABS 最高水平

截至 2021 年底，RMBS 平均回收率为 34.93%（Auto Loan ABS 和消费贷 ABS 产品的平均回收率分别为 19.06%、8.43%）（见图 5-9），处于零售类正常 ABS 中的最高水平；较 2020 年上涨约 10 个百分点，增幅是零售类正常 ABS 中最高的。一方面，在疫情防控常态化背景下，违约贷款催收逐步恢复正常，房产保值增值能力较强，未来，伴随存续期增加，回收率或有所提高；另一方面，RMBS 违约贷款主要通过非诉催收转为正常贷款逐月回收，伴随产品存续期增加，回收率将逐年增加。

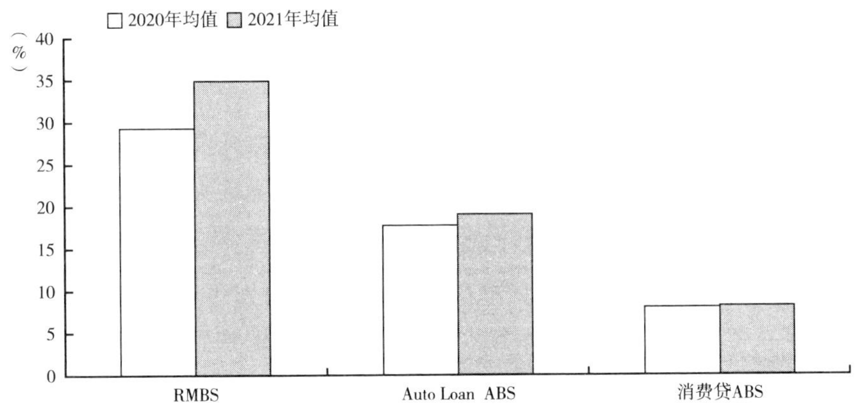

图 5-9　2020 年、2021 年零售类正常 ABS 产品回收率对比

资料来源：受托报告数据，中债资信整理。

二　产品特征盘点

（一）基础资产分化特征明显，高利率、短期限资产更受市场青睐

2021 年，RMBS 产品基础资产特征突出表现为：一是超额利差增加，2021 年，新发行 RMBS 产品资产端加权平均贷款利率为 4.91%，同比增长 0.17 个百分点，叠加证券端发行利率下行，资产端与证券端利差扩大，有利于证券本息的偿付；二是入池资产加权平均剩余期限较上年整

体少 1.51 年，剩余期限缩短，受经济形势的影响，基础资产的不确定性下降，有利于基础资产质量提升；三是一、二线城市的占比下降，考虑区域经济环境对房贷资产质量的影响较大，需持续关注一、二线城市占比低的项目的表现。

（二）境外机构持有规模持续增加，产品国际化程度不断提升

据中债信息网披露，截至 2021 年 11 月，境外机构持有信贷 ABS 的规模为 378.76 亿元，持有规模同比增长 30%以上，占存量信贷 ABS 的持仓比例为 1.51%。其中，RMBS 有境外投资人参与的单数占当年发行的零售类正常 ABS 的比例约为 10%，对境外投资人的吸引力持续提升。未来，伴随 RMBS 产品日趋成熟，境外机构参与程度不断提升，RMBS 的市场化、国际化程度将持续提升。

（三）次级销售规模逐年上升，产品的市场化程度不断提高

伴随 RMBS 产品的成熟和标准化，次级销售规模逐年上涨。2021 年实现次级销售的产品共 8 单，相比上年增加 3 单，销售金额为 61.70 亿元，同比增长 214.72%，产品主要集中在“招银和家”和“建元”系列，其中，“建元”系列首次进行次级销售。次级证券逐渐市场化的原因在于：从投资者的角度来看，RMBS 产品具有较好的信用质量，次级证券能够为投资者带来更大的收益，且次级证券期限较长，适合长期资金持有，以匹配长久期管理需求；从发起机构角度来看，次级证券的出售有利于风险资本的释放和出表。

三　RMBS 重点参数解析

（一）早偿率

RMBS 证券存续期限较长，提前还款影响投资收益率和久期管理等。借款人提前还款有利于减少入池房贷的风险暴露，但会加剧证券剩余期限的不确定性风险。下文根据 20 余家发起机构静态池的历史数据、8000 余万笔存

量贷款、250 余单存续期项目的表现，简要探讨影响我国房贷早偿率的因素。分析认为，国内房贷早偿率的表现受宏观环境、贷款特征、机构特征等影响较大，具体如下。

1. 宏观环境

从静态池的表现来看，宏观环境影响居民收入，从而引起早偿率的同向波动（见图 5-10）。当宏观经济保持高速增长时，早偿率较高，反之，早偿率下降。从图 5-11 可以看出，2010 年之前，国内经济始终保持高速增长，之后，增速下行承压增加，居民收入增速下降、市场悲观情绪升高，房贷借款人的早偿意愿及能力不足，房贷早偿率有所下降。

图 5-10　房贷季度早偿率与城镇居民人均可支配收入增速

资料来源：Wind、中债资信数据库，中债资信整理。

此外，房地产市场对宏观政策的调整较为敏感，政策变化从供需两端影响市场活跃度，进而影响早偿率。一般而言，当政策趋紧时，市场活跃度下降，反之，市场活跃度上升，市场活跃度能够进一步影响房价，而借款人的早偿行为往往随房价同向变化（见图 5-12）。以图 5-12 至图 5-15 为例，2010~2011 年，受国家出台“国十条”“国八条”等系列紧缩政策影响，房价短期上涨得到有效遏制，100 个大中城市的住宅价格指数的环比最大降幅达 0.92%，住宅开发投资完成额、商品住宅销售面积明显下滑：短期内，新增住房供给增加，借款

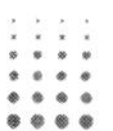

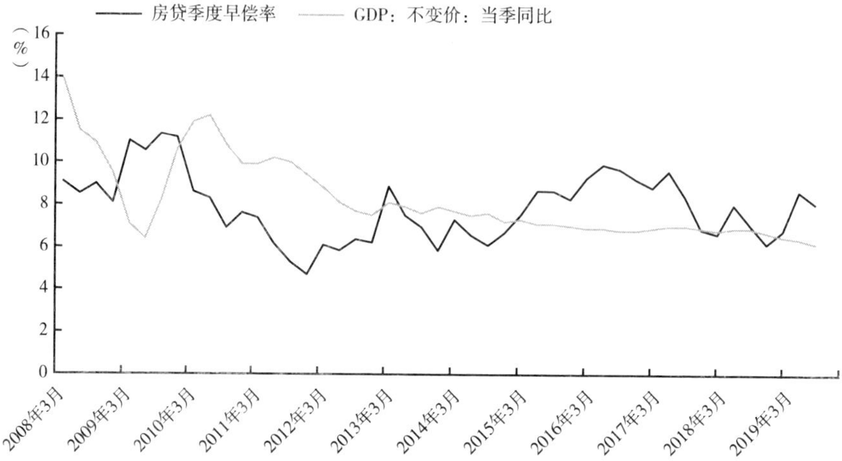

图 5-11　房贷季度早偿率与 GDP 增速对比

注：为便于进行数据分析，本图采用季度早偿数据，季度早偿率计算方法为对该季度各期的早偿率数据取均值，受取均值影响，年度数据表现与季度数据存在一定的差异。

资料来源：中债资信数据库，中债资信整理。

人贷款成本增加，投资和改善性需求减弱；在供过于求的背景下，房价涨幅回落，市场交易活跃度下降，房价的早偿率整体下降。

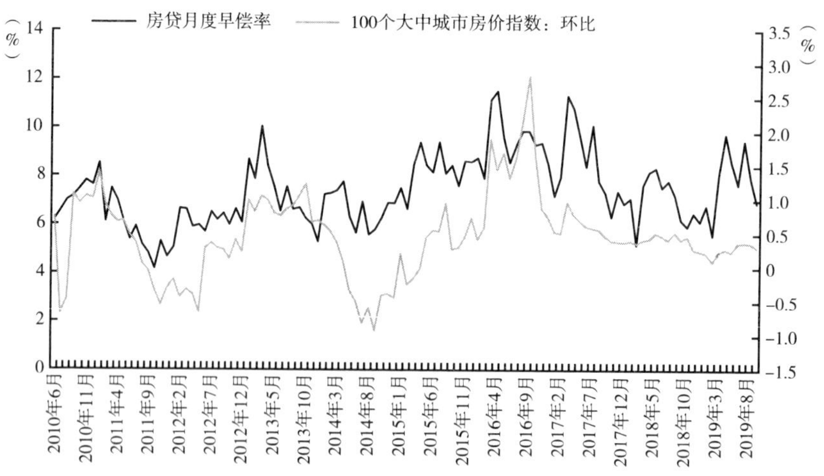

图 5-12　房贷月度早偿率与 100 个大中城市房价指数对比

资料来源：中债资信数据库，中债资信整理。

图 5-13　房贷年化早偿率与个人住房贷款余额同比增速

资料来源：中债资信数据库，中债资信整理。

图 5-14　房贷月度早偿率与商品住宅销售面积增速

资料来源：中债资信数据库，中债资信整理。

2. 贷款特征

从微观层面看，房贷早偿率与借款人所在地、利率等贷款特征密切相关。举例来看，由于房地产市场活跃度较高，东南沿海等经济繁荣地区的房贷早偿率普遍高于西北地区（见图 5-16）；房贷利率提高时，浮动利息借款人预期未来还贷成本增加，倾向于提前还款以减少付息，因而早偿率较高，

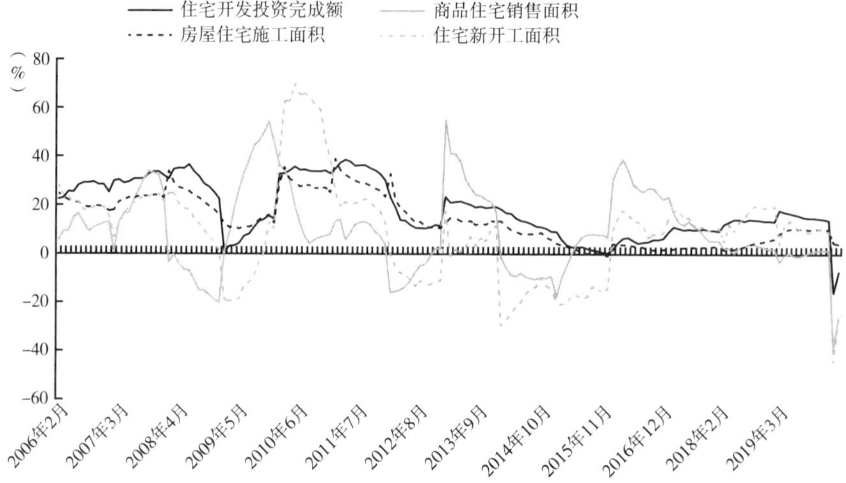

图 5-15 房地产市场主要指标累计同比情况

资料来源：中债资信数据库，中债资信整理。

而固定利率借款人的早偿行为的相对黏性较高，对利率变动的敏感性较低，早偿率相对较低（见图 5-17）。此外，早偿率变动还受到账龄（见图 5-18）、性别（见图 5-19）、业务品类（见图 5-20）等的影响。

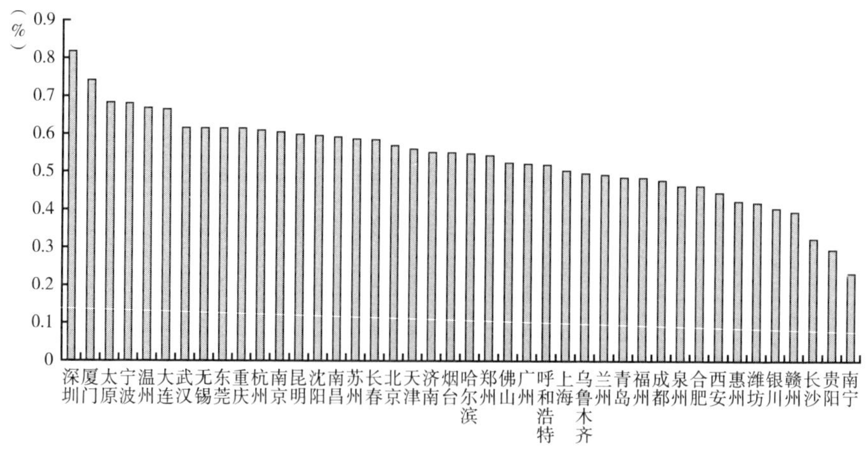

图 5-16 部分城市房贷资产全部提前结清概率分布

资料来源：中债资信数据库，中债资信整理。

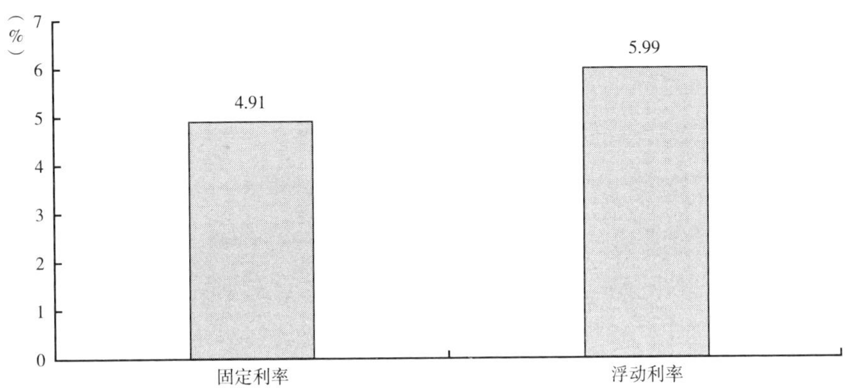

图 5-17　固定利率与浮动利率房贷的早偿率表现情况

资料来源：中债资信数据库，中债资信整理。

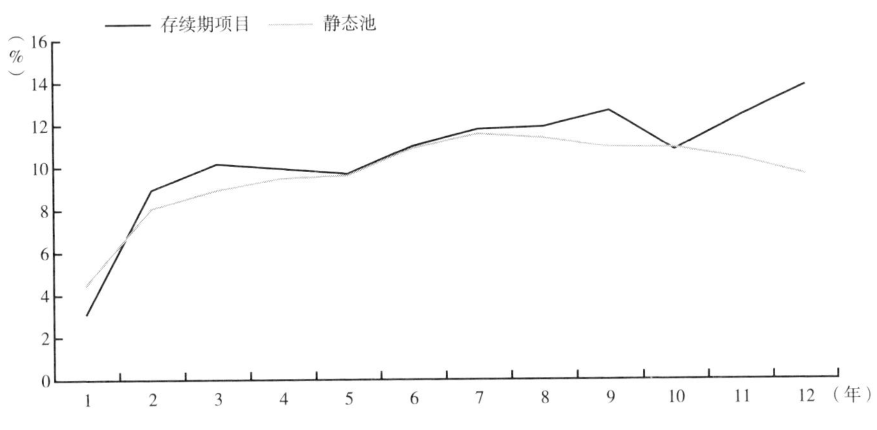

图 5-18　考虑账龄情况下存续期项目及静态池的早偿率

资料来源：中债资信数据库，中债资信整理。

3. 机构特征

现阶段，不同发起机构的房贷早偿率的波动趋势整体保持一致，呈现先增后减的态势，暂未出现明显的分化。发达地区城农商行的早偿率整体略高于全国性商业银行，但考虑区域性城商行数据较少，中债资信将继续关注机构特征对早偿率的影响。考虑账龄时分机构静态池年度早偿率变动趋势见图 5-21。

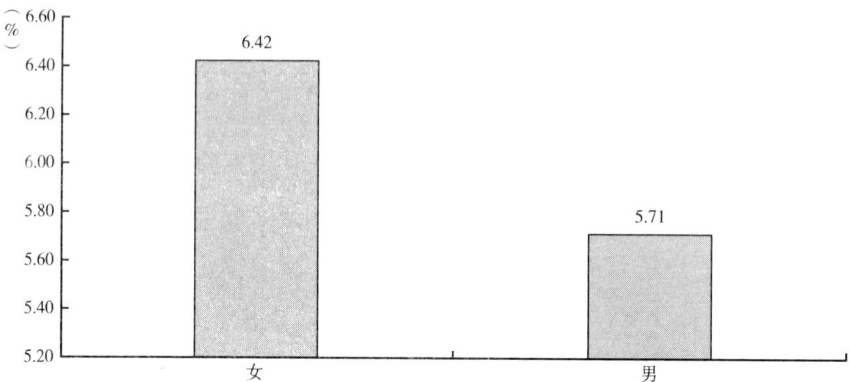

图 5-19 不同性别的平均提前还款率

资料来源：中债资信数据库，中债资信整理。

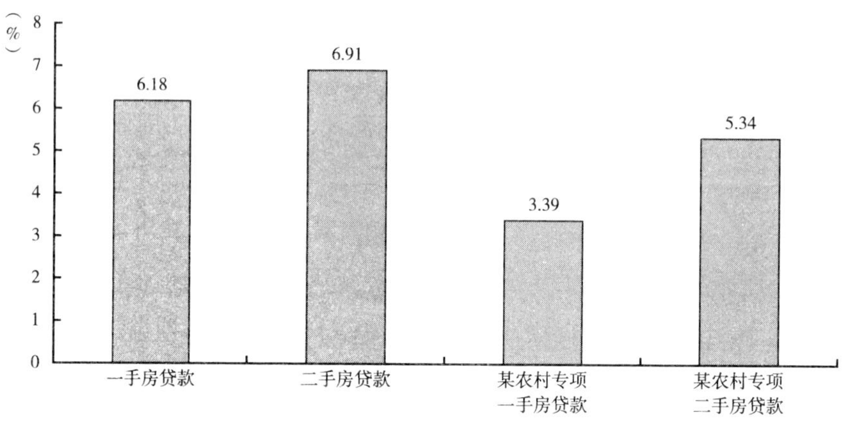

图 5-20 不同业务种类的平均提前还款率

资料来源：中债资信数据库，中债资信整理。

（二）回收率

违约回收率是影响 RMBS 证券违约后损失的关键参数，考虑个人住房抵押贷款均有房产作为抵押，且房产一般具有较好的保值增值能力，在极端情况下，我们假设个人住房抵押贷款违约，将主要通过抵押物司法拍卖处置来

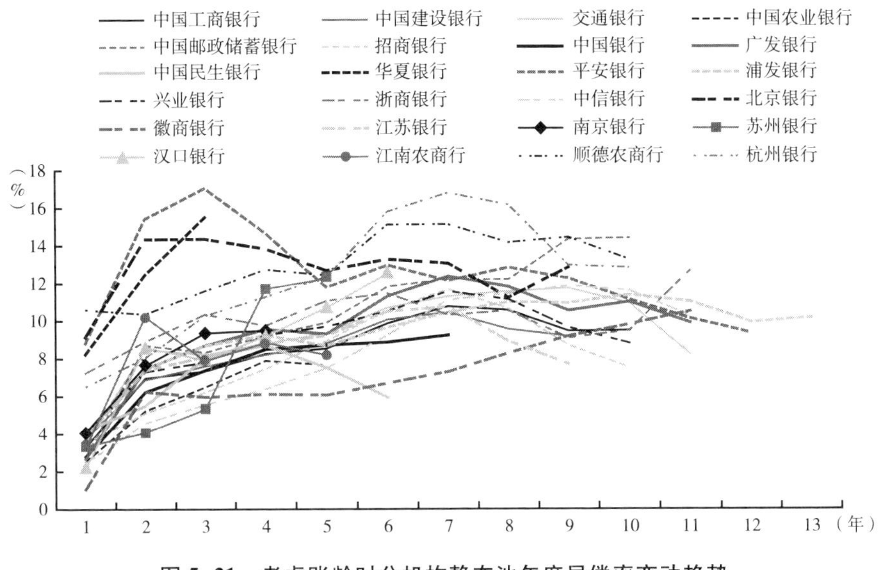

图 5-21　考虑账龄时分机构静态池年度早偿率变动趋势

资料来源：中债资信数据库，中债资信整理。

实现回收。考虑房贷违约回收处置相关数据的连续性和可得性，下文对已发行的近 40 单个贷抵押类 NPAS 项目、超 20 万笔入池资产进行逐笔分析，并结合 250 余单存续 RMBS 项目的真实违约回收表现，简要分析抵押物处置清收的回收金额和影响回收时间的可能因素。

1. 回收金额

分析认为，抵押物类型、面积，区域经济环境，法律瑕疵等影响回收金额。具体来看，居住用房的市场流通性更好，处置难度更低，通常情况下，回收率明显高于商业用房（见图 5-22）。抵押物面积过大，则实际成交案例较少，易造成司法拍卖估价有偏，从而影响拍卖价格，且大面积住宅的市场需求较弱，快速变现或面临更多价值折损。经济发达地区的二手房市场交易活跃，流通性较好，有利于回收。此外，预告登记、唯一住房、租赁占用和轮候查封等法律瑕疵或对单笔不良贷款的回收价值具有一定的负面影响。

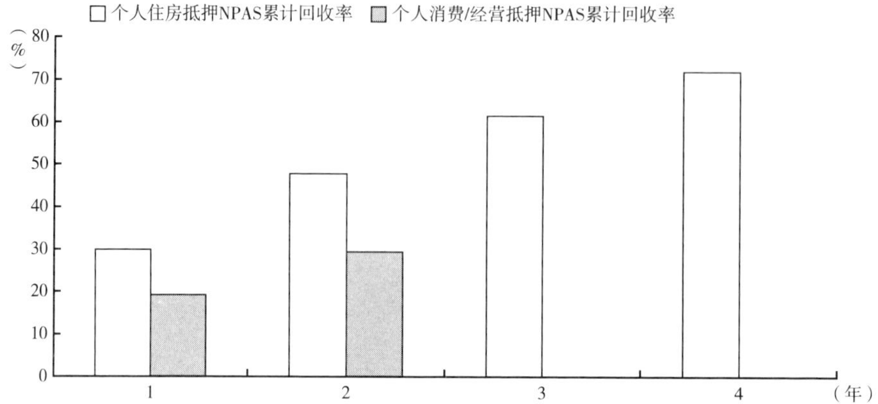

图 5-22　分产品存续个贷抵押类 NPAS 累计回收情况

资料来源：公开数据，中债资信整理。

2. 回收时间

抵押物处置清收的全部司法诉讼程序耗时为 1~3 年。抵押物的法律诉讼程序见图 5-23。区域司法处置环境差异直接影响回收时间，苏浙沪等发

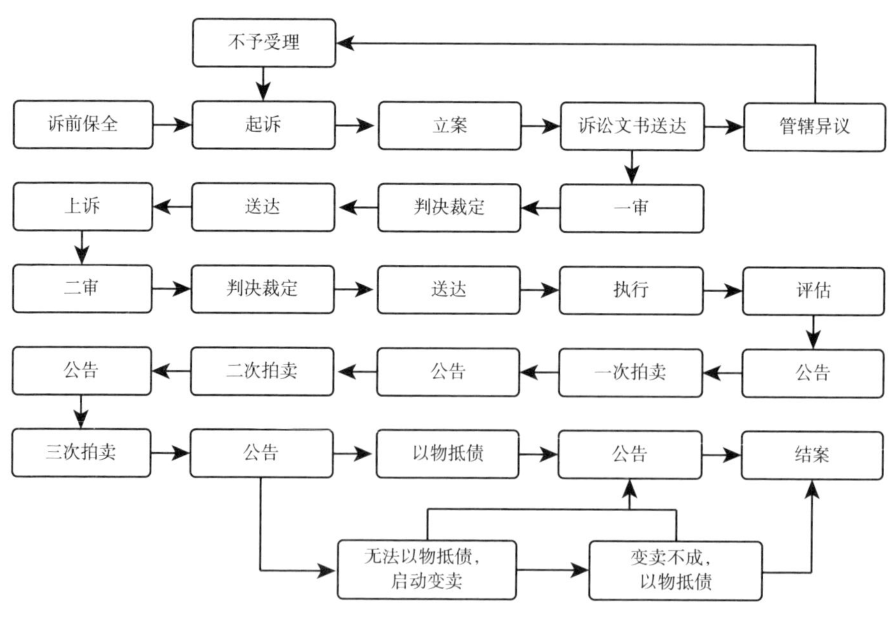

图 5-23　抵押物的法律诉讼程序

资料来源：公开数据，中债资信整理。

达地区的回收变现时间较短；东部沿海地区的司法处置环境优于内陆地区；东北、西北地区的司法处置环境相对较为复杂，诉讼时间较长，回收时间较长。此外，抵押物类型、法律瑕疵以及借款人涉刑、涉诉等特殊情况也都可能影响回收时间。

四　产品展望

（一）个别房企违约风险外溢或对资产质量产生一定负面影响，但在稳地价、稳房价、稳预期，“促进房地产业健康发展和良性循环”等要求下，预期 RMBS 基础资产信用风险整体可控

2021 年，个别房企出现流动性风险，需关注违约风险外溢对入池资产表现可能产生一定负面冲击，但土地端、销售端、融资端等多重政策并施，房地产市场健康发展的整体态势不会改变，风险总体可控。2022 年，中央继续坚持“房住不炒”总基调，持续完善“稳地价、稳房价、稳预期”房地产长效机制，因城施策，促进房地产业良性循环和健康发展。在保持房地产金融政策连续性、一致性、稳定性，满足购房者的合理需求的背景下，房地产市场预期平稳发展，房价“大起大落”的可能性较低，借款人的还款预期充分，资产表现大幅波动的可能性较小，RMBS 将保持平稳运行，基础资产的信用风险整体可控。

（二）受地区经济发展差异影响，区域分化或将进一步加强，发起机构进一步多元化，机构分化特征预期持续明显，需关注分化表现或将影响入池资产信用风险表现

RMBS 底层资产分化的特征进一步凸显，从区域方面来看，经济发达地区的人口吸附能力较强，房地产市场相对活跃，且居民收入水平较高，借款人的还款意愿和还款能力都较高，违约率将维持低位水平，反之，部分三、四线城市经济增长乏力叠加市场需求有限，借款人的偿债动力不足，违约风险较经济较发达地区或有所上升。个别房价波幅较大的热点城市的短期需求

受到遏制，房价出现下跌迹象，需关注此类地区未来基础资产的信用风险表现。随着存续期增加，资产风险或将逐步暴露，区域信用风险表现预计将持续分化。

机构方面，国有银行仍是 RMBS 的发行主力，股份制银行和城农商行的发行热情不减，发起机构有望进一步多元化。受发起机构贷前审批、贷后管理及信贷主要投放区域等差异的影响，机构分化或将更加明显，需关注分化表现对入池资产信用风险表现的影响。

（三）需关注 LPR 变动对 RMBS 产品超额利差变化及证券本息兑付可能产生的影响，在灵活精准、合理适度的货币政策下，预计 RMBS 利率风险整体可控

2022 年 1 月，1 年期 LPR 连续两个月分别下调 10BP 和 5BP，5 年期以上 LPR 下调 5BP，利率市场化改革持续深化。具体到 RMBS 产品层面，资产端和证券端的利率变化存在一定不确定性，需关注利差变化情况：一方面，部分存续 RMBS 项目证券端浮动基准仍沿用基准贷款利率，证券端利率基本固定且保持不变，但资产端利率根据 LPR 浮动，当 LPR 报价浮动时，资产池的利息流入会发生波动，影响利差，若利息流入持续明显减少，证券本息偿付面临一定不确定性；另一方面，2020 年以来发行的大部分 RMBS 产品在资产端与证券端共同挂钩 LPR，当资产的调息时点与证券端不一致时，即采用了不同月份 LPR 进行调息时，若不同月份的 LPR 报价存在明显差异，则超额利差会有较大幅度的波动，这或对证券本息兑付产生负面影响。在持续深化利率市场化改革，以及稳健的货币政策的作用灵活精准、合理适度的背景下，预计 LPR 大幅调整的可能性较小，RMBS 利率风险整体可控。

第六章
房地产投资信托基金（REITs）市场

蔡 真*

- 21世纪初以来，REITs这一金融产品就得到了国内金融界的重视，金融监管层和市场机构积极探索，做了大量工作。目前，经过长达20年的努力，监管机构首先在基础设施领域建立了公募REITs的制度体系，首批9只公募REITs在2021年6月首发上市。截至2021年底，境内共有11只基础设施REITs实现上市发行，合计发行规模达到364.13亿元，底层资产包括园区设施、交通设施、生态环保和仓储物流四大类。
- 从市场情况来看，目前，公募REITs上市后均有不同程度上涨，整体涨幅明显高于A股市场平均水平，其中，不动产类REITs的价格上涨幅度整体较高。从市场成交水平来看，随着市场接受度不断提升，换手率和交易额在稳步提升，表明市场不断活跃。
- 目前，中国基础设施REITs呈现个性化特点，包括上市半年后迅速成为市场“宠儿”，受到追捧；因价格大幅上涨而发生多个停牌事件；首个专项税务政策出台，支持业务长期发展；地方政府通过属地政策对其加以引导支持等。
- 长期来看，REITs的健康发展必须进一步改革和完善现有制度体系。“化繁为简”，从顶层设计完善现有REITs架构；从扩大资产

* 蔡真，中国社会科学院金融研究所副研究员，国家金融与发展实验室房地产金融研究中心主任、高级研究员。

类别和建立扩募机制两个方面扩大市场规模；形成更加合理有效的价值评估体系。

一 境内 REITs 市场的发展历程

（一）中国 REITs 政策研究和海外探索阶段（2001~2006年）

在这一阶段，国内金融监管层推出了信托业务方面的多个法规，交易所则先导性地启动了 REITs 的行业研究，同时，越秀 REITs 成功赴中国香港发行，为后续 REITs 的发展奠定了良好的基础。

《信托法》《信托投资公司管理办法》《信托投资公司资金信托管理暂行办法》等一系列文件的发布，在推进我国信托业务发展的同时逐步开启了房地产信托业务的发展之路。2001 年，国家发展计划委员会牵头起草了《产业投资基金管理暂行办法》并向社会公开征求意见。2003 年，深交所开始研究 REITs 发行的可行性。这都一度引起社会对 REITs 的讨论热潮。2005 年末，越秀集团携所辖的广州和上海 7 处优质物业赴港发行 REITs 成功，成为我国第一个真正意义上的不动产投资信托基金，至此，国内资产以在境外发行的方式进一步点燃了国内房地产金融行业的热情，也使国内推动 REITs 业务的热情在这一期间达到顶点。

但是，后续监管机构出台了《关于加强商业性房地产信贷管理的通知》、《信托投资公司房地产信托业务管理暂行办法（征求意见稿）》、《中国人民银行关于进一步加强房地产信贷业务管理的通知》以及《关于加强信托投资公司部分业务风险提示的通知》等文件，提高了房地产信贷和房地产信托业务的门槛，加强了对业务的管控。2006 年，国家外汇管理局、国家发改委等部门联合发布《关于规范房地产市场外资准入和管理的意见》，通过投资主体、资金、外汇管理等多方渠道，严格限制境外公司收购内地物业，导致“越秀模式”难以复制，这些政策在一定程度上减缓了中国 REITs 的发展步伐。

（二）中国 REITs 政策发展和产品试点突破阶段（2007～2014年）

在此阶段，证监会、央行及银监会几乎同时启动了 REITs 方案研究工作，之后，在国务院发布的文件中也明确出现了发展房地产信托投资基金的表述，表明对 REITs 的研究工作不断深入；与此同时，国内房地产企业和相关金融机构通过境内境外多个渠道尝试进行产品发行，推动业务落地，最终，“中信启航 ABS”产品的发行正式标志着国内首个具有 REITs 框架的产品诞生。

2008 年，央行在《2007 中国金融市场发展报告》中指出，要充分利用金融市场存在的创新空间，择机推出房地产信托投资基金产品。2008 年，银监会召集业内机构共同起草了“信托公司房地产投资信托计划试点管理办法”，虽然其未能发布，但这是 REITs 作为一个独立的金融产品第一次在中国被监管层面正式研究推进。2008 年 12 月，国务院办公厅发布《国务院办公厅关于促进房地产市场健康发展的若干意见》（即“金融国九条”），房地产信托投资基金首次在国务院层面作为一种拓展企业融资渠道的创新融资方式被提出。2009 年，央行和银监会联合拟定了《房地产集合投资信托业务试点管理办法》，提到 REITs 将被两家监管机构共同监管，明确了中国 REITs 的产品结构、投资范围和收益分配等内容，在业务方面实质上又向前推进了一大步。2009 年 11 月，中国人民银行征求试点城市和试点项目参与机构的意见，起草了“银行间债券市场房地产信托受益券发行管理办法”，并向九部委、全国社会保障基金理事会和北上广三个试点城市政府征求意见，但由于种种原因未能最终下发。2010 年，住建部等七部门联合发布《关于加快发展公共租赁住房的指导意见》，鼓励金融机构探索运用房地产信托投资基金拓展公共租赁住房融资渠道。2014 年，《中国人民银行　中国银行业监督管理委员会关于进一步做好住房金融服务工作的通知》清晰地指出，积极稳妥开展房地产投资信托基金（REITs）试点。

实务推进方面，2009 年，经中国人民银行和证监会牵头研究部署，上海、北京和天津获得了保障性住房 REITs 试点资格并制定了试点方案，但最终未能获得国务院批准；2014 年 1 月 16 日，证监会下发《关于核准中信证券股份有限公司设立中信启航专项资产管理计划的批复》，同意中信证券设立中信启航专项资产管理计划，4 月 25 日，中信启航 ABS 成功发行，虽然部分分层产品仍具有债权性质，但底层资产为国内优质商业不动产资产的股权权益和经营性现金流，这标志着中国通过私募方式成功实现了权益型类 REITs 产品的破冰。与此同时，大量机构通过各种方式在境外进行 REITs 产品尝试，包括 2011 年汇贤产业信托在中国香港上市，鹏华美国房地产基金成为内地发行的首只投资美国房地产的基金；2013 年，开元酒店作为内地首个酒店房地产投资信托基金成功在中国香港上市，广发美国房地产指数基金作为国内首只美国房地产指数基金开盘。

（三）中国 REITs 政策演进和实践发展阶段（2014~2020年）

随着中信启航项目的破冰，私募“类 REITs”的模式逐渐成熟并成为主流的业务模式。政策层面的进展主要体现为对资产支持专项计划的发行从审批制转为备案制，实践层面的类 REITs 在交易所和银行间市场蓬勃发展。

2014 年 5 月，证监会在《关于进一步推进证券经营机构创新发展的意见》中提出研究建立 REITs 的制度体系及相应的产品运作模式和方案；当年 11 月，证监会颁布《证券公司及基金管理公司子公司资产证券化业务管理规定》，正式将类 REITs 载体——资产支持专项计划的发行模式从行政审批转向备案管理。2015 年 1 月，住建部发布《关于加快培育和发展住房租赁市场的指导意见》，明确提出积极推进房地产投资信托基金（REITs）试点。2017 年 7 月，住建部等九部门联合发布《关于在人口净流入的大中城市加快发展住房租赁市场的通知》，提出积极支持并推动发展房地产投资信托基金（REITs）。2018 年，证监会系统年度工作会议提出研究出台公募 REITs 相关业务细则，支持符合条件的住房租赁、政府和社会资本合作（PPP）项目进行资产证券化探索。2018 年 4 月，证监会与住房和城乡建设部联合印发了《关于推进住房租赁资产证券化相关工作的通知》，表示重点支持住房租赁企业发行以其持有不动产物业作为底层资产的权益类资产证券化产品并试点发行房地产投资信托基金，再一次强调了 REITs 的重要性。2019 年，交易所多次表示正在研究进行公募 REITs 试点，国家发改委在 4 月发布的《2019 年新型城镇化建设重点任务》中指出要支持发行有利于住房租赁产业发展的房地产投资信托基金等金融产品。

实践方面，2014 年 12 月，中信华夏苏宁云创资产支持专项计划在深交所上市，成为国内第二个类 REITs 产品，开启了交易所类 REITs 蓬勃发行的大幕。2015 年 6 月，鹏华前海万科 REITs 封闭式混合投资基金发行，并于 9 月 30 日登陆深交所开始交易，虽然由于投资不动产比例和底层资产等问题，其不是真正的 REITs①，但这是目前国内首个也是唯一一个可面向普通公众发行的大规模投资不动产对应权益的公募基金产品。2017 年 2 月，我国首个银行间类 REITs——兴业皖新阅嘉一期房地产投资信托基金发行。2020 年底，各交易场所②共发行类 REITs 产品 91 只，上市资产规模达到 1712 亿元。

（四）中国基础设施 REITs 正式推广阶段（2020年至今）

以 2020 年初的证监会系统工作会议作为标志，其时，证监会在会议纪要中明确提出了“稳妥推进基础设施 REITs”，这是多年来公募 REITs 首次被明确提上时间表，同时，资产也被明确限定至基础设施范畴。2020 年 4 月底，证监会和国家发改委联合发布了《关于推进基础设施领域不动产投资信托基金（REITs）试点相关工作的通知》，随后，证监会又发布《公开募集基础设施证券投资基金指引（试行）（征求意见稿）》，这正式标志着境内公募 REITs 的起航。后续，国家发改委办公厅和证监会陆续发布《国家发展改革委办公厅关于做好基础设施领域不动产投资信托基金

---

① 鹏华基金持有的不动产资产并不具有商业物业的产权，而具有一个有固定期限（10 年）的 BOT 收益权，因此，在严格意义上，其并非 REITs 基金；但是，这一产品突破了《证券投资基金法》对证券投资基金投资范围（不能投不动产资产）的限制以及《证券投资基金运作管理办法》对公募基金投资单一证券比例（不能超过 10%）的限制，因而，其具有较强的创新价值。

② 包括上海证券交易所、深圳证券交易所、机构间私募产品报价系统和银行间债券市场。

（REITs）试点项目申报工作的通知》和《公开募集基础设施证券投资基金指引（试行）》正式版。2021 年 1 月，国家发改委办公厅进一步发布了《国家发展改革委办公厅关于建立全国基础设施领域不动产投资信托基金（REITs）试点项目库的通知》；随后，沪深交易所和中国证券业协会陆续出台了与《公开募集基础设施证券投资基金（REITs）业务办法（试行）》、《公开募集基础设施证券投资基金发售业务指引（试行）》、《公开募集基础设施证券投资基金业务审核指引（试行）》和《公开募集基础设施证券投资基金网下投资者管理细则》等配套的一系列文件，对基础设施 REITs 在交易申报、审核、上市、认购等事宜进行规范；2021 年 2 月，中证登记公司发布了《公开募集基础设施证券投资基金登记结算业务实施细则（试行）》，中国证券投资基金业协会则发布了《公开募集基础设施证券投资基金尽职调查工作指引（试行）》和《公开募集基础设施证券投资基金运营操作指引（试行）》，规范了基础设施 REITs 登记结算、尽职调查和运营管理的主要要求，进一步为公募 REITs 的落地奠定了完善的政策基础。

中国基础设施 REITs 的首批项目在 2021 年 6 月 21 日实现上市，首批上市的共有 9 单项目，合计募集金额达到 314 亿元，基础资产类型包括生态环保、交通设施、园区设施和仓储物流四大类。2021 年 12 月，第二批 2 单项目再次进入市场发行，发行规模达到 50 亿元。2021 年末，11 单项目的市值已经达到 408 亿元，多数项目的市场价格较上市初期有了明显的上涨，初步体现了“第三大类”资产的稀缺价值。

二　境内 REITs 市场发展现状

（一）制度体系

中国首批基础设施 REITs 上市于 2021 年 6 月，在此之前，我国已经进行了长期的制度准备。2020 年 4 月，证监会和国家发改委联合发布了《关于推进基础设施领域不动产投资信托基金（REITs）试点相关工作的通知》[①]，随后发布了《公开募集基础设施证券投资基金指引（试行）》（征求意见稿），这标志着中国公募REITs制度破冰，也明确了中国公募REITs从基础设施这一类型入手。2020年7月31日，国家发改委办公厅发布了《国家发展改革委办公厅关于做好基础设施领域不动产投资信托基金（REITs）试点项目申报工作的通知》（发改办投资〔2020〕586号），对申报项目的区位、行业、条件、审查材料等情况予以明确；2020年8月7日，证监会发布了正式版的《公开募集基础设施证券投资基金指引（试行）》，标志着现阶段中国公募REITs制度框架初步确立。之后，国家发改委、证监会、上海证券交易所、深圳证券交易所、中国证券业协会、中国证券投资基金业协会等发布了基础设施领域REITs的项目申报、基金指引等规范性文件，以及上市审核、发售、尽职调查等具体的配套业务与自律规则，为REITs试点的推进提供了切实的政策保障。2021年6月29日，紧随首批9个基础设施REITs项目上市，国家发改委印发了《国家发展改革委关于进一步做好基础设施领域不动产投资信托基金（REITs）试点工作的通知》，进一步将黄河流域生态保护和高质量发展区域纳入重点区域，同时强调了保障性租赁住房、旅游基础设施等资产的适格性，明确了扩募的规模要求。表6-1展现了公募基础设施REITs制度体系。

表6-1　公募基础设施REITs制度体系

发布时间	制度名称	发布机构
2020年4月	《关于推进基础设施领域不动产投资信托基金（REITs）试点相关工作的通知》	国家发改委、证监会
2020年7月	《国家发展改革委办公厅关于做好基础设施领域不动产投资信托基金（REITs）试点项目申报工作的通知》	国家发改委办公厅
2020年8月	《公开募集基础设施证券投资基金指引（试行）》	证监会
2021年1月	《国家发展改革委办公厅关于建立全国基础设施领域不动产投资信托基金（REITs）试点项目库的通知》	国家发改委办公厅

① 此文系监管机构首次以“不动产投资信托基金”指代REITs，故后文除部分境外业务、既往规则和历史文档采用房地产投资信托基金外，其余部分对境内REITs均采用不动产投资信托基金这一表述。

续表

发布时间	制度名称	发布机构
2021 年 1 月	《关于发布公开募集基础设施证券投资基金配套业务规则的通知》	深交所
2021 年 1 月	《上海证券交易所关于发布〈上海证券交易所公开募集基础设施证券投资基金（REITs）业务办法（试行）〉的通知》	上交所
2021 年 1 月	《公开募集基础设施证券投资基金网下投资者管理细则》	中国证券业协会
2021 年 2 月	《公开募集基础设施证券投资基金登记结算业务实施细则（试行）》	中证登记公司
2021 年 2 月	《公开募集基础设施证券投资基金尽职调查工作指引（试行）》	中国证券投资基金业协会
2021 年 2 月	《公开募集基础设施证券投资基金运营操作指引（试行）》	中国证券投资基金业协会
2021 年 6 月	《国家发展改革委关于进一步做好基础设施领域不动产投资信托基金（REITs）试点工作的通知》	国家发改委
2021 年 12 月	《国家发展改革委办公厅关于加快推进基础设施领域不动产投资信托基金（REITs）有关工作的通知》	国家发改委办公厅
2022 年 1 月	《关于基础设施领域不动产投资信托基金（REITs）试点税收政策的公告》	财政部、国家税务总局

与其他国家和地区首先用 REITs 服务房地产行业不同，中国 REITs 的发展以基础设施为切入点，这是一大特色，体现出重要现实背景和宏观战略的意义。主要特点如下。

第一，符合经济和社会的发展规律。从对经济的拉动作用来看，基础设施投资是当前和未来拉动经济增长的重要引擎，在基础设施领域实现“稳投资”乃至“增投资”，是国内经济尽快摆脱疫情影响和迈向高质量发展的必然途径，目前，商业地产并非政策的支持方向和经济发展的关键动能。以基础设施为 REITs 的破冰模式的切入点，之前已被同为新兴经济体的印度采用，可以作为有效借鉴。NAREIT 的数据也显示，工业、基础设施、数据中心等新兴资产类别的净营运收入增速远高于传统的零售行业等。

第二，充分体现了金融供给侧结构性改革的思路。长期以来，国内金融体系的中短期性和地方政府基础设施建设的长期性存在天然的错配特征，同时叠加“影子银行”、“刚性兑付”和“土地财政”等诸多潜在问题。基础设施 REITs 明确要求突出权益导向，从而可以改善地方政府平台几乎纯粹的债务融资模式，有效化解杠杆风险，REITs 低价格、标准化的特征有利于降低融资成本。同时，REITs 属于中低利率和中低风险产品，预计将对公众投资人具有极大的吸引力，有利于完善储蓄转化投资机制，使“稳金融”和“稳投资”相互促进。

第三，有利于支持特定领域补短板。政策明确提出，在资产类型上，优先支持基础设施补短板行业，包括仓储物流，收费公路及各类市政工程，同时鼓励建设信息网络相关资产（数据中心、信号塔等）和特定类型的产业园区等；后续又增加了保障性租赁住房、水利设施、旅游景区等特色领域。定向支持这些特定类别的投资标的，是从落实国家发展战略的角度支持“两新一重”，有助于加速发展以互联网、大数据为首的战略性新兴产业和以现代物流、研发设计为主的现代服务业，高效统筹推进新型基础设施建设，深化生态文明建设。

第四，以“最大公约数”方案实现公募 REITs 政策出台。“罗马不是一天建成的。”以“公募+ABS”的方案推出中国公募 REITs，是中国证监会克服诸多现实难点，开创性地用最小阻力架构启动试点的重大举措，避免了受制于大量基础性法律约束的问题，且在较大程度上实现了公募化和权益化，建立了主动管理机制，是目前推出中国 REITs 的最可行的方案。

第五，坚持了政策的一致性，避免市场产生错误预期。监管层保证政策表态的连贯性和一致性，在对开发商资金供给仍然实行总量审慎管理的背景下，不希望因为 REITs 创设间接“利好”开发商融资。从对房地产调控影响的角度来看，将基础设施 REITs 作为单独一类 REITs，除保障性租赁住房外，明确排除开发性住宅和商业地产，在极大程度上避免房地产企业通过 REITs 进行资产处置或融资，可以在房地产市场起到“稳预期”和“稳房价”的作用，有效贯彻中央提出的“房住不炒”的政策思路。

第六，充分结合国际经验和中国实践。方案涵盖收入分配、资产构成、收入构成、杠杆比例和组织结构等要求，在最核心的收入分配比例上采用 90%的要求，这与成熟市场高度一致。但对于原始权益人持有比例、管理人控制关系和能力要求方面，则结合中国市场经验，设定了大量具体、有益的个性化要求。

（二）产品架构

根据《公开募集基础设施证券投资基金指引（试行）》的要求，公募基础设施 REITs 采用“公募基金+ABS”的交易结构。其要求基金 80%以上份额投资基础设施资产支持证券，并持有其全部份额，资产支持证券持有基础设施项目公司全部股权，最终，基金通过 ABS 持有项目公司同时取得基础设施项目完全所有权或经营权。基金管理人和 ABS 管理人必须具有实际控制关系或统一控制，并由基金管理人主动负责运营管理基础设施项目，以获取基础设施项目租金、收费等稳定现金流为主要目的，同时，基金管理人可聘请运营管理机构负责基础设施的日常运营管理。基金托管人和资产支持证券托管人必须为同一机构，以减少信息不对称问题和降低交易成本。具体结构如图 6-1 所示。

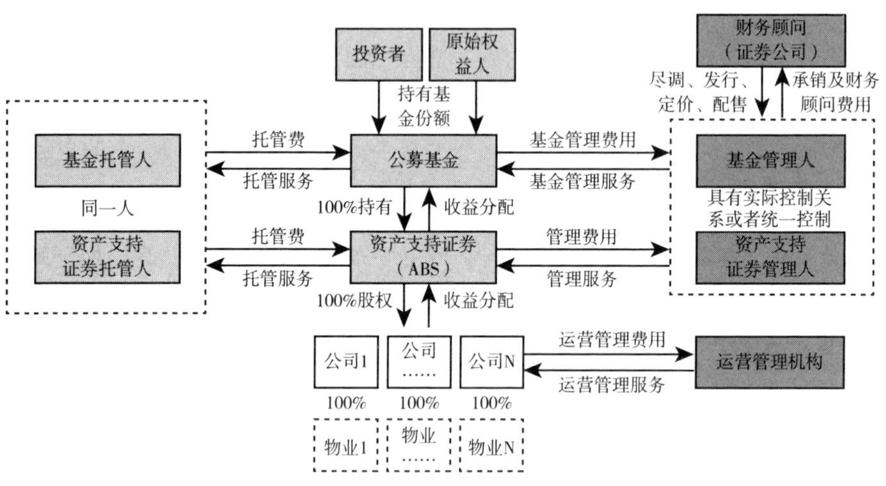

图 6-1　公募基础设施 REITs 结构

（三）典型案例

1. 特许经营权类

富国首创水务封闭式基础设施证券投资基金是在首批上市的基础设施

REITs 中以特许经营权为底层基础资产的项目。

（1）产品情况

富国首创水务项目计划募集 5 亿份，计划募集金额为 18.36 亿元，实际募集金额为 18.50 亿元。最终战略配售 3.8 亿份，比例达到 76%，其中，原始权益人自持份额为 2.55 亿份，自持比例达到 51%。

富国首创水务项目于 2021 年 6 月 21 日在上海证券交易所挂牌上市，到期时间为 2047 年 9 月 29 日。发行询价区间为 3.491～4.015 元/份，发行价格为 3.70 元/份。

（2）基础设施项目情况

富国首创水务 REITs 在存续期内按照基金合同的约定主要投资城镇污水处理类型的基础设施资产支持证券，穿透取得深圳市福永、松岗、公明水质净化厂 BOT 特许经营项目及合肥市十五里河污水处理厂 PPP 项目两个子项目。

两个项目在基础设施基金成立前均由北京首创股份有限公司（现名为“北京首创生态环保集团股份有限公司”，简称“首创股份”）作为原始权益人持有，特许经营到期时间为 2031～2047 年，各项目的资产评估价值合计为 17.46 亿元。

（3）交易结构

富国首创水务项目采用了较为典型的基础设施 REITs 架构，投资人认购并持有基础设施 REITs 的全部份额，富国首创水务 REITs 认购富国首创水务一号基础设施资产支持专项计划，资产支持专项计划从原始权益人处受让两个项目公司的 100%股权，同时向项目公司提供借款。

富国首创水务项目的基金管理人为富国基金，对应资产支持证券化的计划管理人为富国资产，两个产品的托管人均为招商银行。产品由原始权益人作为运营管理机构，由光大证券提供财务顾问服务。具体交易结构如图 6-2 所示。

2. 不动产权类

华安张江光大园封闭式基础设施证券投资基金是在首批上市的基础设施 REITs 中以不动产权为底层基础资产的项目。

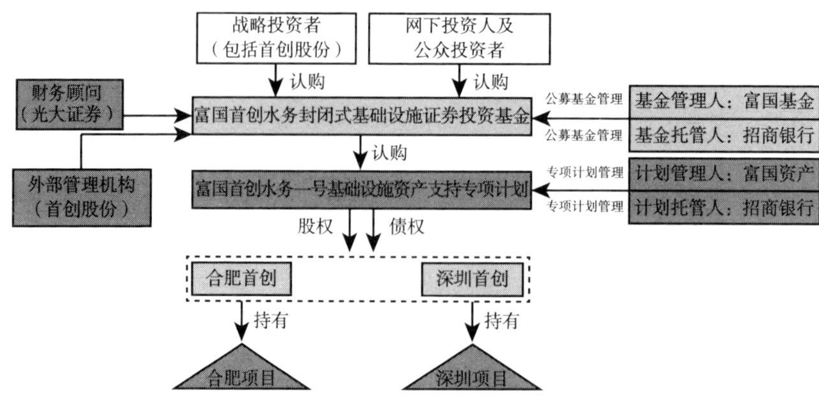

图 6-2　富国首创水务 REITs 整体架构

资料来源：富国首创水务 REITs 招募说明书。

（1）产品情况

华安张江光大园项目计划募集 5 亿份，计划募集金额为 14.70 亿元，实际募集金额为 14.95 亿元。最终战略配售 2.77 亿份，比例达到 55%，其中，原始权益人自持份额为 1.00 亿份，自持比例为下限 20%。

华安张江光大园项目于 2021 年 6 月 21 日在上海证券交易所挂牌上市，到期时间为 2041 年 6 月 7 日。发行询价区间为 2.780~3.200 元/份，发行价格为 2.99 元/份。

（2）基础设施项目情况

华安张江光大园项目在存续期内按照基金合同的约定主要投资优质园区类基础设施项目资产，成立时投资目标基础设施资产支持证券即国君资管张江光大园资产支持专项计划，穿透取得位于中国（上海）自由贸易试验区的张江光大园产权，包括物业资产的房屋所有权及其占用范围内的国有土地使用权。张江光大园项目产权在基础设施基金成立前由光控安石（北京）投资管理有限公司和上海光全投资中心（有限合伙）作为原始权益人持有，项目的资产评估价值为 14.70 亿元。

（3）交易结构

华安张江光大园项目采用的也是典型的基础设施 REITs 架构，资金通过投资人、基础设施基金、专项计划投资项目公司中京电子取得项目公司全部股权并发放债券。需要说明的是，该项目需要在基金成立后，通过中京电子反向吸收合并上端的母公司。

华安张江光大园项目的基金管理人为华安基金，对应资产支持证券化的计划管理人为国泰君安资管，两个产品的托管人均为招商银行。产品由原始权益人即实际控制人的子公司上海集挚咨询管理有限公司作为运营管理机构，由国泰君安证券提供财务顾问服务。具体交易结构如图 6-3 所示。

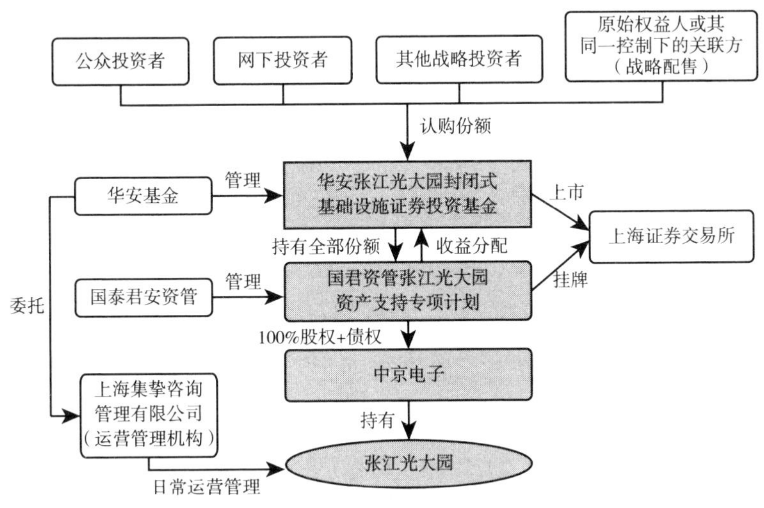

图 6-3　华安张江光大园 REITs 整体架构

资料来源：华安张江光大园 REITs 招募说明书。

（四）市场统计分析

1. 发行总体情况

自 2021 年 6 月 21 日首批 9 个中国基础设施 REITs 项目上市以来，到 2021 年 12 月又有 2 个项目上市，2021 年共有 11 个项目上市，合计发行规模达到 364. 13 亿元。从半年时间的市场情况来看，发展速度明显优于前期的类 REITs 业务。

从资产性质来看，其主要分为不动产权和特许经营权两类，其中，不动产权类共有 6 个项目，规模合计为 176. 21 亿元，占比为 48. 39%；特许经营权类共有 5 个项目，规模合计为 187. 92 亿元，占比为 51. 61%。按照底层资产类型划分，则包括园区设施、交通设施、生态环保和仓储物流四大类。其中，园区设施项目最多，共有 4 个，合计发行规模为 99. 46 亿元；交通设施项目总发行规模最大，共有 3 个，合计发行规模为 156. 04 亿元。

以拟募集金额为基准，除博时招商蛇口产业园 REITs 外，其他项目均实现了溢价发行，溢价率为 1%~11%，全部项目的合计溢价率为 5%，这说明市场对于 REITs 未来的成长性较为看好。

从最终发行价格和询价来看，11 个 REITs 项目中的 7 个项目的最终发行价格更接近询价区间上限，1 个项目位于询价区间中点，仅有 3 个项目更接近询价区间下限，这说明了投资人特别是机构投资人对 REITs 的认可度。

从配售情况来看，各个项目均具有较高的战略配售比例，最小值为 55. 33%，最大值为 78. 97%，平均值高达 67. 43%，考虑到限售期最低为 12 个月，这说明市场投资人普遍认可 REITs 的长期价值。其中有 3 个项目的原始权益人或同一实控人的机构配置比例超过 50%，7 个项目的配置比例超过监管的最低要求 20%，这说明原始权益人也对资产价值长期看好，部分机构甚至要保留绝对控制权。由于战略投资人的配售比例较高，加之在网下配售过程中机构投资人踊跃参与，最终，对于网上的公众配售比例，6 个项目低于 10%，最高的也仅有 13. 4%，远低于目前制度框架下的最高比例 24%。

上述情况详见表 6-2。

2. 项目运营安排

根据《公开募集基础设施证券投资基金指引（试行）》，基金管理人可以设立专门的子公司承担基础设施项目运营管理职责，也可以委托外部管理机构承担部分运营管理职责。此次已上市的 11 个 REITs 项目均外聘了运营管理机构，鉴于对项目资产的熟悉程度和目前基金管理人对 REITs 的运营管理尚无成熟经验，所有项目外聘的运营管理机构均与原始权益人具有关联关系，其中有 6 个聘请了原始权益人（或其中之一）作为运营管理机构，其余多数为实控机构（见表 6-3），这说明目前国内尚未形成专业化的运营管理机构。

表 6-2　已上市基础设施 REITs 总体情况

证券简称	资产性质	资产类型	发行规模（亿元）	拟募集金额（亿元）	溢价率（%）	募集份额（亿份）	发行价格（元）	询价区间下限（元/份）	询价区间上限（元/份）	战配比例（%）	原始权益人配比（%）	网下配比（%）	公众配比（%）
中航首钢生物质REITs	特许经营权	生态环保	13.38	12.06	11	1.00	13.38	12.500	14.000	60.00	40.0	28.0	12.0
华夏越秀高速公路REITs	特许经营权	交通设施	21.30	19.55	9	3.00	7.10	6.512	7.499	70.00	20.0	21.0	9.0
东吴苏州工业园区产业园REITs	不动产权	园区设施	34.92	33.50	4	9.00	3.88	3.558	4.094	60.00	40.0	30.0	10.0
华安张江光大园REITs	不动产权	园区设施	14.95	14.70	2	5.00	2.99	2.780	3.200	55.33	20.0	31.3	13.4
建信中关村产业园REITs	不动产权	园区设施	28.80	26.12	10	9.00	3.20	2.851	3.350	70.09	33.3	20.9	9.0
博时招商蛇口产业园REITs	不动产权	园区设施	20.79	22.30	−7	9.00	2.31	2.100	2.420	65.00	32.0	24.5	10.5
富国首创水务RE-ITs	特许经营权	生态环保	18.50	18.36	1	5.00	3.70	3.491	4.015	76.00	51.0	16.8	7.2
浙商证券沪杭甬高速REITs	特许经营权	交通设施	43.60	41.34	5	5.00	8.72	8.270	9.511	74.30	58.9	21.8	3.9
中金普洛斯仓储物流REITs	不动产权	仓储物流	58.35	56.18	4	15.00	3.89	3.700	4.260	72.00	20.0	19.6	8.4
平安广州交投广河高速公路REITs	特许经营权	交通设施	91.14	86.74	5	7.00	13.02	12.471	13.257	78.97	51.0	14.7	6.3
红土创新盐田港仓储物流REITs	不动产权	仓储物流	18.40	17.05	8	8.00	2.30	2.163	2.381	60.00	20.0	28.0	12.0

资料来源：Wind、公募 REITs 招股说明书。

表 6-3　已上市基础设施 REITs 运营机构安排

证券简称	原始权益人	运营机构	和原始权益人关系
中航首钢生物质 REITs	首钢环境产业有限公司	北京首钢生态科技有限公司	子公司
华夏越秀高速公路 REITs	越秀（中国）交通基建投资有限公司	广州越通公路运营管理有限公司	兄弟公司
东吴苏州工业园区产业园 REITs	苏州工业园区建屋产业园开发有限公司、苏州工业园区科技发展有限公司	苏州工业园区建屋产业园开发有限公司、苏州工业园区科技发展有限公司	重合
华安张江光大园 REITs	光控安石（北京）投资管理有限公司、上海光全投资中心（有限合伙）	上海集挚咨询管理有限公司	下属实控机构
建信中关村产业园 REITs	北京中关村软件园发展有限责任公司	北京中关村软件园发展有限责任公司	重合
博时招商蛇口产业园 REITs	招商局蛇口工业区控股股份有限公司	深圳市招商创业有限公司	子公司
富国首创水务 REITs	北京首创生态环保集团股份有限公司	北京首创生态环保集团股份有限公司	重合
浙商证券沪杭甬高速 REITs	浙江沪杭甬高速公路股份有限公司、杭州市交通投资集团有限公司、杭州市临安区交通投资有限公司、杭州余杭交通集团有限公司	浙江沪杭甬高速公路股份有限公司	其中之一
中金普洛斯仓储物流 REITs	普洛斯中国控股有限公司	普洛斯投资（上海）有限公司	控股境内公司
平安广州交投广河高速公路 REITs	广州交通投资集团有限公司	广州交通投资集团有限公司、广州高速运营管理有限公司	原权权益人及其子公司
红土创新盐田港仓储物流 REITs	深圳市盐田港集团有限公司	深圳市盐田港物流有限公司	重合

资料来源：Wind、公募 REITs 招股说明书。

3. 价格变动情况

从首批上市到 2022 年 3 月中旬，全部 11 只 REITs 的价格均出现了不同程度的上涨，无一低于发行价。各 REITs 的价格表现呈现较高的相关性，在 2021 年呈现波动上涨的趋势，并均在 2022 年 2 月中旬达到最高涨幅，而后呈现波动下降的趋势。其中，历史涨幅和目前涨幅最大的均为富国首创水务 REITs；涨幅最小的则为平安广州交投广河高速公路 REITs，其在部分时间段甚至跌破发行价。分类型来看，不动产权类 REITs 的价格上涨幅度整体较高，且在 2021 年末 2022 年初较快上涨；特许经营权类 REITs 的价格上涨幅度则参差不齐，其中，富国首创水务 REITs 呈现“一枝独秀”的情况，其他在整体上呈现缓和上涨水平但组间差距较大（见图 6-4、图 6-5）。

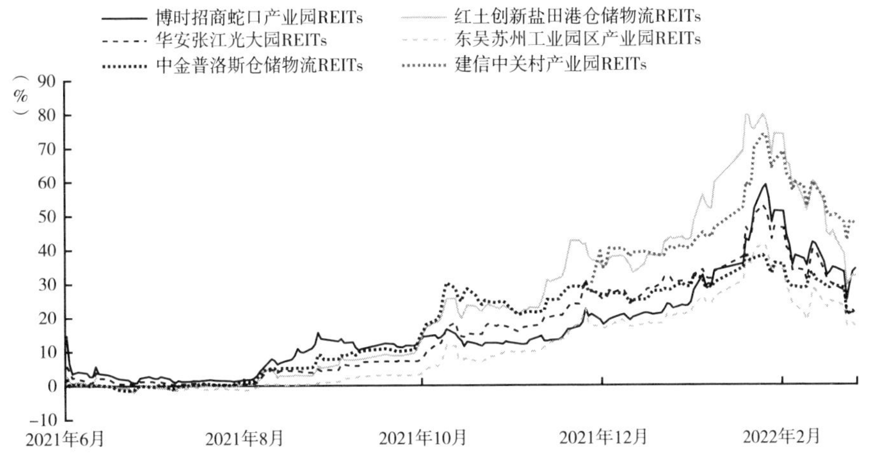

图 6-4　不动产权类 REITs 价格变动幅度

资料来源：Wind。

4. 交易情况

REITs 产品在上市首日的换手率明显较高，不论是不动产权类还是特许经营权类，均出现了 20%以上的换手率。随着后续市场稳定，换手率明显下降，正常情况下不超过 2%，伴随市场的成熟，换手率出现了一定程度的提升，平均为 3%左右的水平，特别是在 2022 年 2 月中旬市场价格快速上涨期间，平均换手

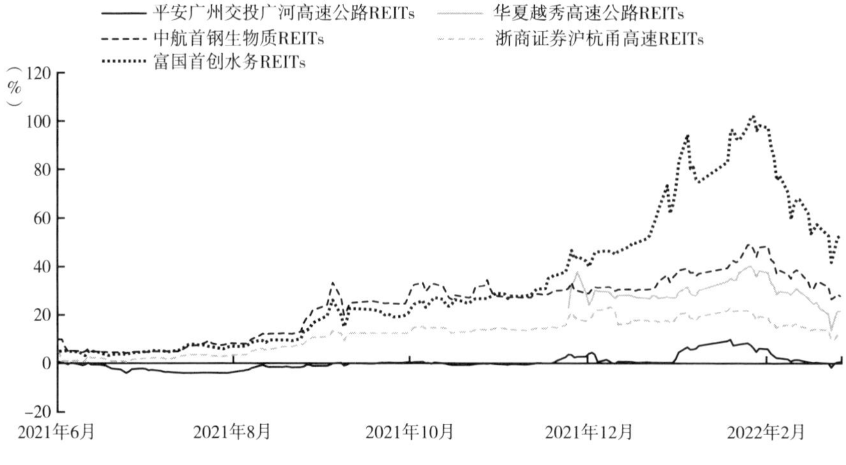

图 6-5　特许经营权类 REITs 价格变动幅度

资料来源：Wind。

率在4%以上的水平。剔除 6 月 21 日上市首日的 REITs 换手率情况如图 6-6 所示。

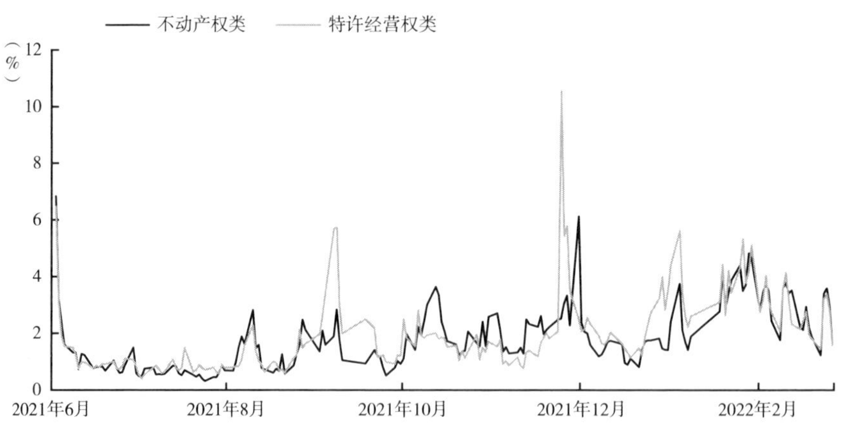

图 6-6　REITs 换手率情况

资料来源：Wind。

类似换手率，REITs 的成交金额在上市首日达到最大值，2021 年 6 月 21 日当天，两类资产的合计成交金额达到 22.29 亿元。2021 年 12 月，华夏越秀高速公路 REITs 和建信中关村产业园 REITs 的先后上市带动出现成交金额第二个高峰。从趋势来看，成交金额呈现上市后逐步减少的趋势，而后，随着市场对 REITs 价值不断认可，成交价提升，也带动成交金额提升。特别是在 2022 年 2 月 REITs 价格的高点期间，成交金额创下了除发行时点外的最高值。剔除 6 月 21 日上市首日的 REITs 成交额变动情况如图 6-7 所示。

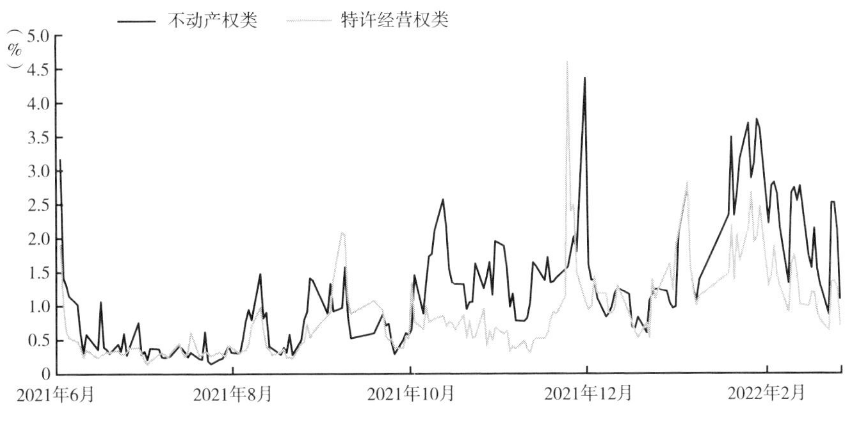

图 6-7　REITs 成交额变动情况

资料来源：Wind。

5. 分红情况

高分红是 REITs 产品最典型的特征之一，根据申报要求，原则上项目未来 3 年净现金流分派率不得低于 4%。根据目前的公开数据，在首批上市的 9 个 REITs 中，除东吴苏州工业园区产业园 REITs 之外，其余均已进行了至少一次分配信息披露。从目前的分配情况看，各项目均将超过 95% 以上的可分配金额进行了分派，分红的意愿较强，这也是此类产品受到普遍追捧的重要原因。

从现金分派率来看，整体上，各项目处于较高水平，按发行价计算的年化分派率均不低于 4%，最高超过 20%；如按市价[①]计算，也均不低于 3%，最高约为 17%。由于未来评估价值将不断归零，整体上，特许经营权类

① 均按照 2021 年 12 月 31 日的收盘价计算。

REITs 的年化分派率高于不动产权类 REITs；同时，由于上市后各 REITs 的市值均有不同程度的上涨，因此按照发行价计算的年化分派率高于按市价计算的年化分派率（如图 6-8 所示）。

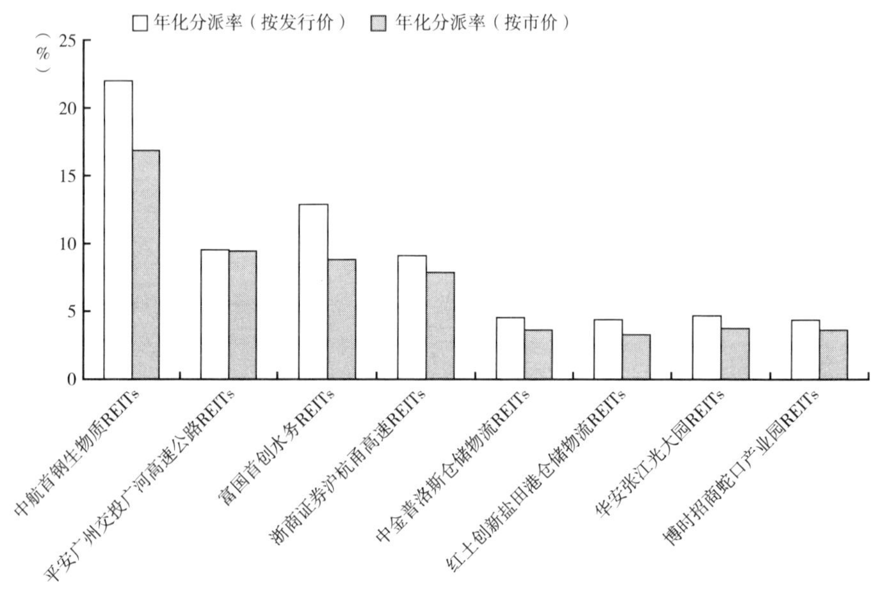

图 6-8　REITs 年化分派率情况

资料来源：Wind。

三　中国基础设施 REITs 呈现的特点

（一）初步呈现“第三大类”资产的特征，受到投资人的追捧

在全球金融市场中，REITs 已成为仅次于股票和债券的第三大类基础性金融产品，不仅打通了不动产资产与金融市场间的投融资路径，而且所具有的亦股亦债的特性也使其带来可观的收益率，成为投资组合中重要的配置品种。美国、澳大利亚、新加坡、中国香港等全球重要 REITs 市场的研究数据显示，2012~2019 年，考虑分红后的 REITs 总体年收益率为 9%~

14%，它的多数市场表现优于证券市场组合水平。另外，根据进一步分析结果，在经济周期和金融波动期间，REITs 回报率的方差较小，说明表现更加稳定。

从中国基础设施 REITs 上市以来的实际表现看，REITs 指数（以全部 REITs 通过除数修正法拟合）在 2021 年 6 月至 2022 年 2 月呈现波动上涨趋势，最高涨幅（较 2021 年 6 月首发期间）达到 42.51%，到 2022 年 3 月虽有回落，但仍有 20%以上的涨幅（见图 6-9）。在同期股票市场中，上证指数、中证 500 指数这两大指数的最高涨幅出现在 2021 年 9 月，且仅有约 5% 和 15%的涨幅，时间上和 REITs 存在错配，涨幅也有较大差异。在品种上有一定类似性的港口股指数、高速公路股指数和园区综合开发股指数等在涨幅和上涨时间上也和 REITs 存在一定差异。中证全债指数在上述时间段内则表现得相对平稳，最高仅有 5%的涨幅。综上所述，我们可以发现，基础设施 REITs 在上市后不到一年的时间内，在市值变化方面取得了和其他品类较独立的走势，且在价值呈现方面优于股票和债券。

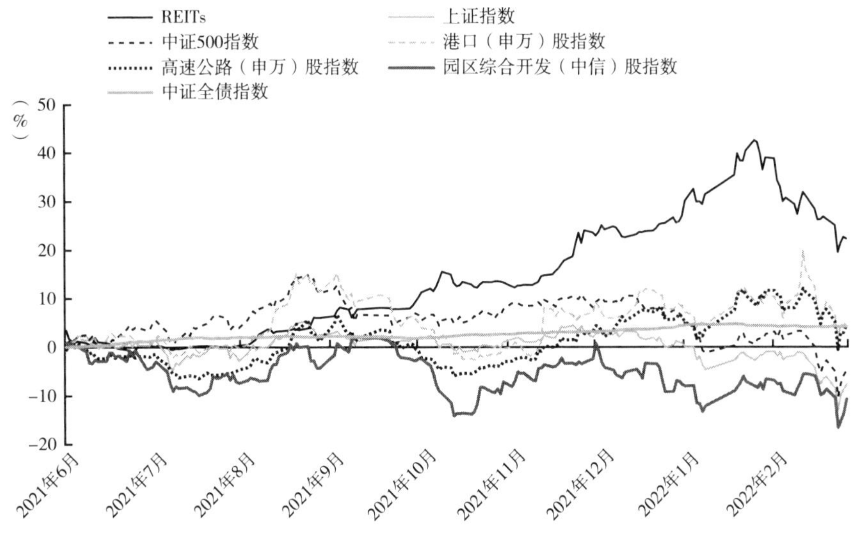

图 6-9　主要指数波动情况

资料来源：Wind。

（二）其间因价格过快上涨，发生了停牌事件

2022 年 3 月 25 日，市场共计只有 11 只基础设施 REITs 基金，合计市值为 445.73 亿元，和 A 股市值以及境内债券市场市值相比，可谓九牛一毛。考虑到 REITs 的特殊性，对于市场投资人来说，其成为高度稀缺的品种。2022 年以来，多个 REITs 呈现快速上涨趋势，有 4 只在 2022 年 2 月中旬较年初的上涨幅度超过 20%，其中，富国首创水务 REITs 的最高涨幅达到 38.1%，次高的红土创新盐田港仓储物流 REITs 的涨幅也达到了 35.0%。

在这一背景下，富国首创水务 REITs 在 2022 年发生了 3 次停复牌事件，最典型的为 2 月 9 日停牌时的情况。前一交易日，富国首创水务 REITs 的收盘价格为 7.263 元/份，按富国首创水务封闭式基础设施证券投资基金发布的 2021 年第一次收益分配公告，该基金该次分红方案为 2.714 元/10 份基金份额。假设投资者在该次分红的权益登记日前通过二级市场交易买入本基金 1000 份，买入价格为 7.263 元/份，则该投资者在 2021 年的净现金流分派率 = 2.714×100/（7.263×1000）×100% = 3.737%。假设投资者在首次发行时买入本基金 1000 份，买入价格为 3.700 元/份，则该投资者在 2021 年的净现金流分派率 = 2.714×100/（3.700×1000）×100% = 7.335%。两次相比，净现金流分派率相差 3.598 个百分点。除富国首创水务 REITs 外，红土创新盐田港仓储物流 REITs 也因交易价格大幅波动发生了两次停复牌事件，建信中关村产业园 REITs、博时招商蛇口产业园 REITs 也发生过停复牌现象。

造成这一现象的根源，还是投资人对于 REITs 的估值存在分歧。一方面，在“资管新规”全面落地的 2022 年，叠加股市整体下滑、债市频繁爆雷等情况，底层资产明晰、分红水平稳定的 REITs 对于投资人来说确实是具有良好特质的品种。另一方面，我们还必须看到，作为证券投资基金，REITs 本身的净值必然受到市场因素影响，随着市场整体情况波动，当市值提升速度过快时，分红水平并不会大幅提升，从资产净值角

度来看，投资回报率将下降，投资人有可能无法实现投资收益目标甚至面临浮亏。

（三）出台首个专项税务政策，有利于提升原始权益人的积极性

根据美国、日本、新加坡等 REITs 较为成熟市场的经验，REITs 之所以广受青睐，是因为收益率较高且稳定。其中，税务优惠政策是 REITs 实现稳定高收益率的重要原因之一。上述市场均通过专门立法或修改已有法案的方式，做出诸多 REITs 税收优惠安排，包括在 REITs 产品认购资产和规模扩张时提供税收优惠、在产品层面进行所得税减免、在投资人分红时给予优惠等，至少会保障在 REITs 这一层面对应税所得额进行中性处理。由于此次公募 REITs 仍采用券商资产管理计划（ABS）作为实际 SPV，目前，ABS 对应的文件体系并非针对 REITs 或不动产，实际上仍只能按照前期类 REITs 的模式进行税务筹划。这一模式造成中国基础设施 REITs 负担较重，可能存在重复纳税、标准化程度不足等问题。

这一问题从研究 REITs 的制度方案以来就得到了各方的高度重视，要求建立专项税务政策的呼声不绝于耳，并在 2022 年初迈出了重要一步。2022 年 1 月 29 日，财政部、国家税务总局发布了《关于基础设施领域不动产投资信托基金（REITs）试点税收政策的公告》，明确了公募 REITs 搭建、设立阶段的税收支持政策，对公募 REITs 市场发展具有重大的积极影响。公告的主要内容包括：一是原始权益人将资产划转到项目公司以及原始权益人取得项目公司股权，增值部分暂不缴纳所得税；二是 REITs 完成资金募集且原始权益人在收到对价款后，才针对转让评估增值部分缴纳所得税，对战略配售自持部分比例对应增值的应税所得额，可按照先进先出原则递延至在未来实际转让时缴纳；三是追溯适用，2021 年 1 月 1 日前发生的符合规定的事项，也可按规定享受相关政策的优惠。

对于持有优质基础资产的原始权益人，这一政策在调整后可实现更加经济的税务安排，有利于提升其转让优质资产并发行 REITs 的积极性。一是明确了特殊性税务处理的直接适用性，对于需要资产剥离并创立项目公司的情

况，可减少 12 个月的时间；二是明确将增值带来的所得纳税时间放在 REITs 完成募集资金并交付原始权益人之后，避免出现先期支付税务成本，对于发行失败或受阻的情况也减少了损失；三是明确递延缴纳自持份额增值部分的对应所得税款的时间，可有效降低当期税务成本，改善原始权益人重组阶段的现金流，并鼓励原始权益人长期持有资产。

（四）地方政府纷纷出台政策支持 REITs 发展

根据国家统计局公布的数据，在过去 20 年中，我国城镇基础设施固定资产累计投资额高达 166 万亿元，年化复合增长率高达 17.24%。同时，由于长期以来国内基础设施建设主要由政府部门牵头推动，由国有资本负责建设和运营，这带来了诸如“预算软约束”“影子银行”“同业乱象”等诸多财政和金融问题。根据财政部公布的数据，全国地方政府债务余额已超过 25 万亿元，加上隐性债务金额，根据有关机构估算，总量大约为 40 万亿元，庞大的债务给经济的发展潜力带来巨大压力，地方政府在“稳增长”和“降杠杆”之间存在难以两全的选择。另外，从长期来看，基础设施投资是当前和未来拉动经济增长的重要引擎，在基础设施领域实现“稳投资”乃至“增投资”是国内经济尽快摆脱疫情影响和实现高质量发展的必然途径。因此，基础设施 REITs 作为有效盘活存量资产的重要手段，可以在不增加杠杆的前提下形成存量资产和新增投资的良性循环，有利于推动形成市场主导的投资内生增长机制，提升资本市场服务实体经济的质效，构建投资领域新发展格局。

在这一背景下，《关于推进基础设施领域不动产投资信托基金（REITs）试点相关工作的通知》发布以来，北京、成都、上海、苏州、广州、南京、无锡和西安 8 个城市发布了对基础设施 REITs 的专项支持政策。这些政策具有以下几个特点：一是区域上，前期有基础设施 REITs 项目实际落地、基础条件较好的城市相对积极性更高；二是均建立了专项的工作推进机制；三是积极引导国有企业参与，通过 REITs 提质增效、积极转型；四是注重人才引育，积极引进人才、培养人才、留住人才；五是通过财税政策进行适度补贴，吸引专业机构落地。

同时，由于各地经济发展模式不同，基建水平各具特色，各地也具有自身的特点：一是因地制宜，结合地方经济重心推进基础设施 REITs 发展；二是在政府的财税支持方面各有不同，包括针对不同对象、以不同形式补贴等；三是部分地方政府对 REITs 产品实际落地中的一些技术性问题进行了优化调整，包括进行国资进场交易、解决用地合规性问题等。

四 基础设施 REITs 发展展望

（一）“化繁为简”，从顶层设计完善 REITs 架构

根据 REITs 成熟市场的经验，除首个推出 REITs 的美国采用相对渐进性策略外，其他 REITs 的成熟市场如日本、中国香港和新加坡均在启动之初从顶层制度设计起步，构建了一套包含组织结构、收入分配、资产投向、负债安排、税收策略、上市要求等的完整体系，从而在整体架构上形成了一个较为简洁和标准的结构。具体而言，不论是采用公司模式还是信托模式，均为单一金融产品框架下的 REITs 架构。

但是，中国基础设施 REITs 起源于“类 REITs”，为减少政策变动阻力、实现公募化则在其之上增加了公募基金这一架构，最终以“公募基金+ABS”模式进行试点。虽然通过修订有关部门规章，消除了公募基金投资比例的障碍，并减少了私募基金这一层结构，但是仍存在法律界定不明确、委托代理关系复杂、升级存在多个钩稽关系需要破解等问题。

从长期发展情况来看，由于现有 REITs 架构涉及参与主体过多，市场各参与主体普遍期望在积累一定的市场经验后，进行制度规则的完善和调整简化产品结构。从理论上说，可能的简化路径包括三种。一是公募基金直投模式，准予公募基金直接投资不动产或对应非上市公司股权，从而将 ABS 从现有的架构中剔除。二是将 ABS 公募化，也即赋予券商资产支持计划公募发行的地位。三是采用“新券模式”，也即建立新的金融产品，给予 REITs 与股票、债券、公募基金等传统证券相并列的证券品种的合法地位，使其直

接投资不动产或项目公司股权。

对于第一种方案，可以理解为对现有“公募基金+ABS”模式的简化。该模式最大的优势在于简化了目前两层的冗杂结构，但并未改变目前公募基金“管理人+项目运营管理机构”这一存续管理机制。鉴于ABS管理人在目前基础设施REITs中和REITs管理人为同一机构或统一实控，在监管目的和市场实践中已达到了统一的效果，因此，这一模式的转化成本最低，同时，其对现有一系列基础设施REITs有关规定的实质影响也最小。但是，这一模式需要公募基金直接投资不动产或项目公司股权，考虑REITs运营的实际需要，项目公司一般为新设立且资产极为纯粹的企业，一般不可能为上市公司，这一模式将同《证券投资基金法》中公募基金只能投资股票、债券或其他证券及其衍生品种相冲突。如果仅为REITs改变《证券投资基金法》相关内容，由于其涉及面较广，则会存在诸多潜在问题。

对于第二种方案，其实质是“类REITs”的公募化，从操作层面来看，这对于目前市场机构来说可谓驾轻就熟，但难点在于立法层面存在较大幅度的变动。在这一模式下，鉴于券商专项资产管理计划已被明确为私募产品，因此首先需解决的是ABS公募化问题，这就要调整《关于规范金融机构资产管理业务的指导意见》（简称《资管新规》）或通过“打补丁”的方式来解决，鉴于《资管新规》的发文层级在国务院金融稳定发展委员会，制度修订需要获得自上而下的支持，同时可能面临较长的时间和流程。具体到业务规则方面，最关键的制度调整在于修订证监会发布的《证券公司及基金管理公司子公司资产证券化业务管理规定》，需要按照公募化、权益化、聚焦不动产的方式对其进行调整，其将至少面临三个方面的技术问题：一是公募化后，投资人适当性管理和信息披露要求将与原有ABS主要面向机构投资人的私募运作方式完全不同；二是ABS是一种典型的固定收益型结构化产品，REITs则完全表现出权益属性，需要对交易结构进行颠覆性调整，同时修改配套的分红要求、权益登记、结算分配等设计；三是ABS可适用的底层资产非常广泛，包括债权、收益权和不动产权益等，如为REITs化目的进行统一修改，可能会影响其他品种底层资产的业务运作机制，如采用特定化模式“打补丁”，则更类似于“新券模式”。

综上所述，上述两种方案要么需要在不影响原有所辖业务的情景下进行大幅度“打补丁”，要么几乎需要“另起炉灶”制定新的业务规则，因此时间成本和工作量可能和“新券模式”相当，但就执行效果而言显然劣于“新券模式”。从长期发展情况来看，建立中国 REITs 的架构体系，必须从“以终为始”的视角出发，只有“新券模式”具有更大的制度自由度，亦与国际通行的 REITs 制度更加接轨。因此，目前亟待从根本上进行法规制度的全面建设和完善，以减少交易摩擦、优化交易结构为目标，明确公募 REITs 的单一法定载体。从目前成熟市场的经验看，业务载体包括公司和信托机构，建议国内以公司模式为方向进行法规制度建设。这是因为，一方面，从美国这一最为成熟和发达的 REITs 市场看，虽然其监管当局并未限制 REITs 的法律形式，但最终多数 REITs 均采用公司制，并可相对自然地采用内部化的管理模式，而从委托代理理论和实证绩效研究来说，“公司制+内部型”的模式对 REITs 的成长更为有利，也即公司制是更加符合 REITs 主动管理理念的选择。另一方面，从国内现有法律体系来看，REITs 权益性、公募化、可负债、份额可灵活变动的特点更契合公司的法律实质，在大的法律框架下免受物权登记、《资管新规》对产品的约束。同时，公司作为 REITs 的载体，同“新券模式”也不产生冲突，可以借鉴科创版以及中国存托凭证（CDR）上市制度制定的经验，一方面由中国人民银行及证监会授权交易所出台具体的上市标准并试行注册制，以立法方式设立单独的证券品种并在《证券法》修订时进一步予以明确；另一方面对于上市业绩标准做出特色化安排，设立多个可选性标准，强调物业质量、经营性现金流水平和分红能力等物业运营的关键指标，改变目前经营性企业重点考量净利润的模式，避免 REITs 主体因利润不足，而无法公开上市。此外，通过对现有 REITs 制度框架合理平移，对于 REITs 的核心指标，如资产构成、收入构成、分配比例、负债比例等进行规范和限制，避免企业法人通过 REITs 进行套利。在投资人方面，建议对现有相关部门规章进行完善，建立针对投资额度和比例、资本计提、非标额度计算、风险暴露设定等一系列配套的市场监管机制进行安排，以市场化手段弱化房地产信托、券商资产管理计划等私募产品对房地产行业的支持，达到“开正门、堵旁门”的效果，实现房地产行业和金融行业良性互动发展。

（二）从增加资产类别和建立扩募机制两个方面扩大市场规模

目前，扩大 REITs 试点范围的条件已经渐趋成熟。中国 REITs 从基础设施领域开始，除保障性租赁住房外均不得“涉房”，明确禁入酒店、商场、写字楼等商业地产项目，目的是在资产类型上优先补足基础设施领域的短板，包括仓储物流、收费公路、各类市政工程，以及特定类型的产业园区等。从规模上看，即便未来只有 1%的基础设施资产通过 REITs 上市，中国 REITs 的市值也将达到 1 万亿元级别。但是，实务过程中往往会遇到种种意想不到的困难，影响基础设施公募 REITs 的发展规模。如前期同样得到政府管理部门积极支持的 PPP 项目的资产证券化事宜，但是由于种种问题，目前实际落地的规模不足 100 亿元，距离各方预期差距巨大。此次基础设施 REITs 为保障投资人利益，设定了不低于 4%的现金流分派水平，对于持有基础设施的原始权益人而言，对此类优质资产出表的动力往往不足，就融资角度而言，REITs 在经济成本上并无优势，时间投入和不确定性则大大高于传统模式。在现有 11 个项目中，6 个项目的原始权益人（或其同一控制下的关联方）仍处于控股地位，其中甚至有 4 个项目保留了绝对控股权，说明多数项目的发起目的是进行融资甚至响应创新。从资产来源看，除中金普洛斯仓储物流 REITs 之外，其余 10 个项目资产的原始权益人均为国有资本，这说明现有的资产要求缺乏对社会资本的吸引力，其中，受资产类型限制是重要因素之一。

就实践角度，我们可以从扩大适格基础设施范畴和尝试纳入商业物业两个方面入手。一方面，应积极深化公募 REITs 所对应的适格基础设施资产类别。现有文件规定底层资产已产生持续、稳定的收益及现金流，投资回报良好，并具有持续经营能力、较好的增长潜力，原则上未来三年的净现金流分派率不低于 4%。从境外市场成熟的经验来看，虽然底层资产的成熟情况和资本化率水平是 REITs 成熟度的重要考量指标，但从 REITs 成长性视角来看，可尝试允许把一些尚未产生现金流或现金流水平较低，但升级改造、提升空间较大的项目作为选择对象，从而充分发挥 REITs 的主动管理、提升资产价值的作用。特别是在目前市场各层面均积极推动保障性租赁租房 REITs 上市的情况下，鉴于目前国内住房资源亟待加强的城市均为一、二线城市，但这些城市的租售比较低，无差异化、动态化设定适格要求可能会对 REITs 的发展产生一定障碍。另一方面，根据成熟市场的经验，REITs 底层资产的丰富度极高。参照彭博对公募 REITs 的资产分类，包括零售、住宅、办公、医疗、酒店、仓储、工业、多元（新兴）资产，可谓"百花齐放"，其中零售、办公、住宅资产类别的占比目前仍具有一定优势，也未见此类资产对金融市场和房地产市场造成不良影响。《国家发展改革委关于进一步做好基础设施领域不动产投资信托基金（REITs）试点工作的通知》明确将租赁住房纳入基础设施 REITs 试点范围，多个地方政府和相关商业企业也纷纷响应推进此类业务。具体建议参考 AvalonBay 和 Equity Residential 的商业模式，发挥 REITs 独有的逆周期作用，熨平资产价格波动，调节市场对公寓资产的供给水平。同时，正如 2022 年"两会"的部分代表所言，目前，商业不动产领域正在从过去的产销模式向"资管+运营"模式转型，REITs 可积极尝试向优质区域的商业地产进行拓展。根据实证研究，就避免相互影响进而形成金融泡沫的角度而言，拓展底层资产至商业地产领域不存在相关风险；监管层面通过各种技术手段完全可以有效控制资金流向，避免把募资所得用于房地产开发商进行住宅开发，从而导致房价过快上涨。

同时，扩募是 REITs 规模增长和自我完善的重要手段。从全球范围内看，REITs 管理人通过增发扩股等股权再融资手段，注入新资产，优化其在管资产组合，可以实现 REITs 净营运收入和单位份额收益稳定增长。根据中金公司的研究，近年来，美国 REITs 年度扩募规模为 300 亿～500 亿美元，占当年市值总量的 26%～40%，占年度市场融资（包括股债等各种融资渠道）总量的四成到六成。中国香港的 REITs 市场规模虽然不大，但诸如领展 REITs、越秀 REITs 等也发起了多次扩募和进行多个资产的收购。由此可见，扩募是 REITs 产品的重要特性，是其成长性的具体体现。首先，扩募可以增加 REITs 持有的项目，能起到优化投资组合、分散单一项目风险，从而提升自身经营能力和资信水平，降低融资成本的作用。其次，由于目前境内基础设施 REITs 明显呈现“供小于求”的特征，不仅全部项目都触发末日比例配售规则，还造成投资人配售比例日趋下降，甚至部分项目公众投资人的投资占比已接近 1%的水平，必须新发和扩募并行，才有可能改善市场供给不足的局面。最后，扩募提高了不动产交易的活跃度，以资本市场为锚，对不动产进行准确定价，有利于资源优化配置。2022 年 3 月 18 日，证监会在官网发表了《深入推进公募 REITs 试点进一步促进投融资良性循环》一文，充分肯定了扩募的重要价值，明确指出，目前正在指导交易所抓紧制定具体规则并将适时征求市场意见。

从目前基础设施 REITs 的业务制度看，未来扩募规则至少需要解决如下三个问题。一是对扩募资产来源予以明确，具体有限定现有原始权益人（或其关联方）和准予收购第三方资产两种方案。从《国家发展改革委关于进一步做好基础设施领域不动产投资信托基金（REITs）试点工作的通知》对原始权益人的要求来看，其必须具有一定规模的同类基础资产和较强的扩募能力，因此，其大概率会限定扩募范围为原始权益人。但这一模式和境外不限定特定对象的主流做法存在较大差异，这可能会导致扩募规模较为有限，如准许并购第三方资产，则需要明确初次上市时原始权益人是否继续参与战略投资事宜，同时不同原始权益人之间的治理关系如何协调也存在一定难度。二是需要明确扩募资产的类别。目前，各 REITs 在首发时均选择了同一类型基础资产，且各 REITs 在命名中也明显体现了资产类型的特征。如果未来只能限制为同类型资产，则扩募的效果和可持续性将出现一定程度的折扣。另外，对于同类型资产也需要有清晰的定义，如绿色发电类 REITs 是否包括风能、水能和垃圾发电等多个行业。三是要明确不同扩募方式的定价和信息披露规则，一方面，其存在债权融资和股权融资两种模式，需要分别明确定价要求和信息披露内容；另一方面，对于股权融资，与上市公司再融资类似，需要充分考虑配股、定向增发、公开增发等不同模式下的定价和信息披露要求。

（三）积极培育专业化资产管理机构

从治理结构来看，REITs 的实质是一家企业，其价值体现为一定分红水平下的折现结果，因此，对 REITs 资产的经营，包括日常运营、扩募增发、开发项目、资产更新等，均会影响现金流，从而影响 REITs 的市场价值。对 REITs 经营质量影响最大的是 REITs 管理机构的主动管理能力。从境外市场经验来看，在最为成熟的美国，REITs 的性质经历了从债权性到权益性的转变，管理人也同步经历了被动管理到主动管理的转变，叠加美国管理模式从信托制到公司制的转变，迎来了 20 世纪 80 年代末 REITs 发展的高潮。从亚洲市场来看，虽然市场主要采用信托模式，但是，在此架构下，其向管理人赋予了运营服务、并购重组甚至项目开发的权限，多数市场采用主动管理模式。在此过程中，既有 Saizen 这类因主动管理能力孱弱而进行破产清算退市的情景，也有如 ARA 资产这类以 REITs 管理作为特色能力的专业化不动产管理机构，更有如凯德、淡马锡这类通过 REITs 模式既在报表方面实现了轻资产管理转型，又充分利用多数份额下对 REITs 的影响力，通过发挥 REITs 管理人的主动作用实现了“资本结构优化+资产管理”的转型。

基于目前中国基础设施 REITs 的制度体系，必须由公募基金作为 REITs 管理人，并由其组建专业化团队完成。证监会发布的《公开募集基础设施证券投资基金指引（试行）》明确指出，管理人对基础设施基金运作过程中的运营管理职责多达 16 项，涵盖账户管理、证照管理、现金流管理、日常运营管理、信息披露管理等方方面面，其中仅 6 项能够委托给外部管理机构负责，这充分说明了监管机构通过压实公募基金管理人的责任将主动管理职责完全赋予公募基金管理人的意图。但是，目前，由于缺乏市场需求、机制缺位等原因，公募基金尚无对 REITs 的管理能力。

从中国基础设施 REITs 的长期发展情况来看，一方面，必须不断加强基金管理人建设，打造一支具有优异不动产管理能力的团队，这是从主体责任出发，保障基础设施基金增值的关键举措。具体可以从多个方面入手。一是建立相关制度。从目前的国际经验和国内状况来看，采用内部型管理团队更有利于降低委托代理成本，从而更高效地提升 REITs 的市场价值。要通过制定合理的制度，综合考虑代理人的需求、行为动机、行为目的等因素，对各方的权利、义务进行明确和约束，避免出现道德风险，达到激励相容的效果，从而提高 REITs 的价值。要针对管理人建立细致科学的准入条件，确保其所在公司和团队的业务能力和经验水平，设立动态的市场化准入机制，形成良性竞争的市场格局。二是设计合理的管理费体系。除了基本的管理费之外，还可以根据实际工作情况，安排绩效费、收购费、出售费、开发管理费来激励管理人发挥专业管理能力。同时，可以设计用 REITs 份额而非以现金支付管理费，最终促进投资者利益与管理人激励相容。三是优化治理结构。不论是目前多层的产品结构，还是未来有可能简化的结构，都至少会涉及基金份额持有人、基金管理人、运营管理机构、项目公司等多个组织，必须通过合理地设计机制，明确责任主体和议事规则，避免出现职责权限不清、决策链条过长等问题。

另一方面，可通过与原始权益人相互赋能的方式，提升基础设施不动产行业的管理水平。从目前 11 个已发行的项目来看，所有项目均由原始权益人（或其关联方）作为运营管理机构，这说明目前原始权益人实际上是在项目资产管理过程中最具优势的机构，基金公司单独进行资产管理条件尚不成熟。因此，在试点运作阶段要加强同原始权益人的沟通协作，鼓励有条件的原始权益人参与管理并考虑实现内部化。鉴于试点期间对底层资产质量的要求较高，原始权益人存在希望留存资产多数收益，保留控制权以合并优化报表等要求。对于此类希望更多控制资产权益的情况，应积极配合原始权益人持有较高的 REITs 份额，并积极引导其受托负责 REITs 的运营管理实务。同时，鉴于大量资产原始权益人为国有资本，特别是地方政府平台或国资管理企业，应引导其积极参与资产管理工作，通过合理的委托机制参与 REITs 上市后的运营，这可以有效激励其输出资产管理能力及品牌价值，不仅有利于 REITs 的价值提升，还有利于实现地方国有企业的转型升级。

（四）形成更加合理有效的价值评估体系

首批基础设施 REITs 上市之后，虽然只有短短不到一年的时间，但前后已经历了火爆开盘、成交清淡、快速上涨、价值回归四个阶段。从市场价格的变动情况来说，这对上市之初即参与投资的投资人已形成了非常良好的回报，但其间价格急速上涨导致预期分配率快速降低，换手率大幅提升，甚至造成多个项目出现多次临时停牌的情况，这也为市场敲响了警钟。究其根本，在于目前基础设施 REITs 市场尚不成熟，尚未形成标准化的价值评估体系。

基础设施公募 REITs 是一个兼具股性与债性的产品，但底层资产是特许经营权类的和不动产权类的，它们各有不同。特许经营权类的 REITs 虽然期限为十数年甚至几十年，但特许经营权存在明确期限，按预期现金流折现评估得到的价值必然呈现逐年衰减的特征，这类似于超长久期的固定收益类产品；不动产权类的 REITs 有底层资产，本身不仅提供可分配现金流，而且资产价值具有成长性，因此股性更强。目前，现有项目均从底层资产价值评估出发，在由底层资产价值结合资产负债调整后，测算基金报表层面的净资产值，并且一般以此为基准进行一级市场定价。在二级市场，一般通过结合目前份额单价水平和未来分红预期，计算投资的内涵收益率（IRR），按收益水平判断是否进行投资。

就估值的有效性而言，公募基金净资产值（NAV）是更为通用的估值指标。这一指标类似于上市公司的股东权益，在实践中，海外 REITs 市场通常会用基金价格对 NAV 的比值表征估值水平，这在本质上等同于市净率（P/B）。同时，由于 REITs 底层资产的质量往往较为稳定，实际上，在一般情况下，NAV 不会大起大落，用其作为估值基准具有较好的稳定性；实证研究也表明，REITs 的基金总市值往往围绕 NAV 波动。具体在技术流程方面，一般先计算资产的税前运营现金流，进而通过现金流折现模型进行测算。具体到单个 REITs，建议投资者进一步关注不同类型基础资产的不同特点，考虑特殊因素对基础资产运营的影响，判定估值假设参数的合理性，同时避免因个性化事件造成产品底层现金流大幅波动，如高速公路项目需要关注区域经济、车流来源、可替代性等。

第七章 住房租赁市场与住房租赁金融

崔　玉　蔡　真*

- 在住房租赁支持政策方面，中央层面主要通过提供土地、财税、金融等政策支持，大力发展租赁住房市场，重点解决新市民、青年人等群体的住房困难问题；地方层面主要通过增加租赁住房土地供给、加大对住房租赁市场的金融支持力度、整顿租赁市场秩序和规范市场主体行为等方式，支持和规范住房租赁市场发展，并首次提出城市住房租金年度涨幅不超过5%的“控租金”要求。
- 在住房租赁市场方面，从需求端来看，2021 年，我国住房租赁市场的规模已超过 2 万亿元；住房租赁人口仍呈现年轻化和单身化的特征，而且住房租赁市场需求主要集中在人口净流入量大的城市。从供给端来看，2021 年，住房租赁市场逐渐复苏，主要城市（深圳除外）的租金价格普遍上涨；在政策支持下，多家头部住房租赁企业已实现赢利，长租房市场的发展逐渐走向正轨；为缓解住房租赁市场结构性供给不足的问题，2021 年，保障性租赁住房成为住房租赁市场政策支持的重点。
- 住房租赁企业的融资整体有所增加。银行贷款方面，商业银行更倾向于投向政府主导的公共租赁住房项目或政府支持的保障性租赁住房项目，其中，中国建设银行的住房租赁贷款余额已超过 1300 亿

---

* 崔玉，国家金融与发展实验室房地产金融研究中心研究员；蔡真，中国社会科学院金融研究所副研究员，国家金融与发展实验室房地产金融研究中心主任、高级研究员。

元，与 2020 年末相比增长了约 824.4 亿元；股权融资方面仍维持在冰点，年内仅有安歆集团获得前海母基金 Pre-D 轮数亿元融资；专项债融资方面，2021 年，住房租赁专项债的发行规模为 154 亿元，同比下降 18.92%，加权平均票面利率为 3.98%；资产证券化融资方面，2021 年，我国住房租赁资产证券化产品的成功发行规模仅为 36.32 亿元，较 2020 年的 85.55 亿元同比下降 57.55%。另外，24 个试点城市的住房租赁企业项目在符合一定条件下还能获得部分中央财政专项资金补贴。

- 当前，我国住房租赁市场存在的突出问题是市场供需结构存在失衡、租客的租赁权益得不到有效保障及住房租赁企业在快速扩张过程中乱象环生；住房租赁金融市场存在的主要问题是金融支持的总量不足和金融支持的方式欠妥。
- 展望 2022 年，坚持“租购并举”、加快发展长租房市场和保障性租赁住房仍是住房租赁行业的政策主基调。住房租赁市场方面，我们预计，租金价格相对稳定，长租房市场的发展步入正轨，保障性租赁住房市场将迎来更多的发展机遇。住房租赁企业融资方面，在政策的大力支持下，伴随着头部住房租赁企业出现赢利曙光，住房租赁行业的融资规模将进一步扩大。银行贷款的发放重点仍是支持保障性租赁住房项目建设和改造；股权融资方面，那些专注提高运营能力的住房租赁企业更易脱颖而出，从而受到资本的青睐；住房租赁专项债的发行规模会略有上升；最适合发展住房租赁市场的融资工具 REITs 将得以落地。

一　住房租赁市场的政策情况

住房问题关系民生福祉，购买和租赁是满足城镇居民住房需求的两种主要方式。自 1998 年深化住房制度改革以来，我国住房制度、住房政策和金融支持更多在于鼓励进行商品房的开发和购买，存在较为严重的“重售轻租”的倾向。这种政策取向虽然在一定程度上促进了住房买卖市场的快速发展，推动了居民住房条件的极大改善（我国城镇居民人均住房面积由 1998 年的 18.7 平方米提高至 2019 年的 39.8 平方米①），但住房市场“重售轻租”模式的弊端逐渐凸显，目前，我国住房租赁市场的发展严重滞后，而且部分城市存在总量供给缺口、供需结构失衡、租客权益得不到有效保障等问题。大城市中进城务工人员、新就业大中专毕业生、新落户居民等群体的长期住房需求难以得到满足。鉴于上述问题，在 2021 年 3 月公布的《中华人民共和国国民经济和社会发展第十四个五年规划和 2035 年远景目标纲要》中提出“加快培育和发展住房租赁市场，有效盘活存量住房资源，有力有序扩大城市租赁住房供给，完善长租房政策，逐步使租购住房在享受公共服务上具有同等权利”。

综观 2021 年中央及地方层面出台的住房租赁相关政策，发展住房租赁市场已经成为实施房地产市场长效机制的重要组成部分。中央层面将解决好大城市住房突出问题纳入 2021 年重点工作任务，以人口净流入多、房价高的大城市为重点，通过给予土地、财税、金融等政策支持，大力发展租赁住房市场，重点解决新市民、青年人等群体的住房困难问题。中央层面住房租赁市场相关政策见表 7-1。地方层面主要通过增加租赁住房土地供给、加大对住房租赁市场的金融支持力度、整顿租赁市场秩序和规范市场主体行为等方式，支持和规范住房租赁市场发展，并首次提出城市住房租金年度涨幅不超过 5%的“控租金”要求。

表 7-1　中央层面住房租赁市场相关政策

时间	部门	文件/会议	主要内容
2021 年 3 月	国务院	《政府工作报告》	解决好大城市住房突出问题，通过增加土地供应、安排专项资金、集中建设等办法，切实增加保障性租赁住房和共有产权住房供给，规范发展长租房市场，降低租赁住房税费负担，尽最大努力帮助新市民、青年人等缓解住房困难问题

① 数据来源于 2021 年 8 月 31 日国新办“努力实现全体人民住有所居”新闻发布会上住房和城乡建设部相关领导的讲话。

续表

时间	部门	文件/会议	主要内容
2021 年 3 月	国务院	《中华人民共和国国民经济和社会发展第十四个五年规划和 2035 年远景目标纲要》	加快培育和发展住房租赁市场，有效盘活存量住房资源，有力有序增加城市租赁住房供给，完善长租房政策，逐步使租购住房在享受公共服务上享有同等权利。加快住房租赁法规建设，加强租赁市场监管，保障承租人和出租人的合法权益。有效增加保障性住房供给，完善住房保障基础性制度和支持政策。以人口流入多、房价高的城市为重点，扩大保障性租赁住房供给，着力解决困难群体和新市民住房问题。单列租赁住房用地计划，探索利用集体建设用地和企事业单位自有闲置土地建设租赁住房，支持将非住宅房屋改建为保障性租赁住房
2021 年 4 月	住建部、国家发改委等 6 个部门	《关于加强轻资产住房租赁企业监管的意见》	针对部分从事转租经营的轻资产住房租赁企业资金链断裂问题，为加强对住房租赁企业的监管，引导住房租赁企业回归住房租赁服务本源，防范化解金融风险，提出采取加强从业管理、规范经营行为、开展资金监管、禁止套取住房租赁消费贷款、合理调控租金、化解住房租赁矛盾纠纷、落实城市租房主体责任等手段
2021 年 6 月	国家发改委	《国家发展改革委关于进一步做好基础设施领域不动产投资信托基金（REITs）试点工作的通知》	将各直辖市及人口净流入大城市的保障性租赁住房项目纳入基础设施 REITs 试点范围
2021 年 7 月	国务院办公厅	《国务院办公厅关于加快发展保障性租赁住房的意见》	加快完善以公租房、保障性租赁住房和共有产权住房为主体的住房保障体系，加快发展保障性租赁住房，解决好符合条件的新市民、青年人等群体的住房困难问题。明确保障性租赁住房以小户型为主；由政府给予土地、财税、金融等政策支持，充分发挥市场机制作用，引导多主体投资、多渠道供给

续表

时间	部门	文件/会议	主要内容
2021年7月	住建部、国家发改委等8个部门	《关于持续整治规范房地产市场秩序的通知》	对住房租赁领域的未提交开业报告即开展经营，未按规定如实完整报送相关租赁信息，网络信息平台未履行信息发布主体资格核验责任，克扣租赁押金，采取暴力、威胁等手段强制驱赶租户，违规开展住房租赁消费贷款业务，存在"高进低出""长收短付"等高风险经营行为，未按规定办理租金监管等问题进行制度化、常态化整治
2021年7月	财政部、国家税务总局、住建部	《关于完善住房租赁有关税收政策的公告》	明确住房租赁企业缴纳增值税、房产税的优惠政策：按照5%的征收率减按1.5%计算缴纳增值税，减按4%的税率征收房产税
2021年12月	党中央	中央经济工作会议	坚持租购并举，加快发展长租房市场，推进保障性住房建设
2022年1月	央行、银保监会	《关于保障性租赁住房有关贷款不纳入房地产贷款集中度管理的通知》	明确保障性租赁住房项目有关贷款不纳入房地产贷款集中度管理范围，鼓励银行业金融机构按照依法合规、风险可控、商业可持续的原则，加大对保障性租赁住房发展的支持力度

资料来源：根据中华人民共和国中央人民政府网站、住房和城乡建设部网站等的公开资料整理得到。

二　住房租赁市场发展回顾

（一）住房租赁市场需求端现状

1. 住房租赁市场的规模已超过2万亿元

从住房租赁市场的需求结构来看，一部分为流动人口带来的住房租赁需求，另一部分为户籍人口在户籍所在城市的住房租赁需求。其中，流动人口的住房租赁需求是租赁市场需求的主要部分。随着我国城镇化的持续推进，流动人口数量也在快速增长。从城镇化率来看，我国城镇化率仍在持续提高，截至2021年末，我国常住人口城镇化率达到64.72%（见图7-1）。从我国流动人口数量来看，第七次全国人口普查数据显示，2020年，我国流动人口①数量达到3.76亿人；2021年，我国流动人口数量增长至3.85亿人。全国人口普查数据表明前几年由人口抽样调查所得到的流动人口数据明显被低估。

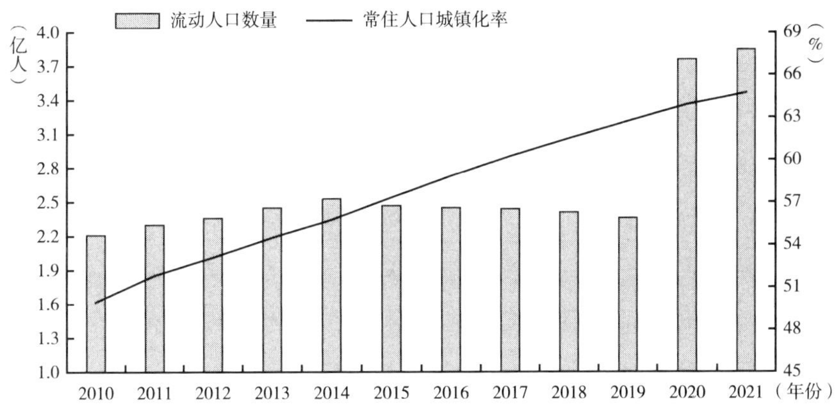

图7-1　2010~2021年中国流动人口数量及常住人口城镇化率

资料来源：国家统计局。

根据国家人口计生委发布的《中国流动人口发展报告2018》，2017年，我国流动人口家庭中租住私房的比例为59.8%。以此比例估算，2021年，我国流动人口中的住房租赁人口约为2.30亿人，约占总人口的16.28%。清华大学建筑学院住宅与社区研究所、贝壳研究院对北京、上海等10个一、二线城市的调研结果显示，住房租赁人群的平均租金收入比为19.9%；其中，超过8成的租赁人群的租金收入比在30%以下，接近2成的租赁人群的租金收入比超过30%②。以

① 流动人口是指人户分离人口中扣除市辖区内人户分离的人口。其中，人户分离人口是指居住地与户口登记地所在的乡镇、街道不一致且离开户口登记地半年以上的人口。

② 数据来源于清华大学建筑学院住宅与社区研究所、贝壳研究院联合发布的《新市民租赁需求洞察报告系列之租金负担调查》。

人均住房租金占城镇人均可支配收入中位数①的 20%～30%估算，2021 年，我国住房租赁市场规模为 2.18 万亿～3.27 万亿元②，已超过 2 万亿元。参照美、英、德、日等发达国家住房租赁人口占总人口比重为 30%～40%的国际经验，随着我国城镇化率和城镇人均可支配收入水平的不断提升，未来，我国住房租赁市场规模仍有巨大的增长空间。

2. 住房租赁人口呈现年轻化和单身化的特征

随着“80 后”“90 后”等新生代成为流动人口的主力军，住房租赁人口逐渐呈现年轻化和单身化的特征。

第一，年轻人已经成为住房租赁人口的主力军。58 同城、安居客发布的《2020 年中国住房租赁市场总结报告》显示，在其调研的一线/新一线城市住房租赁人群中，20～35 岁的人口占总租赁人口的 71.1%。另外，住房租赁市场新增需求群体主要为高校毕业生，近年来，高校毕业生数量仍在持续增加。教育部公布的 2021 年预计高校毕业生总数高达 909 万人（见图 7-2），一批批刚刚步入社会的普通高校毕业生不断为住房租赁市场增添新需求。

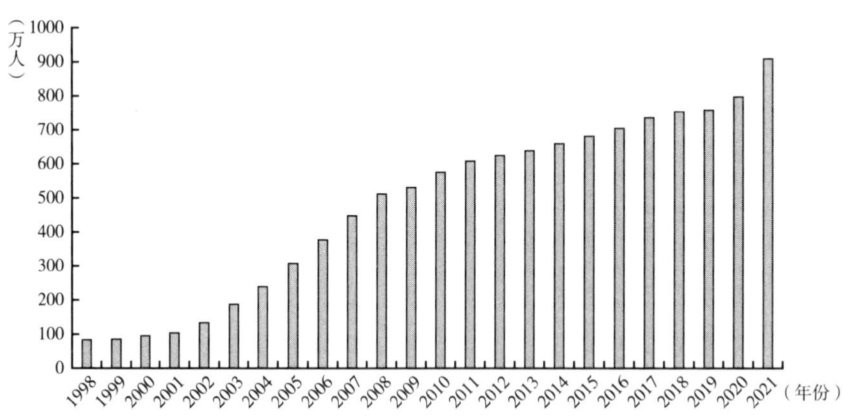

图 7-2　1998～2021 年中国普通高校毕业生数量

注：2021 年的普通高校毕业生数量为教育部公布的预计毕业生数量。

资料来源：国家统计局、教育部。

① 根据《中华人民共和国 2021 年国民经济和社会发展统计公报》，2021 年，我国城镇居民人均可支配收入中位数为 47412 元。

② 未估算户籍人口在户籍所在城市的住房租赁需求规模。

第二，住房租赁人口以未婚群体为主。在高等教育普及率提高、平均受教育年限增加、就业压力增加、人均寿命延长和大城市住房价格持续上涨等诸多因素的作用下，我国城市人口平均初婚年龄逐年提高，住房租赁需求人口呈现未婚化的特征。清华大学建筑学院住宅与社区研究所、贝壳研究院在2022年3月发布的报告显示，四个一线城市的住房租赁群体均以未婚群体为主，在北京、上海、广州、深圳住房租赁需求人口中，未婚比例分别为71.2%、83.2%、79.0%和80.4%；未婚群体会倾向于合租，已婚群体倾向于整租（见图7-3）。

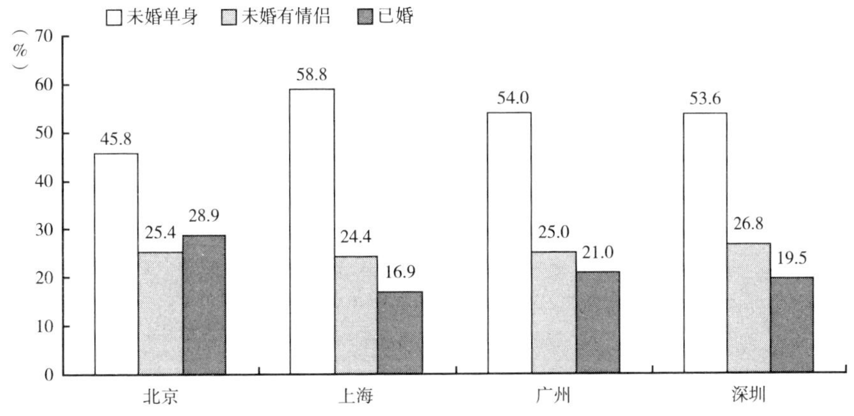

图7-3　四个一线城市住房租赁人群的婚姻状况

资料来源：清华大学建筑学院住宅与社区研究所、贝壳研究院在2022年3月9日发布的《新市民租赁需求洞察报告系列之一线城市新市民租赁需求调查》报告。

住房租赁人口年轻化、单身化意味着对住房租赁体验的个性化要求更多，对房源品质、交通便利程度、住房的配套设施、租后服务等方面的要求更高，且更易于接受合租模式。传统的房东直接将自有闲置住房出租的模式难以匹配这些住房租赁需求，需着力于发展专业化、机构化住房租赁企业以满足这些需求。

3. 住房租赁市场需求主要集中于人口净流入量大的城市

从发达国家的城镇化发展规律来看，人口向特大城市聚集是必然的趋势，比如，日本超过40%的人口集中在三大都市圈的13个都府县。从“六普”和

“七普”人口数据来看，10年间，人口净流入排前20名的城市是一、二线城市和少数经济较发达的三线城市（见表7-2）。相应地，从地域分布来看，住房租赁需求主要集中在这些人口净流入量较大的城市。主要原因是我国一、二线城市和少数经济发达城市的人口聚集程度高，流动人口数量庞大，同时，住房价格往往较高，这就迫使大量居住需求转向住房租赁市场。

住房租赁市场需求主要集中在人口净流入量大的城市，这就意味着政府层面支持住房租赁市场发展的政策应该主要集中在这些城市。当然，为更好地提供租赁住房服务，专业化、机构化的租赁企业在布局时也应考虑这些住房租赁需求集中的核心城市。

表7-2　2010~2020年人口净流入量排前20名的城市

单位：万人

排名	城　市	2010~2020年城市人口净流入量
1	深　圳	713.66
2	广　州	597.58
3	成　都	581.92
4	西　安	448.59
5	郑　州	393.98
6	杭　州	326.50
7	重　庆	320.80
8	长　沙	302.01
9	武　汉	254.11
10	佛　山	230.46
11	苏　州	228.23
12	北　京	228.07
13	东　莞	224.64
14	南　宁	208.00
15	昆　明	202.79
16	合　肥	191.42
17	上　海	185.18
18	宁　波	179.86
19	金　华	170.00
20	贵　阳	166.25

资料来源：Wind。

（二）住房租赁市场供给端现状

1. 租金价格水平普遍上涨

从中原地产统计的四个一线城市、两个二线城市的租金数据来看，2021年，北京的租金水平同比上涨了13.41%，深圳的租金水平同比下降了4.59%，上海的租金水平同比上涨了9.84%（见图7-4上图），广州的租金水平同比上涨了3.73%，天津的租金水平与2020年同期持平，成都的租金水平同比上涨了2.01%（见图7-4下图）。从总体形势来看，受疫情影响较大的住房租赁市场在2021年第一季度开始逐渐复苏；在第二季度、第三季度，伴随着毕业季的到来，旺盛的住房租赁需求带动租金价格季节性上升，样本城市的住房租金价格普遍上涨（深圳除外），且北京、上海这两个机构化租赁占比较高的城市租金价格的累计涨幅较大；从第四季度开始，随着住房租赁传统淡季的到来，租金价格有所回调。

从样本城市的情况来看，北京、上海这两个城市的租金价格涨幅较大，原因可能如下。一是国内疫情控制得相对较好，住房租赁市场全面回暖，叠加毕业季的到来，住房租赁市场需求较为旺盛。二是受疫情影响，2020年，住房租赁市场需求下降，住房租赁企业普遍亏损经营，2021年，在市场回暖后，长租公寓的租金普遍上涨，以弥补前期亏损。三是在机构化租赁占比较高的城市，长租公寓的租金已经成为业主直租住房进行租金定价的重要参考；长租公寓价格上涨可能推动普租房租金出现同步甚至更大幅度的上涨。发展租赁住房市场（尤其是加快发展长租房市场）解决新市民、青年人等群体的住房困难问题，已经成为政府部门政策重点支持的方向，但部分城市住房租金大幅上涨，可能会促使地方政府出台“控租金”政策或发布租金政府指导价格。在2020年成为全国住房均价最高的城市之后，2021年，深圳的住房租金水平反而持续下跌，究其原因：一方面，前期住房市场投资、投机氛围较为浓厚，在房价下行时，投资者将持有的部分空置住房投入住房租赁市场，寻求通过“以租养贷”的方式减少资金压力，等待房价回升时再将持有住房出售，因此，市场供给增加；另一方面，高房价对人才流入产生负面影响，租赁市场的需求较少。人力资本是推动经济长期发展的重要因素，作为国内经济最有活力的城市之一，深圳对人才吸引力的下降引起地方政府充分重视。

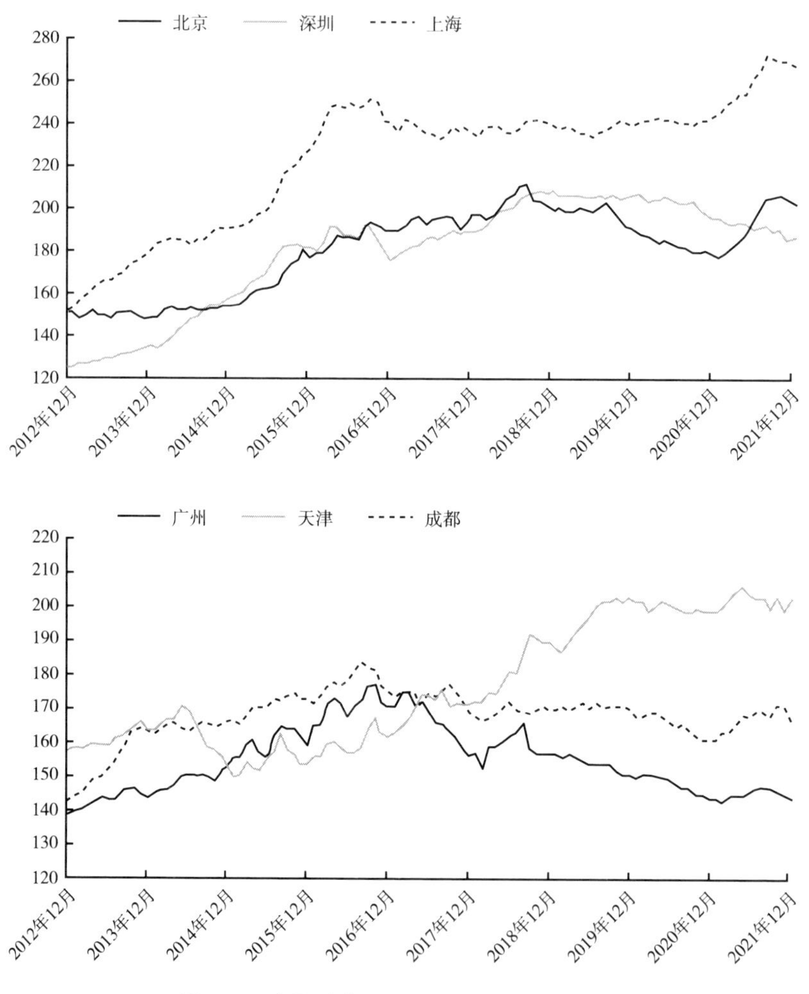

图 7-4　中原地产二手住宅租金指数（定基）

注：以 2004 年 5 月为基准，基准值为 100。
资料来源：中原地产、Wind。

2. 多家头部住房租赁企业实现赢利

构建“租购并举”的住房制度的核心任务是补齐住房租赁市场欠发达

的“短板”，发展由专业化住房租赁企业主导的长租房市场是关键。发展长租房市场，可以增加住房租赁市场的有效供给和提高住房租赁市场的服务水平。由于长租房市场可以提供租赁关系稳定可期、居住环境安全舒适的居住空间，租赁长租房居住现已成为新市民、青年人群体解决住房问题的重要方式之一。

虽然长租房市场需求较为旺盛，但由于住房租赁企业赢利困难，市场供给难以快速匹配。长租房的经营普遍具有前期投入高（获取房源、改造、运营成本均较高）、回收期长（依靠租金和服务费回收成本，回收时间漫长，一般需要 3~5 年）、行业利润率低等特征。这些行业特征加上住房租赁市场租金收益率过低的市场现状，直接导致我国住房租赁企业普遍存在赢利难的问题。从我国一线城市和部分二线城市的住房租金收益率来看，2021 年末，4 个一线城市的平均住房租金收益率约为 1.77%；9 个二线热点城市的平均住房租金收益率约为 2.00%，8 个二线非热点城市的平均住房租金收益率约为 2.24%（见图 7-5）。在 2%左右的住房租金收益率背景下，对于采取自持物业的重资产经营模式的住房租赁企业来说，无论新建住房还是改造或收购存量住房，均面临投资收益率过低问题，难以实现盈利；对于采取转租经营的轻资产经营模式（“二房东”模式）的住房租赁企业来说，住房产权人要求获得相应的租金回报率，导致获取房源的直接成本会占租金收入的 70%左右，加上较高的租赁住房改造装修和运营的成本，也难以实现赢利。赢利困难、持续巨额亏损正是前期住房租赁企业持续爆雷的直接原因之一。

为解决住房租赁企业赢利难问题，政府部门从土地、财税、金融等多个方面给予政策支持，包括支持利用集体经营性建设用地、企事业单位自有闲置土地、产业园区配套用地和存量闲置房屋建设租赁住房，给予住房租赁企业税收优惠，给予规模化住房租赁企业中央专项资金支持，鼓励金融机构加大对住房租赁企业的金融支持力度，将保障性住房项目纳入公募 REITs 试点范围等。在政策支持下，住房租赁企业的运营成本有所下降，而且随着住房租赁市场的全面复苏，租金水平上升，住房租赁企业进行更加精细化的运营

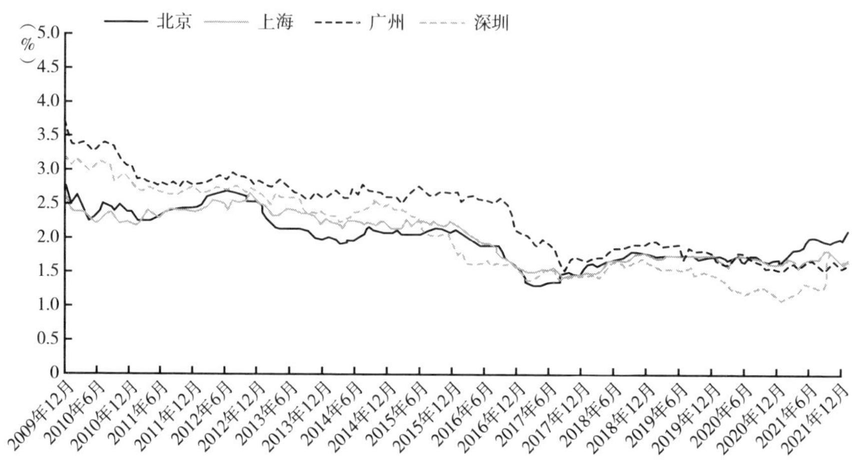

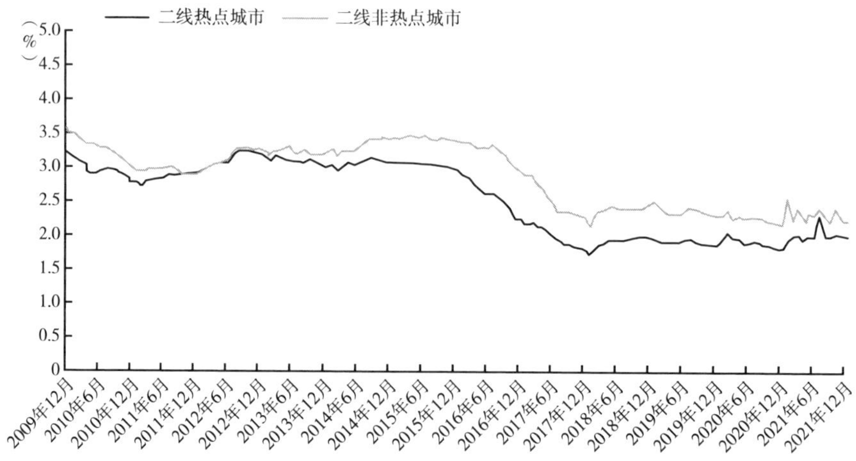

图 7-5　一、二线城市平均住房租金收益率情况

注：本报告监测的一线城市包括北京、上海、广州、深圳，二线热点城市包括杭州、南京、武汉、厦门、福州、成都、苏州、西安、合肥，二线非热点城市包括天津、重庆、青岛、宁波、长沙、郑州、南宁、南昌。

资料来源：国家金融与发展实验室监测数据。

管理、提升服务质量和探索新的赢利模式。2021 年，头部住房租赁企业的规模效应逐渐显现；在进行转租经营的轻资产住房租赁企业中，自如、相寓已实现整体赢利；在以重资产经营模式为主的住房租赁企业中，龙湖冠寓首次实现赢利。盈利是市场经济中企业的第一目的，部分头部住房租赁企业顺利实现赢利，意味着我国长租房市场的发展逐渐走上正轨。

3. 保障性租赁住房成为政策支持的重点

为解决大城市中新市民、青年人等群体的住房困难问题，2020 年 10 月，党的十九届五中全会通过的《中共中央关于制定国民经济和社会发展第十四个五年规划和二〇三五年远景目标的建议》特别提出要“增加保障性住房供给”，保障性租赁住房的概念首次被提出。保障性租赁住房是指由政府或市场化主体建设运营，政府部门给予土地、财税、金融等政策支持，主要面向符合条件的新市民、青年人等群体（一般不设收入门槛），以建筑面积不超过 70 平方米的小户型为主且租金低于同地段同品质市场租赁住房租金（一般要求低 5%~20%、租金年度涨幅低于 5%）的租赁住房。

为缓解住房租赁市场结构性供给不足问题，2021 年，保障性租赁住房成为住房租赁市场政策支持的重点。为降低保障性租赁住房的建设成本，快速增加保障性租赁住房的有效供给，2021 年 7 月 2 日，国务院办公厅发布了《关于加快发展保障性租赁住房的意见》，明确有关保障性租赁住房的基础制度，并在土地、财税、金融、审批制度、水电气价格等方面给予政策支持。2021 年，近 30 个省区市发布了加快保障性租赁住房建设的实施细则，进一步落实保障性租赁住房支持政策。这些支持政策的出台和落实能够大幅降低保障性租赁住房建设难度及运营成本，充分调动各类市场主体参与保障性租赁住房建设和运营的积极性，为增加保障性租赁住房供给提供了良好的政策环境。从住建部公布的有关保障性租赁住房市场建设情况的数据来看，2021 年，全国 40 个城市新筹集保障性租赁住房 94. 2 万套（间），超过原计划的 93. 6 万套（间）；2022 年，我国将继续大力增加保障性租赁住房的供给，以人口净流入的大城市为重点，全年预计建设筹集保障性租赁住房 240 万套（间）；在“十四五”期间，全国 40 个重点城市计划新增保障性租赁住房 650 万套（间），占新增住房供应总量的比例超过 25%。在政策的重点支持下，预期我国保障性租赁住房市场将进入快速发展阶段。

三 住房租赁企业融资现状

无论是采取自持物业的重资产经营模式，还是采取转租经营的轻资产经营模式，住房租赁企业的运营均具有前期投入高、现金流回收慢、投资周期长、投资回报率低等特点。因此，仅仅依靠住房租赁企业自有资金投入显然不够，还需进行大规模的外源性融资。目前，住房租赁市场企业的主要融资渠道为银行贷款、股权融资、住房租赁专项债融资、资产证券化融资和中央财政专项资金补贴。

（一）银行贷款

为落实国家租购并举的政策要求，从 2017 年开始，商业银行和政策性银行探索信贷渠道支持住房租赁市场发展的模式，银行融资渠道向住房租赁企业打开了大门。中国建设银行、中信银行、中国工商银行、交通银行、中国农业银行、中国银行、国家开发银行、招商银行、浦发银行、华夏银行、北京银行、徽商银行等多家银行涉足租赁住房市场，与房地产开发企业或住房租赁企业签订合作协议和住房租赁贷款授信意向。从住房租赁贷款业务种类来看，目前，商业银行和政策性银行向住房租赁企业提供租赁住房开发贷款、住房租赁支持贷款、住房租赁应收账款质押贷款、租赁住房企业经营贷款等多种信贷产品，基本覆盖了项目的启动（租赁住房土地的获取）、项目的获取（建造、购买或租赁房源）、项目的设计（改造、装修、家具家电的配置）及后续的日常运营等住房租赁项目全生命周期的金融需求。

随着住房租赁市场进入快速发展阶段，住房租赁企业同质化竞争激烈，违规经营频现，持续性赢利困难。银行逐渐意识到住房租赁贷款业务资金需求大、资金占用周期长、收益率低、风险较高且住房租赁企业缺乏有效抵押物等问题，这显然与商业银行的效益性、安全性、流动性经营原则有所背离。因此，为降低住房租赁贷款业务风险，银行开始加强对客户的选择和项目风险研判，对住房租赁贷款的发放更为审慎。这在一定程度上导致商业银行向住房租赁企业提供融资支持的意愿下降，住房租赁企业从银行信贷渠道获得住房租赁资金的规模愈加有限。现阶段，银行贷款的投入更倾向于政府主导的公共租赁住房（公租房、廉租房、人才公寓）项目或政府支持的保障性租赁住房、政策性租赁住房①项目。

目前，中国建设银行是国内开展住房租赁贷款业务的主要金融机构。2020 年，中国建设银行先后与广州、杭州、济南、郑州、福州、苏州、沈阳、南京、合肥、青岛、长沙 11 个城市签订《发展政策性租赁住房战略合作协议》，计划在未来 3 年内提供 3000 亿元的信贷支持，专门用于支持上述城市政策性租赁住房项目的建设。截至 2021 年末，中国建设银行的住房租赁贷款余额超过 1300 亿元，与 2020 年末相比增长了约 824.4 亿元；其中，向各地区已纳入和计划纳入保障性租赁住房计划的项目累计投入超过 630 亿元。

（二）股权融资

住房租赁企业的股权融资方式主要包括风险投资（VC）、私募股权投资（PE）和 IPO 融资。据不完全统计，2012~2021 年，住房租赁企业发生的股权融资事件次数超过 120 次，总融资规模超过 400 亿元（不包括房地产企业和头部住房租赁企业为快速占领住房租赁市场而进行的内部注资行为）。从 VC、PE 融资的情况来看，早期融资规模较小，直至 2015 年才开始有所上升。但从 2018 年开始，行业融资出现分化现象，VC、PE 资金主要集中投向头部住房租赁企业，中小规模住房租赁企业已经较难获得融资。与此同时，行业股权融资事件的数量也开始下降，单笔融资规模大幅增加。从 IPO 融资情况来看，2019 年 11 月，青客公寓在美国纳斯达克股票市场挂牌上市；2020 年 1 月，蛋壳公寓顺利在美国纽交所挂牌上市；之后再无住房租赁企业能够顺利 IPO 上市。图 7-6 列示了 2012~2021 年住房租赁企业股权融资的情况。

---

① 政策性租赁住房是政府给予政策支持，由企业或其他机构利用存量闲置土地、腾空土地或闲置房屋投资建设，以低于市场租金水平向城镇无房常住人口供应的住房，主要用于解决非户籍常住人口、新落户的新就业大学生、各层次引进人才等新市民群体的过渡性居住问题。

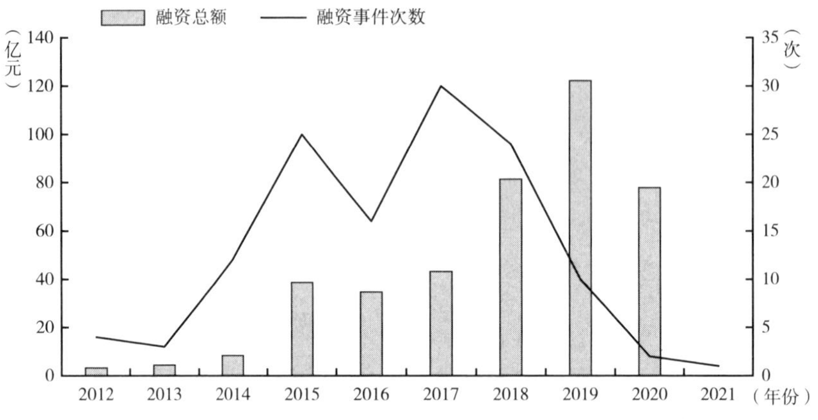

图 7-6　2012~2021 年住房租赁企业股权融资事件次数及融资总额

资料来源：根据投资界、企查查等互联网平台数据信息，由国家金融与发展实验室房地产金融研究中心整理得到。

就 2021 年的相关发展情况而言，住房租赁企业的股权融资仍维持在冰点，年内仅有安歆集团在 2021 年 9 月获得前海母基金 Pre-D 轮数亿元融资（具体融资金额未透露），行业未再发生其他融资事件。究其原因可能如下：其一，行业企业频繁出现的“爆雷”事件，打消了权益资本的投资热情；其二，在行业探索发展的过程中，投资者逐渐意识到这个行业不具有“互联网+”的性质，难以获得爆发式增长，VC、PE 不再那么青睐该行业；其三，伴随着蛋壳爆雷后的黯然退市和青客的破产，在没有探索出明确的赢利和可持续经营路径之前，住房租赁企业难以在短期内再次获得资本市场的认可，未来，住房租赁企业 IPO 之路将更为艰难。

（三）住房租赁专项债融资

得益于政策对住房租赁企业的支持，住房租赁企业可以通过发行住房租赁专项公司债券进行融资，从债券市场获取专项资金以用于发展住房租赁业务。2017 年 8 月，《国家发展改革委办公厅关于在企业债券领域进一步防范风险加强监管和服务实体经济有关工作的通知》表示，相关部门可以积极组织符合条件的企业发行债券以专门用于发展住房租赁业务。监管机构为住房租赁市场特设绿色通道，住房租赁专项公司的债券发行也不断加速推进。重庆龙湖企业拓展有限公司的住房租赁专项公司债券（发行总规模不超过50亿元，期限不超过15年，主体和债项评级均为AAA级，分期发行）于2017年12月28日获中国证监会核准后，在2018年3月21日完成首期30亿元的发行，在2018年8月17日完成二期20亿元的发行。这标志着全国首个公募住房租赁专项公司债券正式落地，债券融资渠道实现了从“0”到“1”的突破，开启了债券市场支持住房租赁市场发展的新途径。

目前，监管机构对房地产开发企业发行的住房租赁专项债券仍持支持的态度，希望通过帮助房企获得低成本资金支持住房租赁市场发展。2021年，我国住房租赁专项债的发行数量为13只，发行规模为124.87亿元，较2020年的154亿元同比下降18.92%；发行期限最短为2年，最长达7年；加权平均票面利率为3.98%，其中最高为8.50%，最低为3.17%（见表7-3）。从获准发行住房租赁专项债的主体来看，它们均为进行房地产开发业务的企业，且利率水平与发行主体的实力和信用评级密切相关。受前期行业持续“爆雷”影响，出于对风险的考虑，采取转租经营的轻资产经营模式的住房租赁企业目前已难以通过发行住房租赁专项债获取资金。

表7-3　2021年住房租赁专项债发行情况

发行人简称	发行总额（亿元）	债券期限（年）	票面利率（%）	债券类型	债券简称
万科	7.00	7	3.49	一般公司债	21万科06
万科	11.00	7	3.98	一般公司债	21万科02
万科	23.00	5	3.19	一般公司债	21万科05
万科	19.00	3	3.38	一般公司债	21万科01
深圳龙光控股	4.27	4	4.90	一般公司债	21龙控01
浦房集团	18.00	5	3.75	一般公司债	21浦房01
华润置地	10.00	3	3.30	一般公司债	21润置01
华发股份	5.00	5	4.68	一般公司债	21华住01
大华集团	8.20	7	5.80	一般公司债	21大华01
保利发展	5.90	7	3.45	一般公司债	21保利08

续表

发行人简称	发行总额（亿元）	债券期限（年）	票面利率（%）	债券类型	债券简称
保利发展	6.00	5	3.17	一般公司债	21 保利 07
佳兆业（深圳）	3.00	2	7.00	私募债	21 佳房 01
迪马股份	4.50	3	8.50	私募债	21 迪马 01

资料来源：Wind。

（四）资产证券化融资

推进住房租赁资产证券化，有助于盘活住房租赁存量资产，提高资金使用效率，为住房租赁企业提供更灵活的融资方式和退出机制，从而促进住房租赁市场发展。2017 年 1 月，魔方（南京）企业咨询管理有限公司发行了我国首个住房租赁资产证券化债券——魔方公寓信托受益权资产支持专项计划，总金额为 3.5 亿元，产品期限为 1~3 年，采用优先级/次级支付机制，其中优先级共设三档。其开启了我国住房租赁企业通过资产证券化融资之路。

目前，我国住房租赁资产证券化产品主要分为两大类：一是以资产支持债券（Asset-Backed Securities，ABS）、资产支持票据（Asset-Backed Medium-term Notes，ABN）、商业房地产抵押贷款支持证券（Commercial Mortgage Backed Securities，CMBS）为代表的债权型产品；二是以房地产投资信托基金（Real Estate Investment Trust，REITs）和类 REITs 为代表的偏权益型产品。ABS、ABN、CMBS 为纯债类产品，具有债权或收益权属性，其基础资产通常包括租赁住房租金收益权和租金分期贷款两种。类 REITs 是以租赁物业产权和租金收益权为底层资产，以物业为抵押，将基于未来租金形成的应收账款注入资产池。一般由基金管理人发起设立契约型私募基金，由私募基金通过 SPV 间接持有项目公司的股权，项目公司持有标的物业。专项计划发行资产支持证券募集合格投资者的资金，以用于收购和持有私募基金份额，进而间接享有标的物业产权。类 REITs 是国内法律和金融制度不完善背景下嫁接国外 REITs 的产物，其与国外主流的 REITs 的差别是它并非公募产品。在类 REITs 底层现金流在经过两层 SPV 传递后，投资者并不享有资产升值收益，产品依然具有较强的债权属性。国内公募 REITs 采用“公募基金+ABS+项目公司”模式，由符合规定条件的基金管理公司设立封闭式公募基金，在公开市场发售基金份额募集资金，公募基金管理人将募集的基金资产的 80%以上用于购买与其存在实际控制关系或受同一控制人控制的管理人设立发行的资产支持证券，并取得该 ABS 的全部份额；由资产支持专项计划购买持有底层资产 100%所有权或经营权的项目公司的 100%股权。在 REITs 底层现金流在经过两层 SPV 传递后，投资者享有租金收益和资产升值收益，其产品具有典型的股权属性。表 7-4 比较了两类住房租赁资产证券化产品。

表 7-4　两类住房租赁资产证券化产品比较

产品类型	模式	融资形式	抵押物	底层资产	交易场所	结构
债权型	ABS	债权融资	轻资产，如应收账款等	租金收入、贷款本息和其他服务费用	交易所	信托收益权+专项计划
	ABN	债权融资	轻资产，如应收账款等	租金收入、贷款本息和其他服务费用	银行间市场	信托收益权+专项计划
	CMBS	债权融资	重资产，如不动产、商业物业	相关商业房地产未来收入	交易所	信托收益权+专项计划
权益型	类 REITs	股权＋债权融资	重资产，如不动产、商业物业	不动产价值+经营净收入	交易所	私募基金份额+专项计划
	REITs	股权融资	重资产，如不动产、商业物业	不动产价值+经营净收入	交易所	公募基金份额+专项计划

资料来源：由国家金融与发展实验室房地产金融研究中心整理得到。

2021 年，我国住房租赁资产证券化产品成功发行的规模仅为 36.32 亿元，较 2020 年的 85.55 亿元下降 57.55%，且仅有保障性住房租赁企业的资产证券化产品获批发行（见表 7-5）。整体而言，资产证券化融资渠道较上一年大幅收紧，我国对相关产品的发行审核趋严。主要原因是资产证券化各类产品从2017年初的数亿元规模级别的发行，迅速攀升到2018年50亿元、上百亿元规模级别的储架发行，其有异化为房地产开发企业变相融资渠道的趋势。在中央层面再次全面收紧房地产开发企业融资政策的背景下，从2019年开始，大量开发商的住房租赁资产证券化产品在向交易所申请阶段被否。对于轻资产模式，以应收租金或租金贷款本息为基础资产的证券化产品由于行业爆雷频发、基础资产现金流不稳定等原因，未再获准发行。

表7-5　2021年住房租赁资产证券化产品发行情况

发行人简称	发行总额（亿元）	债券期限（年）	票面利率（%）	债券类型	债券简称
上海地产住房保障有限公司	1.82	24.96	—	ABS	沪地产3C
上海地产住房保障有限公司	34.50	24.96	3.60	ABS	PR产3A

资料来源：Wind。

从现金流的特点来看，资产证券化技术是非常适合支持住房租赁市场发展的。国际经验也表明权益型资产证券化产品REITs对推动专业化住房租赁企业的长期发展具有重要作用，这是开展住房租赁企业资产证券化融资的主要方向。有鉴于此，2021年7月，国家发改委将保障性租赁住房项目纳入基础设施REITs试点范围，预计住房租赁REITs会在2022年顺利落地。

（五）中央财政专项资金补贴

为加快培育和发展住房租赁市场，加大对住房租赁企业的支持力度，2019年和2020年，财政部和住建部分两批将北京、长春、上海、南京、杭州、合肥等24个城市作为中央财政支持住房租赁市场发展试点城市，并给予它们为期三年的中央财政货币资金补贴，补贴金额为直辖市每年10亿元、省会城市和计划单列市每年8亿元、地级城市每年6亿元。该专项财政资金由地方政府向区域内具有一定规模且符合相关要求的住房租赁企业发放。

四　我国住房租赁市场和住房租赁金融市场存在的主要问题

（一）住房租赁市场现阶段存在的突出问题

现阶段，我国住房租赁市场在发展过程中暴露出如下几个突出问题。

第一，住房租赁市场供需结构失衡。具体表现如下。其一，由于租赁人口具有年轻化、未婚化的特点，他们对租赁住房有更高的品质要求，多倾向于选择“近地铁、具有独立厨卫的小户型、有电梯、低租金”的房源。在租赁住房市场中，老公房、城中村房屋、以2~3房户型为主的普通商品房等租赁房源的占比高，难以匹配和满足高品质、个性化的新生代年轻人的住房租赁需求。其二，新生代年轻人具有工作和居所更换频繁的特点，他们的租赁期相对较短，而个人房东是当前租赁市场主体，其期望的租期基本为1年及以上，两者严重不匹配。其三，结构失衡具有长期性。单身人口是当前租房的主力，而且持“不婚不恋”观念的人口呈增长趋势，这使租房可能成为长期现象，且这一矛盾具有长期性。

第二，租客的租赁权益得不到有效保障。主要表现为：其一，租赁关系不稳定，经常发生房东或“二房东”在租期内单方面提前解约、随意提高租金的情况；其二，租赁中介的服务行为不规范，存在发布虚假房源信息、做出不实承诺、收取高额佣金、随意扣留租赁押金等侵害租客权益的行为；其三，租赁权益维护机制不完善，在发生租赁纠纷时，承租人基本上处于弱势地位，且权益维护的成本较高；其四，租购不同权，租购住房在享受公共服务上难以获得同等权利。

（二）住房租赁市场的金融支持存在的问题

现阶段，我国住房租赁市场的金融支持存在以下两个主要问题。

第一，金融支持的总量不足。当前，我国住房金融主要支持住房开发和住房购买，对住房租赁市场的金融支持的总量严重不足。从产品视角来看，银行贷款对住房租赁企业支持不足的原因是：住房租赁贷款业务资金需求量大、资金占用时间长、收益率低、风险较高且住房租赁企业普遍缺乏有效抵押物，这显然与商业银行的效益性、安全性、流动性经营原则有所背离。股权融资对住房租赁的支持在近年来也呈现衰减趋势。此外，住房租赁专项债和资产证券化债券等融资方式的发展也较为缓慢，一方面，这类金融产品相对小众；另一方面，这类产品的发行具有较高的规模门槛，只有实力较强的企业才能发行，不具有普适性。

第二，金融支持的方式欠妥。长租房的租金收益率偏低，前期投资多，需要获得大额、长期、低成本的资金支持。在国内长租房市场的主要融资方式中，与长租房市场建设更为匹配的 REITs 权益资金和长期低息的政策性贷款缺失，主要融资渠道为商业银行贷款、住房租赁专项债和资产证券化债券，它们的融资成本均相对较高，期限较短。以住房租赁专项债为例，迪马股份发行的住房租赁专项债的规模为 4.5 亿元，期限仅为 3 年，票面利率达到 8.50%；佳兆业发行的住房租赁专项债的规模为 2 亿元，期限仅为 2 年，票面利率达到 7.00%。从国际经验看，发展租赁住房 REITs 是支持租赁住房市场的有效金融工具：第一，它是“长钱”，与租赁住房资金需求周期长的特点相匹配；第二，它的资金融通的链条短，解决了过去租金贷运用过程中链条长、权责被分离的问题；第三，它具有强制分红的特点，保证了产品的可持续性。2021 年 7 月，保障性租赁住房项目被纳入公募基础设施 REITs 试点范围，对推动住房租赁市场的发展具有重大意义。

五　2022年住房租赁市场和住房租赁金融市场展望

展望 2022 年住房租赁市场，将有更多的支持性政策促进住房租赁市场发展。中央政府层面，坚持“租购并举”、加快发展长租房市场和保障性租赁住房仍将是住房租赁行业的政策主基调；地方政府层面，住房租赁政策将更多从规范住房租赁市场发展、探索推进区域“租购同权”、细化和落实中央政策等方面发力。这些政策是对“房住不炒”精神的贯彻，可以更好地解决高房价下大城市新市民、大中专毕业生、进城务工人员等群体住房困难等较为突出的问题。

住房租赁市场方面，从需求端来看，2022 年，我国住房租赁市场的规模仍将继续扩大；住房租赁人口仍呈现年轻化和单身化的特征，而且，住房租赁市场的需求依然集中于人口净流入量大的城市。从供给端来看，我们预计租金价格相对稳定，这主要是因为保障性租赁住房带来的供给效应，区域性疫情发生使需求端的收入和就业增长艰难。长租房市场的发展将步入正轨，保障性租赁住房市场将迎来更多的发展机遇。

住房租赁企业融资方面，在政策的大力支持下，伴随着头部住房租赁企业出现赢利曙光，住房租赁行业的融资将进一步增加。银行贷款的发放重点仍是支持保障性租赁住房项目建设和改造；股权融资方面，那些专注提高运营能力的住房租赁企业更易脱颖而出和受到资本的青睐；住房租赁专项债的发行规模可能略有上升；最适合发展住房租赁市场的融资工具 REITs 将得以落地。届时，住房租赁市场和住房租赁金融市场面临的一些问题也将有所缓解。

专题篇

Special Reports

第八章
房地产调控与房企违约风险

——基于 KMV 模型和面板回归的分析

蔡　真　林　菁　薄　栋*

- 基于 2008 年至 2021 年第三季度我国 A 股 103 家上市房企股票日交易数据和财务数据，运用 KMV 模型估算的违约距离度量违约风险，进一步地，本章采用面板模型并在控制房企微观因素基础上分析了房地产调控政策对房企违约风险的影响。研究发现，从长周期视角看，房地产调控政策有利于降低房企违约风险，有利于房地产市场健康平稳发展；异质性分析表明，调控政策存在明显的结构效应，调控政策对资产规模最大组别的风险的抑制效果并不好，对民营企业和其他所有制性质企业产生负向效果，即导致违约风险增加。在政策层面，除了继续坚持“房住不炒”精神，贯彻执行房地产金融审慎管理制度外，还应采取结构性对策：一是针对大型房企采取“一企一策”措施，防止资本无序扩张；二是监管层应鼓励银行按照运营效率、经营能力等指标进行房企贷款评估，减少放款过程中的所有制歧视现象。

* 蔡真，中国社会科学院金融研究所副研究员，国家金融与发展实验室房地产金融研究中心主任、高级研究员；林菁，中国社会科学院大学经济学院博士研究生；薄栋，国联证券股份有限公司基金研究员，河北大学经济学院兼职研究生导师。

一 引言

近年来，我国房企违约风险激增：债券市场上，2018 年、2019 年、2020 年和 2021 年前三季度，房企违约债券数量分别为 6 只、14 只、19 只和 57 只；违约金额占比逐渐上升，分别为 2.30%、4.51%、10.68%和 31.29%，房企债券成为违约债券的主力。① 银行方面，房地产开发贷不良率逐渐上升，2019 年、2020 年和 2021 年上半年，中国工商银行开发贷不良率分别为 1.71%、2.32%和 4.29%，同期，中信银行开发贷不良率分别为 1.19%、3.35%和 3.31%，一些城商行的开发贷不良率更高，重庆银行在 2021 年上半年的这一指标高达 6.28%。② 除了正规金融体系出现房企违约风险外，影子银行以及非正规金融体系也是房企爆雷的重灾区，2021 年 1～10 月，房地产信托共发生 66 起违约事件，违约规模约为 489 亿元，占比近六成。③ 私募理财方面，恒大财富、锦恒财富（为房企佳兆业融资）等机构的产品相继出现兑付危机。

房企违约影响重大，房地产关联上下游行业、银行、土地、财政等多个方面，是爆发系统性金融风险的源头之一。④ 对于房企违约的原因，较多文献从微观视角进行了探讨，如房企财务不健康、内部治理机制薄弱⑤、公司战略激进、盲目扩张⑥等。宏观层面，学术论文主要探讨调控政策对房价的影响⑦，如政策的目标指向是抑制房价泡沫。一些学位论文探讨了限购限贷

① 以上数据为笔者根据 Wind 数据库计算得到。

② 以上数据为笔者摘自各个银行的相应年份的报告。

③ 以上数据引自《财新周刊丨信托“地产劫”》，财新网，https：//weekly.caixin.com/2021-10-30/101793699.html？p0#page2。

④ 蔡真：《我国系统性金融风险与房地产市场的关联、传染途径及对策》，《中国社会科学院研究生院学报》2018 年第 5 期，第 44～63 页。

⑤ 赵倩文：《房地产企业债券违约成因及启示——以泰禾集团为例》，北京交通大学硕士学位论文，2021。

⑥ 山克枝：《中弘控股公司债券违约案例分析》，哈尔滨商业大学硕士学位论文，2020。

⑦ 张建同、方陈承、何芳：《上海市房地产限购限贷政策评估：基于断点回归设计的研究》，《科学决策》2015 年第 7 期，第 1～23 页；黄昕、董兴、平新乔：《地方政府房地产限购限贷限售政策的效应评估》，《改革》2018 年第 5 期，第 107～118 页。

政策对房企违约风险的影响[①]，但研究限于进行政策前后对比、配对 T 检验，未能控制其他因素，而且，限购限贷政策是区域政策，大部分房企的布局是全国性的，此外，限购限贷政策只对房企销售端有影响，因此，关于两者关系的结论的可靠性有待进一步验证。

自 2020 年 7 月房地产金融审慎管理制度实施以来，房企普遍反映政策收紧导致融资不畅从而形成风险，这一影响是直接的。从中国人民银行 2021 年第三季度金融统计数据新闻发布会的表述来看，这一点得到了验证："部分金融机构对于 30 家试点房企'三线四档'融资管理规则也存在一些误解……原本应该合理支持的新开工项目得不到贷款，也一定程度上造成了一些企业资金链紧绷。"[②] 然而，一些文献表明，房地产调控对降低房企风险具有积极作用。房地产调控到底是降低了还是提高了房企违约风险呢？这是本章要回答的核心问题。本章相对于既往文献的边际贡献体现在：一是，在研究视角上，从长周期视角展开，研究时段从 2008 年至 2021 年第三季度，覆盖了政策"从放松到收紧"的三个完整阶段，使研究结论在更长时间内进行检验；二是，在研究方法上，本章构建了全国性的房地产调控变量值，这样就避免了过往区域政策与房企全域布局不匹配的问题，从而提升了研究结论的可靠性；三是，在政策含义上，一方面坚持"房住不炒"的精神，在总量上保持调控定力，另一方面注意调控产生的结构性效应，减少在房地产金融审慎管理制度执行过程中出现的所有制歧视现象，避免民营房企的违约风险增加，防止出现传染效应。

二　文献综述

与本章相关的文献包括两种：一是对公司违约风险的度量，二是房地产

① 陈孜：《限购政策对房地产企业违约风险的影响研究》，华中师范大学硕士学位论文，2018；李红：《限购限贷政策对房地产上市公司违约风险的影响研究》，武汉理工大学硕士学位论文，2019。

② 会议文字实录参见《人民银行举行 2021 年第三季度金融统计数据发布会》，中华人民共和国中央人民政府网，http：//www. gov. cn/xinwen/2021-10/16/content_ 5642964. htm。

调控对房企违约风险的影响。

关于对公司违约风险的度量的文献涉及两类模型。一类模型是基于计量方法的判别模型。这类模型最早可追溯到 Altman 的 Z 值模型，该模型选取流动资金/总资产、保留盈余/总资产、息税前盈余/总资产、权益市值/长期债务面值、销售额/总资产五个财务指标构建 Z 值。Altman 指出，在他的研究样本中，Z 值低于 1.81 的公司是违约的公司，Z 值高于 2.99 的公司是非违约的公司，这样就在 Z 值和公司违约之间建立了函数关系。[①] 随着计量技术的发展尤其是 Logit 模型的出现，早期的线性判别模型逐渐被取代，因为 Logit 模型无须对违约的先验概率和样本分布进行任何假设，具有更大优势。Ohlson 首次应用 Logit 模型对企业违约情况进行研究。他以 1970～1976 年 105 家破产企业及 2058 家非破产企业为样本，选择 9 个解释变量构建 Logit 模型，研究结果表明，模型的准确率在 92%以上。[②] 此后，Logit 模型在公司违约研究方面得到广泛应用，据 Barniv 和 McDonald 的统计，1989～1996 年，在会计和金融类杂志中就有 178 篇文章是对该模型进行研究的。[③] 另一类模型是结构模型，它是将公司违约率与公司因果结构（资本结构）相关变量联系在一起的一种信用风险度量模型。这类模型构建的基本思想是基于 Merton 的期权定价思想，即将公司的违约看作一项或有期权。[④] 结构模型中应用最广泛的当属 KMV 模型，该模型的思想很简单，即公司是否会违约取决于公司总资产未来的市场价值是否小于负债的价值，并据此计算违约概率。从 1993 年开始，KMV 公司和穆迪公司[⑤]陆续发布多个与 KMV 模型相关

① Altman E. I. , " Financial Ratios, Discriminant Analysis and the Prediction of Corporate Bankruptcy," *The Journal of Finance*, 1968, 23 (4): 589-609.

② Ohlson J. A. , " Financial Ratios and the Probabilistic Prediction of Bankruptcy," *Journal of Accounting Research*, 1980: 109-131.

③ Barniv, R. , McDonald J. , "Review of Categorical Models for Classification Issues in Accounting and Finance," *Review of Quantitative Finance and Accounting*, 1999 (13): 39-62.

④ Merton, Robert C. , "On the Pricing of Corporate Debt: The Risk Structure of Interest Rates," *The Journal of Finance*, 1974 (29): 449-470.

⑤ 2002 年，穆迪公司用 2.1 亿美元收购了 KMV 公司，获得了 KMV 公司的客户及软件工具。

的研究成果，介绍 KMV 模型理论基础、模型框架、参数设定等方面的内容。[①] 许多学者对 KMV 模型的参数进行了修正，包括对违约点的设定、对股权价值的估算、对无风险利率的选用、对公司资产波动率的计算等；[②] 也有学者利用历史数据验证和比较了 Merton 结构模型、KMV 模型、Z-score 模型和 Logit 模型对违约风险的评估效果，结果表明，KMV 模型的识别效果最好。[③]

关于房地产调控对房企违约风险影响的文献分为两类。一类文献是持负面观点的，即房地产调控会导致房企违约风险增加。张玉梅等分析了紧缩调控导致房地产信托违约的原因，包括销售回款困难、融资成本过高、委托代理中的道德风险等。[④] 袁海霞、王秋凤从债券融资视角讨论了调控对房企信用风险的影响，紧缩调控导致房企融资、住房按揭收紧，与此同时，房企债务集中到期，这两个因素共同导致房企信用风险增加。[⑤] 以上文献都是基于直接原因的分析，缺少实证方面的检验。周阳敏采用计量方法研究了“限购令”、房产税和新土管政策对房企风险的影响，结果表明，上市房企的整体抗风险能力都很弱，其中，“限购令”的冲击最大。[⑥] 然而，该研究存在

---

① McQuown J. A., “A Comment on Market vs. Accounting Based Measures of Default Risk. mimeo, KMV Corporation,” 1993; Kealhofer, Stephen, “Quantifying Credit Risk I: Default Prediction,” *Financial Analysts Journal*, 2003 (59): 30-44; Chua L., Dwyer D. W., Zhang A., Moody's KMV RiskCalc v3. 2 Japan, Moody's KMV, 2009.

② Dong, Liang, Junchao Wang, “Credit Risk Measurement of the Listed Company Based on Modified KMV Model,” in *Proceedings of the 8th International Conference on Management Science and Engineering Management* (Berlin, Heidelberg: Springer, 2014); 赵浩、鲁亚军、胡赛:《基于改进型 KMV 模型的中国上市公司信用风险度量研究》,《征信》2018 年第 7 期，第 12~18 页。

③ Hillegeist S. A., Keating E. K., Cram D. P. et al., “Assessing the Probability of Bankruptcy,” *Review of Accounting Studies*, 2004, 9 (1): 5-34; Lu Yuqian, “Default Forecasting in KMV,” University of Oxford, 2008.

④ 张玉梅、王子柱、李颖:《紧缩调控政策下房地产信托违约风险及防范》,《深圳大学学报》(人文社会科学版) 2013 年第 6 期，第 127~131 页。

⑤ 袁海霞、王秋凤:《债券融资视角下的房地产信用风险》,《金融市场研究》2019 年第 7 期，第 125~136 页。

⑥ 周阳敏:《房地产企业风险压力测试实证研究：限购令、房产税、新土管政策的持续性冲击影响》,《管理评论》2014 年第 9 期，第 58~68 页。

一定缺陷：一是被解释变量为净利润增长率，在回归模型中，因子系数为负值充其量说明净利润增速放缓，但这并不代表风险增加；二是研究样本只限定为2011年的房地产企业，研究结论的可靠性不强。另一类文献是持正面观点的，论述方式是：房地产调控有利于控房价和促进房地产市场可持续增长，从而有利于防范系统性风险，系统性风险的下降有利于降低房企违约风险。马草原、李宇淼从贷款价值比（Loan to Value，LTV）视角切入，构建了DSGE模型并进行探讨。[①] 杨源源等同样构建了DSGE模型，但探讨了在不同情形下应该使用房产税政策还是宏观审慎政策。[②] 与DSGE模型不同，彭中文等应用实证方法探讨了宏观调控对房企信用风险的影响机制，宏观调控越严厉，越会增加股东大会和监事会召开的次数，从而有利于降低房企信用风险。[③] 该文的样本时间跨度为2003~2012年，对结论的可靠性有一定的支撑，但主要问题为宏观调控政策的取值包括从紧、适中、宽松三种，至于何为适中具有明显的主观性，且该文并未进行稳健性检验。

在梳理上述文献后可知，现有讨论房地产调控与房企违约风险的文献存在如下不足：持负面观点的文献缺少计量检验的支持；有的持正面观点的文献混淆了系统性风险与房企违约风险，两者并不存在必然因果关系；有的持正面观点的文献对宏观调控政策的赋值存在主观性，且研究时间跨度较小。相较于既往文献，本章采取如下研究策略。第一，应用KMV模型度量房企的违约风险。这么做的好处是，违约风险来自企业资产价值与债务之间的违约距离，它是市场交易直接给出的评估结果，避免了内生性问题。第二，以国务院、住建部、中国人民银行、银保监会发布的政策性文件为基准，按时间段分配政策松紧程度，从而构建全国性房地产调控政策变量，避免区域性政策与房企在全国布局之间的矛盾。第三，在控制房企的规模、运营、财务等

① 马草原、李宇淼：《宏观审慎政策工具LTV调控房地产市场的有效性分析》，《南开经济研究》2020年第6期，第122~141页。

② 杨源源、贾鹏飞、高洁超：《中国房地产长效调控范式选择：房产税政策还是宏观审慎政策》，《财贸经济》2021年第8期，第53~66页。

③ 彭中文、李力、文磊：《宏观调控、公司治理与财务风险——基于房地产上市公司的面板数据》，《中央财经大学学报》2014年第5期，第52~59页。

特征的条件下分析了房地产调控对房企违约风险的影响，并进行了稳健性检验和异质性分析。

三　研究设计

（一）研究思路及对房地产调控政策赋值

本章的具体研究思路包括三步：一是应用 KMV 模型计算房企的违约距离（违约距离越大，违约风险越小）；二是对房地产调控政策赋值；三是应用面板计量模型分析房地产调控政策对房企违约距离的影响。

1. KMV 建模思路

KMV 建模思路如下。从股东视角来看，当公司借入负债时，可以将这一行为视为买入以公司总资产市场价值为标的资产的欧式看涨期权，期权的执行价格为负债的价值，期限是负债的期限。当期末公司总资产的市场价值低于期末负债价值时，公司的股权价值为零，公司所有人会选择不执行该欧式看涨期权，即会对债权人违约。依据这一建模思想，KMV 模型的主要目标是估算违约距离 *DD*（Distance to Default）和预期违约概率 *EDF*（Expected Default Frequency）。违约距离 *DD* 是预期总资产市场价值偏离违约点 *DPT*（Default Point）的相对距离，通常违约点指流动负债与 50% 长期负债之和，根据 KMV 公司的经验，当公司资产价值达到这一临界点时，违约最频繁。预期违约概率 *EDF* 根据预期资产价值的均值、波动率以及违约点推算出来。

KMV 模型的简要计算过程如下。

第一步：计算公司资产价值和其波动率

根据 KMV 模型假设，公司资产市场价值和股权的市场价值变动遵循几何布朗运动：

$$dV = V\mu_V dt + V\sigma_V dW \tag{1}$$

$$dE = E\mu_E dt + E\sigma_E dW \tag{2}$$

其中，V 是公司总资产的市场价值；dV 是指公司总资产的市场价值在很短的一段时间 dt 内的变化；μ_V 是公司资产价值的预期增长率；σ_V 是公司总资产市场价值的波动率；E 是公司股票的市场价值，在期权到期时有 $E_T = \max(0, V - DPT)$；μ_E 是公司股票市场价值的预期增长率；σ_E 是公司股票市场价值的波动率；W 是标准布朗运动（也称维纳过程），在 d$t \to 0$ 时，$E(\mathrm{d}W) = 0$，$Var(\mathrm{d}W) = \mathrm{d}t$。

根据 Black-Scholes 期权定价公式，在 $t=0$ 时刻，该欧式看涨期权的价格为：

$$E = VN(d_1) - DPT\,\mathrm{e}^{-rT}N(d_2) \tag{3}$$

其中：$d_1 = \dfrac{\ln\left(\dfrac{V}{DPT}\right) + \left(r + \dfrac{1}{2}\sigma_V^{\ 2}\right)T}{\sigma_V\sqrt{T}}$；

$$d_2 = \frac{\ln\left(\dfrac{V}{DPT}\right) + \left(r - \dfrac{1}{2}\sigma_V^{\ 2}\right)T}{\sigma_V\sqrt{T}} = d_1 - \sigma_V\sqrt{T}\text{。}$$

DPT 是公司的债务价值，也是违约点；e 是自然对数函数的底数（$\mathrm{e}=\lim\limits_{n\to\infty}\left(1+\dfrac{1}{n}\right)^n \approx 2.718281828$）；$r$ 是无风险利率；ln 是自然对数函数；$N(d_i)$ 是标准正态分布的累计概率分布函数，即标准正态分布小于 d_i 的概率。

根据式（3），我们假设：

$$E = f(V,\sigma_V,DPT,r,t) = VN(d_1) - DPT\,\mathrm{e}^{-r(T-t)}N(d_2) \tag{4}$$

函数 f 是 V 和时间 t 的函数。由于 V 的变动遵循几何布朗运动，根据伊藤引理可推导出公司股票市场价值的波动率和公司总资产市场价值的波动率的关系：

$$\sigma_E = \frac{VN(d_1)\,\sigma_V}{E} \tag{5}$$

第二步：违约点 DPT 的设定和计算违约距离 DD

KMV 公司根据大量历史违约事件，得出违约发生最频繁的临界点为公司价值大于等于流动负债与50%长期负债之和。因此，违约点设置如下：

$$DPT = SD + 50\% \times LD \tag{6}$$

其中，*DPT* 是违约点；*SD* 是短期债务账面价值；*LD* 是长期债务账面价值。

违约距离是公司的资产价值在债务期限内由当前水平降至违约点的相对距离，理论计算公式为：

$$DD = \frac{\ln(\frac{V_0}{DPT}) + (\mu_V - \frac{\sigma_V^2}{2})T}{\sigma_V\sqrt{T}} \tag{7}$$

在实践中，KMV 使用以下公式近似表示，即违约距离为预期公司资产价值减去违约点后除以预期资产价值与其一个标准差的乘积：

$$DD = \frac{E(V_T) - DPT}{E(V_T)\sigma_V} \tag{8}$$

第三步：计算预期违约概率 *EDF*

由于假设资产价值服从标准正态分布，根据违约距离 *DD* 的含义，预期违约概率 *EDF* 可表示为：

$$EDF = P(V_T < DPT) = N\left(-\frac{E(V_T) - DPT}{E(V_T)\sigma_V}\right) = N(-DD) \tag{9}$$

由式（9）可知，违约距离与预期违约概率呈负相关关系。在后续的面板计量研究中，由于解释变量数值较大，而预期违约概率数值较小，因此我们选择把违约距离 *DD* 作为被解释变量。

2. 房地产调控政策赋值

对于全国性的房地产调控政策的松紧程度判断，针对收紧，以国务院、住建部、央行等出台的限贷、限售、限购等标志性收缩政策为依据；针对放松，以国务院、相关部委出台降低首付比例、首套房认定标准、降低交易税费等标志性放松政策为依据。2008 年 9 月以来，房地产调控政策经历了三轮“放松—收紧”过程（见表 8-1）。

表 8-1　房地产调控全国性政策及主要内容

时间段	房地产政策形势	标志性政策	政策核心内容
2005 年 3 月至 2008 年 8 月*	收紧	1. 2005 年 3 月,《国务院办公厅关于切实稳定住房价格的通知》 2. 2005 年 5 月,《国务院办公厅转发建设部等部门关于做好稳定住房价格工作意见的通知》 3. 2006 年 5 月,《国务院办公厅转发建设部等部门关于调整住房供应结构稳定住房价格意见的通知》 4. 2007 年 9 月,《中国人民银行　中国银行业监督管理委员会关于加强商业性房地产信贷管理的通知》	上调首付比例、利率优惠、加强房地产信贷管理
2008 年 9 月至 2009 年 11 月	放松	1. 2008 年 9 月,全球金融危机爆发,为应对金融危机带来的冲击,发挥房地产作为支柱产业的经济带动作用,房地产调控政策由紧缩转变为放松 2. 2008 年 10 月,《中国人民银行关于扩大商业性个人住房贷款利率下浮幅度等有关问题的通知》 3. 2008 年 12 月,《国务院办公厅关于促进房地产市场健康发展的若干意见》	下调个人住房贷款首付比例和利率,加大对住房消费信贷和房地产开发企业合理融资需求的支持力度
2009 年 12 月至 2011 年 12 月	收紧	1. 2009 年 12 月 14 日,温家宝总理主持召开国务院常务会议,明确表态"遏制房价过快上涨" 2. 2010 年 1 月,《国务院办公厅关于促进房地产市场平稳健康发展的通知》 3. 2010 年 4 月,《国务院关于坚决遏制部分城市房价过快上涨的通知》 4. 2011 年 1 月,《国务院办公厅关于进一步做好房地产市场调控工作有关问题的通知》	要求加大差别化信贷政策执行力度,上调首付比例,提高利率,并将限购政策实施范围扩大到房价上涨过快的二、三线城市
2012 年 1~12 月	放松	1. 2012 年 1 月和 2 月,中国人民银行在工作会议和金融市场工作座谈会中提出,要落实好差别化住房信贷政策,满足首次购房家庭的贷款需求;6 月和 7 月两次降息,将金融机构贷款利率浮动区间的下限先后调整为基准利率的 80%和 70%,多个城市的首套房利率从基准利率下浮至基准利率的 85 折 2. 受前期调控政策影响,市场预期发生转变,土地市场交易减少,地方政府土地出让金收入大幅减少,多个城市的地方政府开始放松房地产调控政策:连云港、厦门、南昌、济南、武汉、贵阳、蚌埠等 30 多个二、三线城市提高公积金贷款额度或降低首套房公积金贷款比例;2012 年 2 月,上海、天津上调了普通住宅指导价格标准	提高公积金贷款额度,降低首套房公积金贷款比例,下调首套房利率,支持首套房购买需求

续表

时间段	房地产政策形势	标志性政策	政策核心内容
2013年1月至2014年9月	收紧	1. 从2013年开始，商品住房销售面积大幅增加，房价再次上涨，国家层面的房地产调控政策再次收紧 2. 2013年2月，国务院常务会议确定了五项加强房地产市场调控的政策措施 3. 2013年2月，《国务院办公厅关于继续做好房地产市场调控工作的通知》	重申要坚持以限购和限贷为核心的房地产调控政策，继续严格实施差别化住房信贷政策，落实好首套住房贷款信贷政策，严格执行二套及以上住房信贷政策
2014年10月至2016年9月	放松	1. 2014年9月30日，《中国人民银行　中国银行业监督管理委员会关于进一步做好住房金融服务工作的通知》 2. 2015年3月，《中国人民银行　住房和城乡建设部　中国银行业监督管理委员会关于个人住房贷款政策有关问题的通知》 3. 2015年6月，《国务院关于进一步做好城镇棚户区和城乡危房改造及配套基础设施建设有关工作的意见》	放松个人住房限贷要求，降低个人住房贷款利率，扩大房地产开发企业融资渠道，推行货币化棚改政策
2016年10月至2021年	收紧	1. 2016年9月30日，北京市住建委等多个部门联合发布《关于促进本市房地产市场平稳健康发展的若干措施》；10月，天津、广州、深圳、南京、合肥、上海等20多个房价上涨过快的一线、二线热点城市相继出台限贷、限购等政策，开启了以因城施策为特点的新一轮住房金融政策紧缩阶段 2. 从2017年开始，房地产调控政策从热点城市向所有一、二线城市和部分三、四线城市扩散 3. 2016年12月，中央经济工作会议首次提出“房住不炒” 4. 2020年8月，住建部和中国人民银行开始实施重点房地产企业资金监测和融资管理规则（“三道红线”） 5. 2020年12月，《中国人民银行　中国银行保险监督管理委员会建立银行业金融机构房地产贷款集中度管理制度的通知》	限购、限贷、限售、限价、房住不炒、房地产金融审慎管理

注：* 列出此项的目的是提供相关政策背景。

资料来源：笔者根据中华人民共和国中央人民政府、中国人民银行等网站的相关内容整理得到。

核心解释变量房地产调控政策（Real Estate Control Policy，RECP）的赋值方法如下：在收紧时间段内，RECP 的赋值为 1；在放松时间段内，RECP 的赋值为 0，对于年度内房地产调控政策既有收紧也有放松的情况，按照收紧时间段占年度的比重赋值。表 8-2 给出了房地产调控政策变量的赋值结果。

表 8-2　房地产调控政策变量的赋值结果

指标	2008 年	2009 年	2010 年	2011 年	2012 年	2013 年	2014 年
赋值	0.67	0.00	1.00	1.00	0.00	1.00	0.75
指标	2015 年	2016 年	2017 年	2018 年	2019 年	2020 年	2021 年
赋值	0.00	0.25	1.00	1.00	1.00	1.00	1.00

3. **模型构建**

对于影响房企违约距离的因素，除房地产调控政策外，我们需从规模、资产结构、经营效率、盈利能力、短期偿债能力等方面控制房企的微观差异，因为这些因素显著影响房企违约风险，所以设定如下面板回归模型：

$$DD_{it} = \alpha_0 + \sum \beta_j X_{it,j} + \gamma RECP_t + \lambda_t + \mu_i + \varepsilon_{it} \tag{10}$$

其中，i 表示各上市房企；t 表示年份；DD 为违约距离，作为被解释变量；α_0 为常数项；X_j 为上市房企的总资产等房企自身变量，作为控制变量；$X_{it,j}$用于表示的是某一房企、某一年份总资产等相关自变量的数值；β_j 为控制变量的系数；j（j = 1，2，…，n）为标识不同解释变量的下标；$RECP$ 为房地产调控政策变量，作为核心解释变量；γ 为 $RECP$ 的系数；λ_t 为时间固定效应控制变量的系数；μ_i 为个体固定效应控制变量的系数；ε_{it} 为随机误差项。

本章选取的具体研究变量见表 8-3。

（二）样本选取及数据来源

本章把上海、深圳交易所所有上市房地产开发公司作为初选样本，样本数据选取期间为 2008 年至 2021 年 9 月 30 日，企业的行业分类标准依据 Wind 行业分类标准确定，所属行业明细为“房地产→房地产Ⅱ→房地产管理和开发→房地产开发”。样本筛选原则如下：①剔除数据缺失样本；②剔除数据异常值。最终，本章将103个上市房企作为样本，变量的描述性统计见表8-4。

表8-3 研究变量的类型、名称及代码

变量类型	变量类别	指标名称	指标代码
因变量	房企违约风险	违约距离	*DD*
控制变量	规模指标	总资产	*TA*
		总负债	*TL*
		所有者权益(净资产)	*NA*
	资产结构指标	资产负债率	*ALR*
		扣除预收账款后的资产负债率	*ALRD*
		净资产负债率	*NADR*
		净负债率	*NDR*
	经营效率指标	存货周转率	*ITR*
	盈利能力指标	销售毛利率	*GPMS*
		销售净利率	*NPMS*
		总资产报酬率	*ROA*
		净资产报酬率	*ROE*
	短期偿债能力指标	现金短债比	*CSDR*
		流动比率	*CR*
		速动比率	*QR*
核心解释变量	房地产调控政策指标	房地产调控政策变量	*RECP*
调节变量	企业所有制性质	国有企业	*SE*
		民营企业	*PRE*
		外资企业	*FIE*
		其他企业	*OE*

注：存货周转率（*ITR*）= 365/存货周转天数（*ITD*）。

表8-4 变量的描述性统计

变量	观测值	平均值	标准差	最小值	中位数	最大值
DD	1392	2.4073	0.8097	0.32	2.34	10.12
RECP	1442	0.6905	0.4137	0.00	1.00	1.00

续表

变量	观测值	平均值	标准差	最小值	中位数	最大值
TA	1434	534.5264	1582.2347	0.01	115.36	19674.03
NA	1433	114.7424	296.9192	-33.82	36.64	3749.30
ALR	1434	67.2063	47.6971	1.45	68.45	1362.91
ALRD	1434	59.5028	59.8286	-1801.33	61.97	716.13
NADR	1433	3.2723	6.9178	-207.75	2.44	56.97
NDR	1433	70.3387	122.8994	-1441.91	50.87	1292.34
ITR	1422	1.0284	4.8952	0.0005	0.2676	69.7417
GPMS	1429	33.5684	15.8210	-107.91	32.57	115.43
NPMS	1429	2.4822	230.5699	-3640.21	10.87	3597.91
ROA	1434	1.4573	121.4033	-4531.97	3.98	713.69
ROE	1420	6.4749	34.7189	-748.33	8.64	585.83
CR	1434	2.0545	1.8623	0.07	1.75	53.45
QR	1434	0.7813	1.7944	0.04	0.50	53.45
CSDR	1324	20.9341	264.5852	0.00	1.07	8734.79
SE	1442	0.5215	0.4997	0.00	1.00	1.00
PRE	1442	0.3488	0.4768	0.00	0.00	1.00
FIE	1442	0.0548	0.2276	0.00	0.00	1.00
OE	1442	0.0749	0.2633	0.00	0.00	1.00

四　房地产调控对房企违约风险的实证分析

（一）KMV 模型的计算结果

在 KMV 模型的计算中涉及公司股票的市场价值 E、公司股票市场价值的波动率 σ_E、债务期限 T、违约点 DPT 以及无风险利率 r 五个参数。E 取每个年度或季度最后一个交易日的股票总市值，数据来自 Wind。σ_E 的计算方法如下：以股票日收盘价格的变化计算股票价格日均波动率标准差 σ_y，再由公式 $\sigma_E = \sigma_y\sqrt{n}$ 计算得到。债务期限取 1 年，违约点为短期债务与 50% 长期债务之和，无风险利率取一年期固定利率国债到期收益率。以上计算所需房企债务数据以及国债利率数据全部来源于 Wind。

根据上述计算方法，我们得到了 103 家上市房企每个年度的违约距离，从描述性统计来看，平均值为 2.41，最小值为 0.32（为 2021 年第三季度的泰禾集团），最大值为 10.12（为 2017 年的中房股份），违约距离主要集中在［2，3］。图 8-1 给出了违约距离的时间变化趋势，从图 8-1 中可以看出 2015 年出台的棚改货币化政策整体改善了房企违约风险，房企违约距离上升较大；但 2017 年“房住不炒”政策提出后，房企违约距离整体上没有明显下降，仅体现为尾部房企风险增加。由此可见，房企违约风险表现出时序特征，但房地产调控政策的影响具体表现如何还有待后续对面板回归的考察。

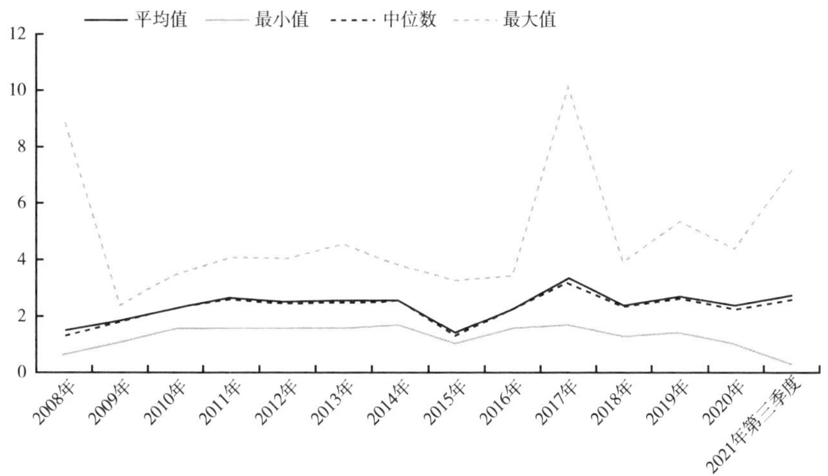

图 8-1　2008 年至 2021 年第三季度上市房企违约距离变化趋势

从截面来看，我们尤其关注不同规模房企的违约情况，房地产金融审慎管理制度实施后的这段时间出现了大型房企违约现象。表 8-5 的按规模分组统计表明，1000 亿元以上规模房企的平均违约距离是所有分组中最小的，且标准差较小，这说明整体违约风险最高，理论违约概率的最大值达到 37.52%，与现实基本一致。在后续的面板回归分析中，我们将重点考察不同规模分组的房企受到房地产调控政策的影响的情况。

表 8-5　2021 年前三季度按总资产规模分组的 A 股上市房企违约距离情况

总资产规模分组（亿元）	违约距离的平均值	违约距离的标准差	违约距离的中位数	违约距离的最小值	理论违约概率的最大值(%)
[1000,20000)	2.34	0.92	2.38	0.32	37.52
[500,1000)	3.42	1.51	3.43	1.41	7.95
[200,500)	2.92	1.03	2.87	1.54	6.20
[100,200)	2.52	0.94	2.41	1.38	8.45
[1,100)	2.76	0.89	2.55	1.39	8.16

（二）面板回归基本估计结果

为了避免出现多重共线性问题，应用上文面板模型，通过逐步回归分析法，以控制时间和个体变量的方式研究影响违约距离的各个因素。表 8-6 给出了逐步回归的每一步的结果，剔除未通过显著性检验的因素后，可得到如下基准回归方程：

$$DD_{it} = -1.13 + 0.000805 \times TA_{it} - 0.000010 \times TL_{it} - 0.000529 \times NDR_{it} + 0.0153 \times ITR_{it} + 0.000398 \times NPMS_{it} + 0.000090 \times CSDR_{it} + 3.94 \times RECP_t + \lambda_t + \mu_i + \varepsilon_{it}$$

表 8-6　基本估计结果

变量	模型(1)	模型(2)	模型(3)	模型(4)	模型(5)	模型(6)
	DD	*DD*	*DD*	*DD*	*DD*	*DD*
TA	0.0008***	0.0007***	0.0008***	0.0008***	0.0008***	0.0008***
	(3.4068)	(2.7715)	(3.5342)	(3.3621)	(3.4275)	(3.4411)
TL	-0.0000***	-0.0000***	-0.0000***	-0.0000***	-0.0000***	-0.0000***
	(-3.5336)	(-2.8643)	(-3.6460)	(-3.4884)	(-3.5419)	(-3.5566)
NDR		-0.0006***	-0.0006***	-0.0006***	-0.0005***	-0.0005***
		(-3.4416)	(-3.5065)	(-2.7378)	(-3.1097)	(-3.0868)
ITR			0.0225***	0.0211***	0.0158***	0.0153***
			(5.0805)	(4.9980)	(3.0460)	(3.0201)

续表

变量	模型(1)	模型(2)	模型(3)	模型(4)	模型(5)	模型(6)
	DD	*DD*	*DD*	*DD*	*DD*	*DD*
GPMS				0. 0012		
				(0. 8256)		
NPMS				0. 0002 **	0. 0004 ***	0. 0004 ***
				(2. 4889)	(2. 6658)	(2. 6593)
ROA				-0. 0052		
				(-1. 0304)		
ROE				0. 0006		
				(0. 8327)		
ALR		-0. 0068				
		(-1. 5344)				
ALRD		0. 0058				
		(1. 3356)				
NADR		-0. 0032				
		(-1. 2714)				
CSDR					0. 0001	0. 0001
					(1. 4045)	(1. 3657)
CR					0. 0131	
					(0. 3762)	
QR					-0. 0229	
					(-0. 4605)	
RECP						3. 9375 ***
						(14. 5700)
年度	控制	控制	控制	控制	控制	控制
常量	1. 5171 ***	1. 6369 ***	1. 5092 ***	1. 4042 ***	1. 4872 ***	-1. 1276 ***
	(23. 4400)	(15. 6490)	(23. 0770)	(17. 6749)	(18. 2596)	(-4. 8913)
观察值	1392	1392	1388	1381	1289	1289
R^2	0. 421	0. 428	0. 44	0. 482	0. 457	0. 456
样本量	103	103	103	103	102	102

注：* 表示 $p<0.1$，** 表示 $p<0.05$，*** 表示 $p<0.01$，分别表示在 10%、5%和 1%水平上显著。

根据回归方程，我们可得出以下结论：总资产的系数为正值，即随着房企总资产增加，违约距离越大，违约概率越小；总负债的系数为负值，即随着房企总负债的增加，违约距离越小，违约概率越大；由于总资产的系数大于总负债的系数，因而只要房企净资产的规模较大，违约风险是降低的。净资产负债率是一个结构指标，系数为负值，反映了负债水平越高，房企违约距离越小（违约风险越大）。存货周转率、销售净利率和现金短债比三个指标的系数都为正值，说明经营效率越高、盈利能力以及短期偿债能力越强，则违约距离越大（违约风险越小）。在控制上述微观解释变量后，房地产调控政策对房企违约风险的影响是正向的。这说明从长周期视角看，紧缩的房地产调控有效遏制了房企规模的快速扩张，降低了杠杆水平，使房企违约距离扩大，房企违约风险降低。

（三）稳健性检验

借鉴 Altman 提出的模型，按照式（11）构造的 *Z* 值（*Z-score*）①，其中，X_1 = 流动资金/总资产，反映资产的变现能力和规模特征；X_2 = 保留盈余/总资产，反映公司的累积盈利能力；X_3 = 息税前盈余/总资产，反映资产的盈利能力；X_4 = 权益市值/长期债务面值，用于衡量公司的财务结构，表明所有者权益和债权人权益相对关系的比率，可以反映公司的偿债能力；X_5 = 销售额/总资产，反映公司资金周转情况，用来衡量公司利用资产的效率情况。*Z* 值越大，表明公司财务状况越良好；*Z* 值越小，表明公司违约风险越高。

$$Z\text{-}score = 1.2X_1 + 1.4X_2 + 3.3X_3 + 0.6X_4 + 0.999X_5 \quad (11)$$

借鉴 Ohlson 的研究，按照式（12）构造 *O* 值（*O-score*）②，其中，*SIZE* = ln（总资产）；*TLTA* = 总负债/总资产；*WCTA* = 营运资金/总资产；*CLCA* = 流动负债/流动资产；*NITA* = 净利润/总资产；*FUTL* = 经营性净现金流/总负债；

① Altman, E. I., "Predicting Financial Distress of Companies: Revisiting the Z-score and ZETA® Models," in *Handbook of Research Methods and Applications in Empirical Finance* (Edward Elgar Publishing, 2013).

② Ohlson J. A., "Financial Ratios and the Probabilistic Prediction of Bankruptcy," *Journal of Accounting Research*, 1980: 109-131.

INTWO =若过去两年净利润均为负数则为1，否则为0；*OENEG* =如果总负债>总资产则为1，否则为0；$CHIN = (NI_t - NI_{t-1}) / (|NI_t| + |NI_{t-1}|)$，其中，*NI* 表示净利润。*O* 值越大表明公司违约风险越大，破产概率越高。

$$\begin{aligned} O\text{-}score = & -1.32 - 0.407SIZE + 6.03TLTA - 1.43WCTA + 0.0757CLCA \\ & - 2.37NITA - 1.83FUTL + 0.285INTWO - 1.72OENEG \\ & - 0.521CHIN \end{aligned} \tag{12}$$

被解释变量房企违约风险（*DD*）基于KMV模型进行度量，为确保研究结论的可靠性，引入替换变量 *O* 值（*O-score*）和 *Z* 值（*Z-score*）对模型进行回归。替换被解释变量后回归结果见表8-7模型（1）和模型（2），系数符号方向与基准回归结果一致，两个替换变量均在10%水平上显著，这说明检验结果均保持一致，研究结论具有稳健性和可靠性。

为了克服可能存在的小样本偏误问题，我们使用倾向匹配得分（PSM）法把受到房地产调控的样本匹配与之特征相近的未受到调控的样本（作为对照组）进行回归分析。匹配完成后，利用新的样本对模型进行回归。结果列于表8-7模型（3）。我们可以看到，房地产调控政策与房企违约距离之间仍然存在1%显著性水平上的正向相关关系，与本章结论保持一致。

表8-7　稳健性检验

变量	模型(1)	模型(2)	模型(3)
	O-score	*Z-score*	*DD*
RECP	-57.0595*	21.3410*	4.0595***
	(-1.6683)	(1.6792)	(14.9111)
控制变量	控制	控制	控制
年度	控制	控制	控制
常量	43.8129	-16.5913	-1.2019***
	(1.5565)	(-1.5862)	(-5.1640)
观察值	692	691	1260
R^2	0.019	0.034	0.4588
样本量	62	62	102

注：* 表示 $p<0.1$，** 表示 $p<0.05$，*** 表示 $p<0.01$，分别表示在10%、5%和1%水平上显著。

（四）异质性分析

为进一步考察房地产调控政策对不同规模房企违约风险的影响，本章将上市房企按如下规模分成5组，比较各分组中房地产调控政策对房企违约距离的影响。表8-8报告的估计结果表明，房地产调控对房企违约距离的影响呈现倒U形（对房企违约风险的影响呈现U形），即房地产调控政策能降低500亿~1000亿元资产规模的房企风险。其对资产规模大于1000亿元的房企降低风险的效果并不明显，这可能是由于大型房企利用市场势力采取“大而不倒”的经营策略，逆市加杠杆，因此调控效果不明显，这一点以恒大的表现最为典型。对于资产规模小于500亿元的房企而言，房地产调控政策的效果也相对不明显，这可能是因为小型房企本身难以从银行获得贷款，因而调控的边际效果不明显。

表8-8　异质性分析（资产规模分组）

变量	模型(1)	模型(2)	模型(3)	模型(4)	模型(5)
	TA ≥1000亿元	1000亿元> *TA* ≥500亿元	500亿元> *TA* ≥200亿元	200亿元> *TA* ≥100亿元	*TA* <100亿元
	DD	*DD*	*DD*	*DD*	*DD*
RECP	4.4203***	7.8605***	4.0510***	3.1361***	3.7106***
	(8.6769)	(8.0442)	(5.0071)	(3.3257)	(7.6695)
TA	0.0005***	-0.0017	0.0079***	0.0081**	0.0114***
	(2.7384)	(-1.2840)	(3.3073)	(2.0469)	(3.1740)
TL	-0.0000***	0	-0.0001***	-0.0001**	-0.0001***
	(-2.9621)	(0.4976)	(-2.9804)	(-2.1838)	(-2.6328)
NDR	-0.0003	0.0001	0	-0.0007*	-0.0004
	(-0.4794)	(0.2759)	(-0.0196)	(-1.7346)	(-0.8216)
ITR	0.1271*	-0.0068	0.0125	0.7714***	0.0629**
	(1.9574)	(-0.9782)	(0.5227)	(6.8255)	(2.3768)
NPMS	0.0088***	0.0112***	-0.0024	-0.0002	0.0001
	(4.1293)	(7.8060)	(-1.0711)	(-0.2062)	(0.5826)
CSDR	-0.005	0.0135**	-0.0044	0.0001	0.0001
	(-0.5859)	(2.3868)	(-0.5558)	(1.2782)	(0.3917)

续表

变量	模型(1)	模型(2)	模型(3)	模型(4)	模型(5)
	TA ≥1000 亿元	1000 亿元> TA ≥ 500 亿元	500 亿元> TA ≥ 200 亿元	200 亿元> TA ≥ 100 亿元	TA <100 亿元
	DD	DD	DD	DD	DD
年度	控制	控制	控制	控制	控制
常量	-1.8996***	-3.8771***	-1.5697***	-1.0786	-1.2440***
	(-4.4101)	(-5.1582)	(-2.6595)	(-1.3830)	(-3.1261)
观察值	275	213	271	188	342
R^2	0.658	0.564	0.609	0.513	0.524
样本量	22	16	20	15	29

注：* 表示 $p<0.1$，** 表示 $p<0.05$，*** 表示 $p<0.01$，分别表示在 10%、5%和 1%水平上显著。

为进一步考察房地产调控政策对不同所有制房企违约风险的影响，本章根据房企所有制性质生成国有企业、民营企业、外资企业、其他企业四个虚拟变量，以国有企业为基准组，将其余三个所有制性质虚拟变量与房地产调控政策变量做交互后，加入计量模型中重复进行基准回归。表 8-9 报告的估计结果表明，尽管统计并不显著，但房地产调控政策对民营企业和其他企业相对于国有企业造成的负面影响要大，导致其违约距离减少（违约风险增加）；房地产调控政策对外资企业造成的正面影响比国有企业要大，导致其违约距离增加（违约风险减少）。这说明房地产调控政策在不同所有制企业方面存在结构差异。

表 8-9 异质性分析（房企所有制性质）

变量	模型(1)	变量	模型(1)
	DD		DD
TA	0.0008***	RECP × PRE	-0.0995
	(3.2179)		(-1.2441)
TL	-0.0000***	RECP × FIE	0.1877
	(-3.3105)		(1.4467)
NDR	-0.0005***	RECP × OE	-0.0554
	(-3.1362)		(-0.4284)
ITR	0.0150***	年度	控制
	(2.9524)	常量	1.5215***
NPMS	0.0004***		(21.7127)
	(2.6253)	观察值	1289
CSDR	0.0001	样本量	102
	(1.4398)	R^2	0.459

注：* 表示 $p<0.1$，** 表示 $p<0.05$，*** 表示 $p<0.01$，分别表示在 10%、5%和 1%水平上显著。

五 结论与政策建议

本章基于2008年至2021年第三季度我国A股103家上市房企股票日交易数据和财务数据，运用KMV模型估算出的违约距离来度量违约风险，进一步地，本章采用面板模型在控制房企微观因素基础上分析了房地产调控政策对房企违约风险的影响。从实证结果来看，我们有如下发现。①房企违约风险整体上呈出时序性特征，在截面上也有明显分化，以2021年前三季度为例，规模在1000亿元以上房企的违约风险最高。②在微观层面，房企违约风险与以下因素有关：房企净资产规模越大，违约风险越低；经营效率越高，盈利水平越强，则违约风险越小；净负债率越低，短期偿债能力越强，则违约风险越小。③在宏观层面，紧缩的房地产调控政策有利于降低房企违约风险；异质性分析表明，房地产调控政策存在明显的结构效应，房地产调控政策对规模为500亿~1000亿元的房企的风险抑制效果最好，对民营企业和其他所有制性质的企业产生负向效果，即导致违约风险增加。

本章研究结果表明，从长周期视角看，房地产调控政策有利于降低房企违约风险，有利于房地产市场健康平稳发展。尽管2021年出现了较多房企违约事件，但绝大部分是市场自我出清的结果，因此在政策上应依然坚持“房住不炒”的精神，贯彻执行房地产金融审慎管理制度。本章的异质性分析表明，房地产调控政策存在结构效应。一方面，房地产调控政策对资产规模最大组别的风险抑制效果并不好，这可能是由大型房企利用“大而不倒”策略逆市加杠杆导致的，因此，针对大型房企应采取“一企一策”措施，防止资本无序扩张。另一方面，房地产调控政策在客观上导致民营房企和其他所有制性质房企的违约风险增加，在政策层面，监管层应鼓励银行以运营效率、经营能力等为指标开展贷款评估，减少放款过程中的所有制歧视现象。同时，监管层应关注民营房企的违约是由流动性风险导致的还是由资不抵债导致的，对于前一种情况，应注入流动性，防止出现传染效应；对于后一种情况，在处置问题资产时应注意隔离风险。

第九章
房企何以至此

——债券视角的本轮房企危机

李凯　高睿*

- 历史上，房企陷入债务困境的原因，按由快到慢排列包括六个：第一，金融机构原因；第二，刚性债务原因；第三，项目销售及回款原因；第四，运营内控原因；第五，多元化原因；第六，项目成本原因。由于房地产行业是高杠杆运行的行业，因此杠杆（债务）断裂导致的企业危机的发生速度远远快于企业由于经营或盈利原因导致的危机的发生速度，这也是上述6个原因排列顺序的背后逻辑所在。
- 本轮房企的债务危机经历了四个阶段，目前还未结束。第一阶段，2021年9~10月：恒大风险事件发酵，债券价格大跌。第二阶段，2021年11~12月：政策利好，债券价格反弹。第三阶段，2022年1~2月：投资逻辑转换，债券价格分化。第四阶段，2022年3月以后：疫情雪上加霜，销售没有好转，传染性蔓延至非民企。
- 本章房企债务危机与2021年7月之前常规情形的房企债务风险表现出六个新特征。第一，之前常规情形房企发生债务风险，基本是所有债务共同出现风险，但本轮危机往往首先体现为债券价格大幅

* 李凯，深高投资合伙人，资深市场人士，高收益债券投资专家；高睿，深高投资分析师。

下跌，甚至本身风险的触发也由债券价格下跌导致。第二，之前常规情形房企发生债务风险，基本源于自身问题；本轮危机基本源于行业和基本面问题甚至疫情等不可抗力因素，然后才是自身问题。第三，之前常规情形房企发生债务风险，基本应对的时间窗口比较长；本轮危机用于反应和应对的时间都很短，让各方措手不及，且应对空间逼仄。第四，之前常规情形房企发生债务风险，基本没有产生传染性和信心缺失问题；本轮危机造成大范围的传染性和信心大幅度缺失的问题，且政策空间和动作都较小，并没有有效解决传染性和信心缺失问题。第五，之前常规情形房企发生债务风险时，范围局限在中小型民企；本轮危机出现在规模大、属性上从纯民营逐渐向非民营过渡的企业。第六，之前常规情形房企发生债务风险，对所有债务基本一视同仁；本轮危机由于出现的企业数量多、体量大、长期和短期问题叠加，导致偿债资源稀缺，不同债务有保有弃。

- 房企接近杠杆运作的金融机构，房企的股债均在金融市场交易，金融市场的恐慌和信心缺失具有极强传染性，因此，我们认为，迅速和强力地阻断恐慌和信心缺失的传染性，是化解本轮房企危机的重中之重，也是政策决策层和各相关方需要深入讨论的命题。

2021 年下半年以来，房地产及境内外房地产债券市场发生大幅波动。截至 2022 年 3 月末，克尔瑞 2021 年全口径销售排名前 50 的房企中不能及时兑付公开债券市场债务（违约或展期）的有 13 家，占比为 26%。民营房企的公开市场债务违约情况远比国有控股房企严重。2021 年，在克尔瑞销售排名前 50 的房企中，民营控股房企占 33 家，不能及时兑付公开债券市场债务的房企在其中的占比超过 39%。债务风险对于房企和金融市场的压力是显而易见的，这使不能及时兑付公开市场债务的房企债券价格大幅下跌，在上述 33 家民营房企中，尚未违约但是债券价格跌至违约价格（3 折以下）的至少还有中南置地、中梁控股、金科集团、融信集团等 10 家以上企业。少数被市场认为是“头部企业”的碧桂园、旭辉集团、新城控股、龙湖集团、滨江集团等的债券价格也有所下跌，其中，碧桂园、旭辉集团和新城控股的债券年化收益率都曾一度接近 100%的水平。

债券市场定义的本轮房地产市场调整和房企危机是从 2021 年 7 月开始的。根据裁判文书网披露，2021 年 7 月 19 日，广发银行宜兴支行对恒大相关资产申请保全，同月，标普将恒大评级下调至 B-；8 月，涉及恒大的起诉案件进行集中管辖，监管部门将恒大集团面临的债务困境定性为“流动性问题，而非资不抵债”，中国人民银行和银保监会约谈恒大集团，要求保持经营稳定。此后，随着房地产销售的剧烈下滑及出现再融资等多重困境，这拉开了房企债务违约的大幕。

一　历史上房企如何陷入债务困境

为了研究房企如何陷入债务困境，我们对 2018 年 12 月至 2021 年 7 月典型的房企公开市场债务违约案例进行梳理。我们根据公司内部自主研发深高 W-M 智能量化信用评级系统（简称“深高 W-M 评级”）对这些案例进行了内部评级下调时点的统计，以说明不同原因对公司流动性的负面影响程度。2021 年 7 月之前的常规情形对市场影响比较大的公开市场债务违约房企及违约原因见表 9-1。

表 9-1　2021 年 7 月前债券违约重点房企

违约主体简称	违约时间	违约核心原因概括	深高 W-M 评级下调至违约时间(月)
银亿股份	2018 年 12 月 24 日	运营内控原因、项目成本原因、刚性债务原因	15
中弘控股	2018 年 10 月 18 日	项目销售及回款原因、多元化原因	13
国购投资	2019 年 2 月 1 日	刚性债务原因、项目销售及回款原因	9
泰禾集团	2020 年 7 月 6 日	金融机构原因、项目成本原因、项目销售及回款原因、运营内控原因	38

续表

违约主体简称	违约时间	违约核心原因概括	深高 W-M 评级下调至违约时间(月)
三盛宏业	2020 年 9 月 22 日	项目销售及回款原因、运营内控原因、多元化原因	14
福晟集团	2020 年 11 月 19 日	项目销售及回款原因、运营内控原因、项目成本原因	14
华夏幸福	2021 年 2 月 27 日	金融机构原因、刚性债务原因、项目销售及回款原因	4
协信远创	2021 年 3 月 9 日	项目销售及回款原因、项目成本原因	17
蓝光发展	2021 年 7 月 12 日	金融机构原因、项目销售及回款原因	9

资料来源：笔者依据公开信息整理得到。

在将债务违约核心原因与深高 W-M 评级下调至违约时间一一对应后，我们发现，六种原因对房企流动性造成负面影响。这六种原因由快到慢大致如下。

（1）金融机构原因：银行、信托、保险、融资租赁等传统金融机构出于自身风控考虑抽贷断贷，但其背后的原因往往是房企债务压力过大、自身现金流积重难返或者已经出现其他债务违约风险。

（2）刚性债务原因：短债长投，公开市场债券或员工理财等信用类债务到期规模过大或过于集中，到期不能及时兑付债务，从而造成其他债务加速挤兑。

（3）项目销售及回款原因：产品竞争力弱或者市场原因导致项目去化不稳定或下滑，还有部分房企存在大量回款慢的项目（文旅、产业园等项目），导致经营现金流被吞噬。

（4）运营内控原因：房企运营能力差、内部管理混乱，甚至存在关联方和实控人掏空房企等违法问题，最终导致出现畸高的财务成本和管理成本。

（5）多元化原因：房企或实际控制人进行大量与房地产主业无关的多

元化投资，导致资金占用情况严重。由于房企或房企的实控人在进行多元化投资时往往存在滥投资的问题，多元化投资的效果往往比较差。

（6）项目成本原因：拿地成本过高，沉淀资金体量过大，甚至为了拿地不惜采用高利贷等高成本融资方式，造成不但项目上亏钱，债务上也压力过大的不利局面。

由于房地产行业是高杠杆运行的行业，因此，由杠杆（债务）断裂导致的企业危机的发生速度远远快于企业由经营或盈利原因导致的危机的发生速度，这也是上述六种原因排列顺序的背后逻辑所在。

以债券违约核心原因最多的泰禾集团为例，2017 年 5 月，深高 W-M 智能量化信用评级系统（评级符号从 1 到 10，10 代表最优质，1 代表最差或违约）将其从 5 级下调至 4 级，主要因为项目成本过高。此时距泰禾集团债券违约尚有 38 个月，这说明项目成本过高对房企流动性的挤压并不会马上显现。2019 年 11 月，泰禾集团的信用评级被深高 W-M 智能量化信用评级系统下调为 3 级，下调评级的原因与项目销售、回款及运营内控等问题相关，此时对泰禾集团流动性的挤压已经比较严重，其后，在 2020 年 7 月，泰禾集团的评级被深高 W-M 智能量化信用评级系统迅速下调至 1 级。深高 W-M 智能量化信用评级系统对泰禾集团评级概览见图 9-1。

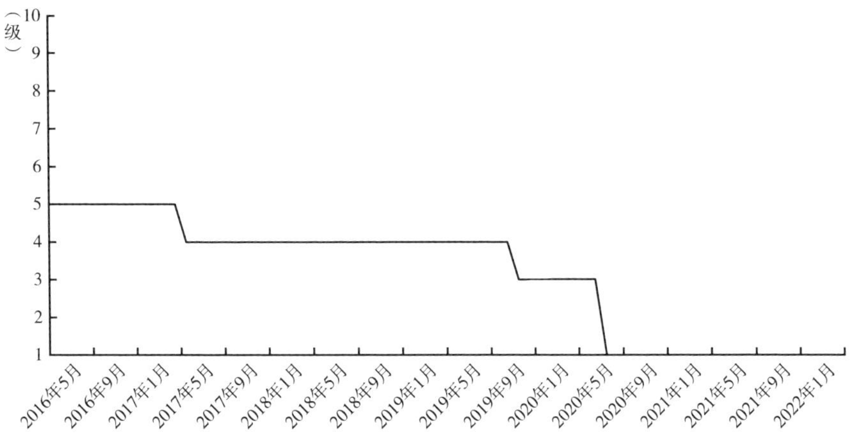

图 9-1　深高 W-M 智能量化信用评级系统对泰禾集团评级概览

二　本轮房企危机如何演变

以 2021 年 7 月恒大被广发银行宜兴支行申请资产保全为临界点，我们发现，本轮房企债务危机爆发的路径与历史路径不同，具有速度快、传染性强、恐慌度高、影响面广等特点。

分析本轮房企危机特征，首先要重现和梳理本轮房企下行的画像。我们将 2021 年 7 月以来的房企债务危机分为四个阶段。

（一）2021年9~10月：恒大风险事件发酵，债券价格大跌

在陷入债务困境后，9 月 1 日，恒大召开“保交楼”誓师大会；9 月 14 日，恒大发公告称遇到“前所未有的困难”，并聘请 Houlihan Lokey 和钟港资本研究流动性解决和债务重组方案。此后，各地住建部门将项目复工和保交付作为房地产行业调整过程中的重中之重，采取的核心措施为预售资金强监管，部分地区要求将其归入政府指定账户，并专门用于农民工工资发放和工程款支出，以保证项目按时交付。此时，恒大的困境已经完全展现在市场面前。

恒大的困境是长期过度负债和高杠杆运行的结果，但也有 2021 年下半年开始销售下滑和再融资困难的原因，同样的事情也可能会发生在其他房企上。房企再融资困境除了包括开发贷、按揭贷款和信托贷款获取日益困难之外，还包括失去了在境内外债券市场的再融资功能。恒大债务困境显现后，其境内外债券价格迅速跌至 2 折以下，这对于传统的高收益美元债的投资人的冲击极大。其一，恒大的境内外债券发行体量极大，境内外债券总规模超过 2000 亿元。其中境内债券主要由金融机构持有，但是境外美元债主要由熟悉恒大的超高净值家族、养老金和主权基金等“RealMoney”、对冲基金、私人银行客户等中高风险偏好投资人持有。这还未包括恒大系股票下跌造成的亏损。其二，恒大债务违约凸显出高杠杆房企面临的困境，带动其他房企债券价格下跌。其三，在传统的境外美元债投资中，一般会通过结构化票据

加杠杆，不同的投资人根据自身融资能力和房企信用资质一般可以获得0.5~2倍的杠杆，带杠杆的价格下跌提高了恐慌性和传染性。

专栏1：预售资金监管加强①

2021年9月以后，花样年、新力、当代置业、阳光城、奥园、禹洲、荣盛、世茂等规模民企陆续出现债务展期或违约问题，其他民企，如中南建设、雅居乐、金科等迫于资金压力也有部分楼盘处于停工状态。此时，确保楼盘的交付、稳定购房人情绪成为地方政府的核心任务和底线。在这一核心诉求之下，各地纷纷规范了对商品房预售资金的监管政策。此前，各地对预售资金监管较松，即便是重点监管资金，房企也可能通过各种方式，以工程建设资金的名义套取以挪作他用。在恒大、福晟等房企出现问题后，地方政府发现监管账户中的余额根本不足以支撑工程建设完工，极易造成项目烂尾无法交付。

在此背景之下，地方政府纷纷开始加强预售资金监管。首先，对重点监管资金的严控，重点监管资金可大致理解为可覆盖工程开发建设费用的预售资金。这部分资金大约占销售回款的30%。部分房企反馈，部分地区发生过度监管的情况，即预售资金监管账户在整个项目建设过程中必须维持某个确定数字，即便约定可以使用监管账户支付的工程建设款项也依旧需要房企从总部额外调拨以进行支付。其次，提取超额监管资金的速度显著变慢，部分地方政府甚至对于重点监管资金以外的一般监管资金采取严控态度，限制房企提取，甚至造成无法正常执行。再次，对于已出险或者已有一定负面传闻的房企，后期甚至包括未出险的民企，除去地方政府以外，相关银行、信托机构也对其项目银行账户进行严格监管，闭环运作，使资金无法向企业集团总部归集以用于诸如偿还公开市场债券、支付员工工资等。最后，对于有出险可能的民企，银行经常迅速收紧开发贷投放，项目建设资金完全依赖房企自筹与项目销售回款。

① 笔者依据公开信息及访谈信息整理得到。

从已出险的几家房企的公告可以看出，在预售资金监管收紧的背景下，集团的资金归集率及非受限比例非常低。

阳光城：截至2021年12月末，其在售货币资金较年初大幅下降，致使实操中可灵活动用资金占账面资金的比例不足1%，回笼至集团层面的难度极大。

奥园：项目大概还有200多亿元，如果算上项目上的按揭应收回款应该有400多亿元，“大头”是锁住了，现在每个月能盘回集团的钱，在2022年1月大概有10亿元出头（比例大约为5%）。

正荣：截至2021年2月初，可用资金占总资金的5%左右，受限比例高达95%，截至2022年3月初，情况没有好转。

对预售资金监管的规范、部分地区的层层加码和银行、信托等金融机构的“最后一道锁”，收紧了民企的“输血动脉”，叠加房地产市场的销售断崖式下滑，民企举步维艰，面临较大风险。

其后，花样年违约给房地产美元债市场造成极大冲击。2021年9月20日，花样年发布公告称，截至公告日，公司发行的已到期离岸优先票据无逾期还款，公司经营情况良好，运营资金充裕，不存在任何流动性问题。9月28日，碧桂园服务发布公告称，碧桂园物业香港与花样年的物业管理板块彩生活服务签订转让协议，将收购目标公司的全部股权。花样年出售彩生活总共从碧桂园获得了30亿元资金，其中第一批资金为23亿元，包括1.55亿美元和13亿元；第二批资金为7亿元，于2021年9月30日由碧桂园出借给彩生活。在出售资产有现金回流的情况下，花样年一直对外声称会兑付10月4日到期的美元债。9月27日，花样年兑付了的一笔1亿美元的私募票据，似乎也印证了花样年的债务偿还能力。然而，在临近10月4日的美元债到期兑付日时，花样年却突然表示没有足够资金兑付债务，该期美元债顺势违约。

花样年违约事件给美元债市场带来极大冲击，被看成“境外永煤事件”。早在过去市场平稳时，美元债发行人与投资人沟通顺畅，互信度高，发行人获得了高灵活度的融资，投资人获得了高收益率的资产，双方共赢。然而，花样年此番做法却打破了原有的美元债投研逻辑，让投资人对发行人的信任荡然无存，导致美元债投资人大幅抛售持仓的房地产美元债。

恒大和花样年违约连带出一系列问题，房地产债券投资人逐渐发现房企有很多之前自己并不了解甚至并不知道的或有负债，包括但不限于员工理财、私募美元债、境内各类 ABS 产品。这些债务在市场平稳时，被房企作为债务出表工具，绝大部分不需要在公开市场披露，在市场下行时就会引发市场担忧，加重投资人对房企债券的抛售，造成负向循环。

至此，境内外债券市场对房企已经极端悲观，投资者不知道房企还有多少负面变量没有被发现。民企中除龙湖、滨江等个别主体外，30 家以上房企的债券打折成交甚至跌至违约价格（2 折或以下）。

（二）2021年11~12月：政策利好，债券价格反弹

面对房地产市场发生的情况，国家相关部门自 2021 年 10 月开始逐渐出台放松或刺激政策。金融监管部门开始针对房地产板块的状况进行密集调研，国务院发展研究中心分别在广州、深圳与银行、房企等相关方讨论房地产行业状况，并讨论可能出台的对于房地产领域的相关放松政策。央行及银保监会等部门对银行多次进行窗口指导以加快按揭贷款和开发贷的投放速度，国家外汇管理局召开会议为房企资金出境兑付美元债提供便利。中国银行间市场交易商协会召集招商、保利、碧桂园、龙湖、佳源、美的，指导其在银行间市场发债，除佳源外，其他房企均已在银行间市场新发中票或短融。部分央企和国企反馈希望并购贷款不纳入“三道红线”的调控范围。同月，房企普遍反馈按揭贷款的投放速度有所提高，网签积压情况相对缓解。与此同时，2021 年 11 月，地方住建部门仍在逐步加大对预售资金的监管力度，成都、北京、石家庄、厦门、漳州相继出台预售资金政策的修订细则，更多地方的住建部门通过窗口指导的形式规范和加大对预售资金的监管

力度。2021 年 11 月以来境内公开市场发债情况（截至 2022 年 3 月 31 日）见表 9-2。

表 9-2　2021 年 11 月以来境内公开市场发债情况（截至 2022 年 3 月 31 日）

证券代码	证券名称	公司简称	起息日期	募资金额（亿元）
102280512. IB	22 旭辉集团 MTN001	旭辉集团	2022 年 3 月 14 日	10. 0
102280376. IB	22 美的置业 MTN001	美的置业	2022 年 2 月 28 日	15. 00
042280093. IB	22 滨江房产 CP001	滨江集团	2022 年 2 月 25 日	7. 20
149803. SZ	22 金科 01	金科股份	2022 年 2 月 17 日	15. 00
012280427. IB	22 滨江房产 SCP002	滨江集团	2022 年 1 月 27 日	9. 30
185274. SH	22 龙湖 01	龙湖	2022 年 1 月 14 日	20. 00
185275. SH	22 龙湖 02	龙湖	2022 年 1 月 14 日	8. 00
012280002. IB	22 滨江房产 SCP001	滨江集团	2022 年 1 月 5 日	9. 60
136887. SZ	龙光城优	深圳龙光控股	2021 年 12 月 28 日	6. 60
012105496. IB	21 金科地产 SCP004	金科股份	2021 年 12 月 23 日	8. 00
149748. SZ	21 碧地 04	碧桂园地产	2021 年 12 月 17 日	10. 00
102103236. IB	21 兆泰集团 MTN001	兆泰集团	2021 年 12 月 10 日	8. 70
102180071. IB	21 龙湖拓展 MTN001(项目收益)	龙湖	2021 年 12 月 9 日	10. 00
042100641. IB	21 滨江房产 CP004	滨江集团	2021 年 12 月 6 日	9. 00
136737. SZ	21 印力 2A	印力集团	2021 年 11 月 5 日	10. 05

资料来源：笔者依据公开信息整理得到。

12 月，中共中央政治局会议提出建立房地产行业的“良性循环”，给房地产债券市场以极大的信心。部分城市开始出现需求端的放松政策。深圳、广州部分银行的房贷利率下调，桂林、重庆璧山区、芜湖对部分人群提供住房补贴，衡阳、开封、万州、新乡则对住房契税提供补贴。央行和银保监会联合出台《关于做好重点房地产企业风险处置项目并购金融服务的通知》，鼓励银行业金融机构开展房地产项目并购贷款业务，用于承债式收购的并购贷款不再计入“三道红线”相关指标。此时，需求端的政策力度较弱。

专栏 2：多重因素叠加，房企面临较大挑战[①]

面对不断出现的风险事件，购房人的预期被扭转，持币观望成为有购买力的购房人的最优选择。部分刚需和改善需求由于宏观经济形势、行业的强力整顿以及疫情的强管控措施遭到压制，当期收入的减少，对未来收入预期的悲观，都带来了需求端的疲软。这使房企销售，尤其是有负面传闻的民企的销售呈现断崖式下降的趋势，其更难通过仅剩的销售资金回流供血。

房企尤其是民企出现了恶性循环：开发商资金紧张→施工进度慢，出现项目延期交付→购房者担心烂尾造成买房意愿下滑→地方政府为保交付加强预售资金监管→金融机构担心债务风险从而进一步收缩信用和加强账户监管→开发商资金进一步紧张（参见下图）。这几乎是高杠杆行业中没有政府信用背书的民企在遇到负面新闻和强力管控时必然会经历的恶性循环。

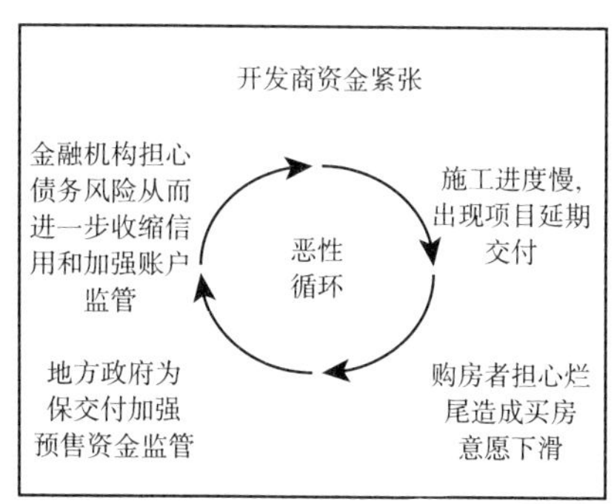

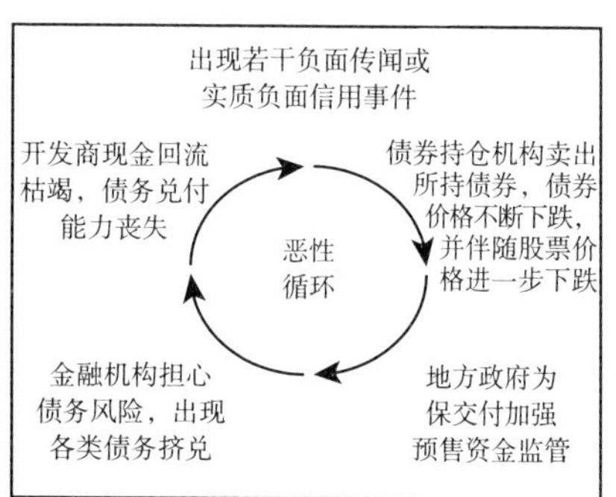

总体而言，这一轮政策管控的特点是控得严、控得全，不同领域监管部门的政策并不统一，且后期刺激政策出台速度较慢、力度较小、效果不佳。叠加境内外复杂多变的政治环境、走弱的宏观经济形势、仍然处于高峰的疫情及强力的疫情管控措施，房地产行业和房企愈加困难。

市场清晰地感受到了政策暖风，2021 年 11 月 10 日前后，境内外房地产债券市场分别触底反弹，以优质民企碧桂园和旭辉债券为例，从最高时超

① 笔者依据公开信息整理得到。

过 20%年化收益率的水平降至 10%以下；中等资质民企的债券价格从 5 折左右上涨至 7~8 折。

（三）2022年1~2月：投资逻辑转换，债券价格分化

在政策暖风背景下，房企债券价格恢复到一定水平，但市场发现房企的实际信用水平并没有明显好转。房企债券依然大量折价成交，按揭贷和开发贷投放速度仍在恢复中，销售额同比增速依然在加速下滑，最重要的是各地预售资金监管没有任何缓解的迹象。在“房住不炒”的政策基调和人口出生率持续下滑的情况下，房地产市场出现了由盛转衰的迹象，投资者对房企债券市场的投资逻辑由短期的流动性和杠杆逻辑转换到长期逻辑。

在部分房企债券展期的背后，是 2022 年开局房企销售额的断裂式下滑。根据中指数据，2022 年 1~2 月，TOP100 房企销售额均值为 103.0 亿元，同比下降 34.0%。越大规模房企的销售额的下滑速度越快。2022 年 1~2 月，100 亿元及以上阵营的房企共 30 家，销售额增长率均值为-38.4%，在四个阵营中下降速度最快；第二阵营（50 亿~100 亿元）有 26 家房企，销售额增长率均值为-34.1%；第三阵营（30 亿~50 亿元）有 24 家房企，销售额增长率均值为-31.9%；第四阵营（30 亿元以下）有 20 家房企，销售额增长率均值为-28.8%。其中，销售额同比下滑超过 40%甚至 50%的房企比比皆是，而且民企尤甚。

在既有政策利好又有销售下滑和不断出现负面信用事件的 2022 年 1~2 月的房地产债券市场，价格趋于分化。第一类是债券价格仍然接近面值、到期收益率在 10%附近或以下、主体资质较好的房企，比如碧桂园、旭辉、滨江、龙湖等少数房企。第二类是大量的债券价格在 5 折甚至 3 折以下、市场定价有较大违约风险的房企，大多数民企属于这一类。

（四）2022年3月以后：疫情雪上加霜，销售没有好转，传染性蔓延至非民企

从 2022 年初开始，各地需求端政策出台愈发密集，1~3 月，需求端政

策呈现如下特点：力度越来越大，惠及面越来越广，城市能级越来越高。我们也终于在3月看到了组合政策的出台（郑州）和明确表示废止历史限售文件的表述（哈尔滨）。2022年1~3月地方房地产刺激政策汇总见表9-3。

表9-3　2022年1~3月地方房地产刺激政策汇总

时间	刺激政策	涉及城市(地区)	城市(地区)数量(个)
2022年1月	公积金异地限制放松	青岛、济南	2
	公积金首付比例下调	北海、南宁、株洲	3
	贷款利率下调	北京、合肥、广州	3
	人才购房补贴	长春、昆明、泸州、保定、南充、马鞍山	6
	契税补贴	玉林、贵港	2
	落户政策放松	天津	1
	首套房认定放松	自贡	1
2022年2月	贷款利率下调	上海、广州、南京、苏州、杭州、深圳、福州、菏泽	8
	首付比例降低	重庆、赣州、驻马店、佛山、南通、蚌埠、晋中、菏泽	8
	人才购房补贴	绍兴、南浔、惠州	3
	契税补贴	惠州	1
	落户政策放松	惠州、浙江、南昌、绍兴	4
2022年3月	贷款利率下调	十堰、襄阳、泰安、临沂、烟台、苏州、南京、石家庄、保定、承德、张家口	11
	公积金贷款额度上调	中山、南宁、温州、达州、九江、南昌、宣城、唐山	8
	首付比例降低	德州、昆明、北海、防城港、唐山	5
	人才购房补贴	衡阳	1
	契税补贴	孝感	1
	限售放松	青岛、哈尔滨、衢州、秦皇岛	4
	限价放松	深圳	1
	组合政策(限购放松、允许投靠购房、下调利率、棚改货币化安置、人才购房补贴)	郑州	1

此外，在中央层面，2月，住建部出台了全国性商品房预售资金监督管理方法草案，北京、成都、烟台和广州陆续降低了预售监管资金的留存比

例。相关部门推动全国性 AMC 研究风险企业项目并购，若干银行金融机构纷纷推出并购贷款投放计划，部分央企、国企申请发放并购用途的债券。国家发改委要求常住人口在 30 万人以下的城市全面取消落户限制并探索农村集体经营性建设用地入市制度。3 月中旬，国务院金融稳定发展委员会召开会议，要求积极出台对市场有利的政策，慎重出台收缩性政策，研究制定化解房企风险的方案，银行业要坚定支持民企发展，加强部门间政策协调，银保监会表示，2022 年不具备扩大房地产税改革试点的条件。

房地产出险项目并购落地困难，居民收入预期的下降，使轻微的需求端刺激政策的效果不佳。而且，地方政府出于保交房的考虑对预售资金严监管的态势不改，同时疫情又“卷土重来”，因此，除了 3 月开始土地市场出现一定回暖外，销售端依旧疲软，2022 年前三个月的新建商品房销售依旧呈现失速的状态，民企的出清和负面新闻依旧不断。需求端政策刺激的力度不够大，起效的时滞长，预期扭转的难度高，导致“远水解不了近渴”，而供给端政策落地性差，可行性有限，也使民企依然难以摆脱困境。

在 2022 年 3 月上旬与市场的沟通中，融创的高管对市场的销售预期仍然比较好，并向市场表示“4 月 1 日到期的债券兑付资金已经准备好”。但是不期而至的疫情以及严格的疫情封控政策，导致 3 月并没有出现预期中的“小阳春”。融创债务违约对市场的影响较大，其一是融创自身的体量及债务规模原因；其二是融创与其他公司合作项目较多，融创出现风险影响的范围较大，会导致合作项目的融资和销售出现问题；其三是融创的“倒下”在 3 月 16 日国务院金融稳定发展委员会召开会议后不久，对市场信心的负面冲击较大。

三　本轮房企债务危机特征

从上文梳理的本轮房企出险情况来看，目前，房企面临“三座大山”：销售大幅及超预期下滑；债券发行困难、银行和信托等金融机构贷款收缩，整体金融环境不利；预售资金监管等非金融政策客观上加剧房企金融债务风险。从目前情况来看，金融政策已经有所修复，尤其是对于信用资质较好的企业来说，贷款投放速度等指标正在迅速恢复并逐渐达到较好水平，但是预售资金监管政策等非金融政策没有放松，各地政府的放松政策力度较小且见效尚需时间（从历史来看至少需要 6 个月）。此外，长期因素和短期因素叠加导致销售额下滑几乎是不可逆的，需求端的崩溃是市场最担心的变量。

在当前房企“三座大山”的背景下，对照本轮房企债务危机与 2021 年 7 月之前常规情形的房企债务风险，我们发现本轮危机有了新的特征。

第一，由于境内外债券存在于活跃的二级交易市场，因此其起到充分的价格发现功能。之前常规情形房企发生债务风险，基本是所有债务共同出现风险，但本轮危机往往首先表现为债券价格大幅下跌，甚至本身风险的触发也由债券价格下跌导致。

第二，之前常规情形房企发生债务风险，基本源于自身问题；本轮危机首先基本源于行业和基本面问题甚至疫情等不可抗力因素，其次是自身问题。

第三，之前常规情形房企发生债务风险，基本应对的时间窗口比较长；本轮危机的反应和应对时间都很短，让各方措手不及，且应对空间逼仄。

第四，之前常规情形房企发生债务风险，基本没有产生传染性和信心缺失问题；本轮危机有较大程度的传染性，出现信心大幅缺失的问题，而且政策空间和动作都较小，并没有有效解决传染性和信心缺失问题。

第五，之前常规情形房企发生债务风险的范围局限于中小型民企；本轮危机出现于规模大、属性上从纯民营逐渐向非民营过渡的企业。

第六，之前常规情形房企发生债务风险，对所有债务基本一视同仁；本轮危机由于出现企业数量多、体量大、长期和短期问题叠加，导致偿债资源稀缺，不同债务有保有弃。比如，保证交付是所有出险企业的第一任务，而对于美元债、商票等负债，房企基本上在放弃甚至“逃废债”。

由此，在这个市场环境下，房企出现的风险相对于之前又有了新的路径。除房企基本面和行业问题外，房企的新增危机路径可以归纳为以下几个方面。

第一，言行不一、出尔反尔：美化债务兑付能力或者对房企和行业的情况过度乐观，导致不能履行承诺，债券价格大幅下跌，触发风险。

第二，掩盖事实、虚假披露：公告内容涉及虚假披露，被投资人抛弃。

第三，管理和应对措施不当，运营能力不足：在行业和房企基本面大幅下滑的背景下，组织运营能力大幅下降，内部管理混乱。

第四，出现负面舆情后被做空：在有意或无意流传或释放的负面舆情被投资人知悉后，出现挤兑。

第五，实际控制人成疑，债券价格高位成“原罪”：部分房企的实际控制情况被市场质疑，造成投资者卖出，价格下跌，这些房企由于不是最初出现风险的民企，因此债券价格处于高位，但这对债券投资者来说风险更大，因为下跌空间更大，潜在损失也更大。

专栏3：金融机构的囚徒困境

在本轮房企危机中，由于市场公开度、影响力、流动性水平等的不同，不同类别的金融债务对房企的影响不尽相同。就影响力顺序来看，境内人民币债券投资者>境外美元债投资者>信托非标投资者>员工理财>银行贷款。以下对这几种投资者的特征进行简要介绍。

境内人民币债券投资者：境内人民币债券的底层投资者以银行和保险等传统金融机构为主，这类金融机构的特征是资金体量大、风险偏好低、行为一致性强、信用风险识别能力一般。在资产管理机构中，公募基金和券商资管也管理较大体量的债券型产品，但是在其持仓一遇有信用风险时，银行和公募基金等委托人出于免责和防止净值波动便会赎回产品，在信用风险之外对持仓债券造成流动性冲击。在境内债券投资者中，高收益债基金等中高风险偏好的投资者数量和规模都相当有限，导致有信用瑕疵的债券价格往往容易“一泻千里”。

境外美元债投资者：相对来讲，境外美元债投资者的风险识别和承受能力较强，但是，在过去将近一年的时间中，其承受了巨大的投资损失，叠加俄乌冲突导致的短期风险偏好下降、美元债市场在经历大幅波动后生态和流动性弱化，在风险尚未充分释放时，其不会贸然重新大规模投资房企美元债。

信托非标投资者：数年来，信托非标的风险较大，虽然大部分信托计划有抵押物但是存在较为严重的抵押物价值减少的风险。另外，信托非标流动性较差，信托公司的部分投资人是散户，这也导致信托公司的风险承受能力下降。

员工理财：员工理财在市场平稳时即房企的融资工具，由于收益率较高，其是某种员工“福利”。但是恒大事件以来，投资人发现员工理财这一金额难以统计的金融产品成为房企的或有负债。由于投资人全部是散户，因此，出于维持稳定的考虑，出险房企需要拿出资源来尽量保证兑付。

银行贷款：对于仍然在持续运营的房企，银行贷款的现状是能展期则展期。但是仍然存在不少房企被银行抽贷断贷的现象，银行强势的风控，往往成为压死房企的“最后一根稻草”。

整体来看，上述几类投资者对房企的风险偏好日益弱化、风控强度日益增强。除了金融机构自身的问题之外，日益恶化的行业基本面和房企自身问题也强化了金融机构的囚徒困境，导致形成恶性循环。

比如，每次发生房企言行不一、出尔反尔的情况，就会加重信心和信任的缺失，金融机构会质疑房企的任何表态，房企回购自身债券等有利于兑付债务的动作也不被信任，因为隔阂已经出现并扩大。这就形成了房企版本的“塔西佗陷阱”。

再如，闽系房地产头部企业世茂的债务逾期后，银行对同属闽系房企的正荣的开发贷和按揭贷款的投放速度迅速下降。正荣债务逾期后，正荣与金辉地产的合作项目的融资也受到极大影响，而金辉本是一个相对正常运营的房企。

除上述路径之外，在重重压力下，房企的实际控制人的债务兑付意愿也在大幅下滑。房企接近杠杆运作的金融机构，房企的股债均在金融市场交易，金融市场的恐慌和信心缺失具有极强的传染性，因此，我们认为迅速和强力地阻断恐慌和信心缺失的传染性，是化解本轮房企危机的重中之重，这也是政策决策层和各相关方需要深入讨论的命题。

图书在版编目(CIP)数据

中国住房金融发展报告.2022/蔡真等著.--北京:社会科学文献出版社,2022.8
ISBN 978-7-5228-0147-6

Ⅰ.①中… Ⅱ.①蔡… Ⅲ.①住宅金融-研究报告-中国-2022 Ⅳ.①F299.233.38

中国版本图书馆CIP数据核字(2022)第086206号

中国住房金融发展报告(2022)

顾　　问/李　扬
著　　者/蔡　真　崔　玉等

出 版 人/王利民
组稿编辑/恽　薇
责任编辑/孔庆梅
责任印制/王京美

出　　版/社会科学文献出版社·经济与管理分社(010)59367226
　　　　　地址:北京市北三环中路甲29号院华龙大厦　邮编:100029
　　　　　网址:www.ssap.com.cn
发　　行/社会科学文献出版社(010)59367028
印　　装/三河市东方印刷有限公司

规　　格/开　本:787mm×1092mm　1/16
　　　　　印　张:16.5　字　数:244千字
版　　次/2022年8月第1版　2022年8月第1次印刷
书　　号/ISBN 978-7-5228-0147-6
定　　价/98.00元

读者服务电话:4008918866